Alfons Sarrach

Der prophetische Aufbruch

von Medjugorje

MIRJAM

aus Nazareth,
der starken und doch so demütigen
Frau unter dem Kreuze
gewidmet

Alfons Sarrach

Der prophetische Aufbruch von Medjugorje

MIRIAM ✙ VERLAG

Cip-Titelaufnahme der Deutschen Bibliothek
Sarrach, Alfons
Der prophetische Aufbruch von Medjugorje
Alfons Sarrach — 1. Auflage, 1. - 5. Tausend —
Jestetten: Miriam-Verlag, 1991
ISBN 3-87449-221-4

Photonachweis: Privatarchiv Alfons Sarrach

Erste Auflage 1991: 1. - 5. Tausend
© MIRIAM - VERLAG
  D-7893 JESTETTEN
Alle Rechte der deutschen Ausgabe liegen beim Miriam-Verlag
Druck: Miriam-Verlag, D-7893 Jestetten
Printed in Germany
ISBN 3-87449-221-4

INHALT

Einleitendes Wort

Fünf Arten von Reaktionen sind im groben gegenüber dem Phänomen Medjugorje zu registrieren.

Da ist zunächst die Abneigung jener — sie nimmt bisweilen herablassende Formen an —, die Vorgänge spirituellen Charakters grundsätzlich verneinen, weil sie unvereinbar bleiben mit dem materialistischen Weltverständnis, dem sie sich bewußt oder unbewußt verbunden fühlen. Ihnen folgt eine Gruppe, die sich der aufgeklärten, rein wissenschaftlich orientierten Theologie verpflichtet weiß. Sie tut sich schwer mit Ereignissen, die sich weitgehend dem Intellekt entziehen. Daneben steht ein Kreis, der unversöhnlich an traditionellen Strukturen festhalten möchte und in den Anfängen glaubte — oder noch glaubt —, in Medjugorje die Bestätigung der eigenen Grundhaltung zu finden, die sich allen Versuchen widersetzt, das Christentum zeitgemäß zu vertreten. Ihnen lassen sich Gläubige zurechnen, die einem kindlichen Weltbild auch im religiösen Bereich nie ganz entwachsen sind. Eine andere Gruppe pendelt zwischen innerer Ablehnung und Zustimmung. Ablehnung würde ihrer Verhaftung im christlichen Denken widersprechen, Zustimmung eine Veränderung des eigenen Lebens nach sich ziehen, gegen die man sich sträubt. Schließlich trifft man auf eine beachtliche Zahl von Gläubigen, die von radikalen Flügeln verunsichert, hin- und hergerissen, in stürmisch wechselnden Zeiten aus einer tiefen Sehnsucht nach der letzten Wahrheit Orientierung im gelebten Glauben suchen.

Alle Richtungen finden in Reaktionen der Massenmedien, in verschiedenen Publikationen ihren Niederschlag. Dem Verfasser fiel es schwer, sich irgendeiner Gruppe zuzuordnen. Er begann seine Nachforschungen mit kritischem Abstand. Diese gingen später unter dem Einfluß unmittelbarer Beobachtungen, Erkenntnisse und Gespräche in wohlwollende Untersuchungen über. Sie endeten in dem Empfinden, mit einem großen Impuls konfrontiert zu sein. In Anbetracht der delikaten Materie, um die es geht, ist es allerdings angebracht, stets die dem Menschen gesetzten Grenzen zu sehen und aus dem Unvermögen unserer Natur keinen Hehl zu machen.

Seit 1984 haben verschiedene Bischofskonferenzen in Abständen gegenüber Medjugorje Zurückhaltung zum Ausdruck gebracht. Auch die Römische Glaubenskongregation, zuletzt im Mai 1990 durch ihren Vorsitzenden Kardinal Joseph Ratzinger, hat dazu ermahnt, sich offizieller religiöser Manifestationen zu enthalten. Das ist verständlich, denn amtskirchliche Untersuchungen würden sich durch gleichzeitige, kirchlich offizielle Zustimmungen, sei es in Worten oder durch Aktivitäten, um ihre Glaubwürdigkeit bringen. Das hat Amtsträger — Kardinäle, Erzbischöfe, Bischöfe und zahlreiche Priester — nicht daran gehindert, sich privat außerordentlich positiv zu den Ereignissen zu äußern. Ihre tägliche, nicht selten ostentative Anwesenheit in Medjugorje spricht eine eigene Sprache.

Vor diesem Hintergrund legt der Autor Wert auf den Hinweis, daß mit dem vorliegenden Werk keineswegs der Eindruck einer verbürgten Deutung (authentische Interpretation) erweckt werden soll, obwohl er für sich in Anspruch nehmen darf, sich u.a. auch auf ein nicht geringes theologisches Wissen zu stützen. Aber der Bereich ist zu umfangreich und wohl auch zu neu. Die Arbeit ist Zusammenfassung persönlicher Eindrücke und Überlegungen über Vorgänge, die sich letztlich dem Zugriff des menschlichen Verstandes entziehen. Es sind Meditationen über eine bewegte Zeitgeschichte, vielleicht Anstoß für eine vertiefte Sicht, der Geschichte und der Welt des Glaubens überhaupt, in einer Zeit, deren Glaubensinstinkt zu verkümmern scheint. Nicht auszuschließen ist, daß damit die Empfindungen von unzähligen Menschen auf allen Kontinenten ihren Widerhall finden.

Wie immer die kirchenamtlichen Schlußfolgerungen aussehen mögen, die für einen katholischen Christen, also auch für den Verfasser, bindend sind, bleiben wird als dauerhaftes Ergebnis der Eindruck eines gewaltigen geistigen Aufbruchs an der Schwelle zu einem neuen Jahrtausend und die unverkennbare Bereitschaft von Abermillionen von Menschen guten Willens, auf einen solchen Anstoß, dem Druck einer konsumorientierten Zivilisation zum Trotz, mit dem Einsatz persönlicher Opferbereitschaft zu antworten. Darüber nachzudenken kann niemandem verwehrt sein.

Alfons Sarrach

* * *

I.

MYSTERIUM,
DAS LEBEN VERHEISST

Es war im Frühsommer des Jahres 1987. Erleichtert setzte ich den letzten Strich unter ein Buchmanuskript. Ein »dramatischer Messiasbericht«, die Geschichte jenes Mannes, der als »ungläubiger Thomas« zum Symbol der oft tragischen Auseinandersetzung zwischen Gott und dem Menschen geworden ist. Insofern auch die Geschichte des Jesus aus Nazareth, der vor zweitausend Jahren gegenüber der jüdischen und dann gegenüber der ganzen antiken Welt mit dem Anspruch aufgetreten ist, endgültiger Sinn allen Daseins, allen Lebens zu sein.

Die Idee zu dieser Arbeit war in über zwanzig Jahren journalistischer Tagespolitik herangereift, in zahlreichen Begegnungen mit Politikern aller Ebenen im In- und Ausland, mit Wissenschaftlern und Künstlern. In vielen Gesprächen dieser Zeit war immer wieder die Sorge um die Regierbarkeit moderner Gesellschaften durchgeklungen, vor allem selbstbewußter Demokratien, die bei immer größerer bürgerlicher Reife in eine immer tiefere Sinnkrise abzusinken scheinen. Der Katalog von Werten, auf den sich alle einigen könnten, um ein friedliches Nebeneinander zu garantieren — oft Minimalkonsens genannt — würde immer kleiner. Am Ende könnte sich, so befürchteten viele, die Meinung durchsetzen, jeder sei sich selber letzter Maßstab, was schließlich in einen apokalyptischen Kampf aller gegen alle einmünden müßte.

In der zweiten Hälfte der 80er Jahre zeichnete sich die Auflösung marxistischer Zukunftsträume ab, die alle religiösen Weltbilder der Vergangenheit ablösen wollten. Eine gefährliche geistige Leere deutete sich an, Zukunfts- und Existenzängste nahmen zu. Unheilpropheten erzielten beachtliche Buchauflagen. In mir selber allerdings reifte nach allen Vergleichen angebotener Rezepte die Erkenntnis heran, daß sich nur ein erneuertes Christentum, gestützt auf die Ideale seiner Frühzeit, der weltweiten kulturübergreifenden Verunsicherung als Alternative anbot. Mit dem Thomastitel hoffte ich einen ersten bescheidenen Beitrag in diese Richtung zu geben, der Chancen hatte, tagespolitische Berichte und Kommentare zu überdauern.

Da wurde ich immer häufiger auf Menschen aufmerksam, die in die Herzegowina in Jugoslawien aufbrachen, in den kleinen Ort Medjugorje, der übrigens bis dahin in keinem Fremdenführer der Erwähnung wert war. Die meisten kehrten von dort tief beeindruckt zurück. Manche ließen einen totalen Wandel ihrer Lebenseinstellung erkennen. Sie hatten ihr seelisches Gleichgewicht wiedergefunden und strahlten Zuversicht aus. Von vielen nach einem Urteil befragt, mußte ich achselzuckend passen. Obwohl sich dort bereits seit sechs Jahren merkwürdige Dinge zutrugen, hatte ich sie nicht registriert. Sie lagen zu sehr außerhalb meiner aktuellen Interessen. Jahre hindurch hatten mich Antike, die Menschen des Urchristentums gefesselt, Parallelen zwischen dem »Imperium Romanum« und den Macht- und Wirtschaftsgiganten unseres Jahrhunderts. Vorgänge wie die in Medjugorje erschienen mir zu banal, um Zeit für sie zu verschwenden.

Das Gehirn sträubte sich

In dieser Situation erinnerte mich meine Frau daran, daß uns mehr als ein Jahr zuvor in einer Buchhandlung ein Büchlein zu diesem Thema empfohlen worden war. Es mußte wohl unter Akten vor sich hinstauben, denn wir hatten es nicht für wert befunden, uns sofort damit zu befassen. Nach langem Suchen fand ich es in einem Bücherregal — unter anderen unbedeutenden Publikationen. Ich blätterte es durch. Obwohl es sich um einen der ersten, noch sehr unbeholfenen Titel zu diesem Thema handelte, reagierte ich dennoch verstört. Manches von den geschilderten Ereignissen in der fernen Herzegowina erinnerte an die ersten Tage des Christentums, in die ich atmosphärisch während der Arbeiten am Jesus-Thomas-Buch eingetaucht war. Hatten mich bis dahin Parallelen zwischen dem Reich der Römer und den Superstaaten unserer Zeit gefangen gehalten, so stieß ich jetzt — zwar ungeschickt, zum Teil einfältig dargestellt — auf Ähnlichkeiten zwischen den ersten Jahren des aufkeimenden Christentums und dem, was über Medjugorje berichtet wurde. Noch stieß mich ab, daß es die »Selige Jungfrau« sein sollte, die mit Hilfe mehrerer Jugendlicher eine ungewöhnliche Aktivität entfaltete, angeblich im Auftrage Gottes komme, um die Menschheit dringend zur Umkehr aufzurufen, das zerbrochene Verhältnis zum Schöpfer in Ordnung zu bringen und die schwer angeschlagenen Beziehungen von

Mensch zu Mensch auf allen Ebenen zu heilen, ein Anliegen, das das Christentum, von seinem Wesen her, seit zwei Jahrtausenden vertritt. Mein in der Politik seit Jahrzehnten auf kritisches und skeptisches Denken ausgerichtetes Gehirn sträubte sich gegen jede Aufmerksamkeit für Vorstellungen, die außerhalb des Bereiches einer aufgeklärten Vernunft lagen. Zu böse Erfahrungen hatte ich im Leben mit Vorfällen dieser Art gemacht.

Im Dezember fiel mir dann das Mitteilungsblatt einer katholischen Gemeinde in die Hände, in dem ein Student aus Kassel, evangelischer Christ, nach einem Besuch in Medjugorje schrieb, er habe dort Mut für seine Heimatstadt geschöpft und angefangen, „von ganzem Herzen zu bitten für die Verlorenheit der Menschen in unserer Stadt, die Gott nicht kennen".

Waren die dortigen Vorgänge möglicherweise doch mehr Beachtung wert, als ich gemeint hatte? Liefen die Auswirkungen nicht auf das hinaus, was so viele verantwortungsbewußte und gescheite Persönlichkeiten, denen ich begegnet war, zum Ausdruck brachten und ersehnten — die Wiederentdeckung menschlicher Bestimmung, Antworten auf die Fragen nach dem letzten Sinn unseres Lebens, nach Horizonten, die jenseits aller menschlichen Beschränkung lagen?

Wir entschlossen uns kurzerhand, meine Frau — sie ist in der evangelischen Tradition groß geworden und kann ihre Vorfahren, alles Pastoren, bis in die unmittelbare Nähe Martin Luthers verfolgen — und unsere drei indischen Adoptivtöchter, auf die übliche Weihnachtsidylle zu verzichten und, ausgestattet mit Empfehlungen an die zuständigen Seelsorger, ebenfalls nach Medjugorje aufzubrechen. Seit ich mich vor drei Jahrzehnten der Publizistik verschrieben hatte, war es mein Bestreben gewesen, mich nicht mit Informationen aus zweiter Hand zufriedenzugeben. Die Arbeit war dadurch meist sehr mühsam, dafür fruchtbarer. Ein immer erfreulich großer Leserkreis, lebendiges Echo, unabhängig davon, an welcher Zeitung tätig, waren der Lohn für aufrichtige und konsequente Nachforschungen, für stichhaltige Schlußfolgerungen.

Auch in diesem Falle wollte ich mich an die bewährten Regeln halten. Von welcher Qualität mußten Ereignisse sein, die in der Lage waren, auf konsumorientierte, reizüberflutete, überinformierte Menschen aller Bildungsgrade einen so nachhaltigen Eindruck auszuüben, daß sie das Bedürfnis hatten, die Weichen des Lebens neu zu stellen, nach dauerhaften Inhalten für ihr Dasein Ausschau zu halten und Orientierungen zu finden, die denen einer selbstgefälligen, hochtechnisierten Welt vollkommen entgegengesetzt waren? Das zu erforschen, brannte mir unter den Fingern, hatte ich doch oft genug gerade in intimen Gesprächen mit Verantwortlichen aller Bereiche erschreckende Hilflosigkeit gegenüber den seelischen Problemen der Menschheit von heute erfahren müssen.

Am Nachmittag des vierten Sonntags im Advent jenes Jahres trafen wir in der inzwischen so bekannten Pfarrgemeinde ein. Sie zählt fast dreitausend Seelen. Das Gotteshaus faßt, Mann bei Mann stehend, zwischen zweieinhalb- und dreitausend Menschen. Die Abendmesse beginnt im Winterhalbjahr um 18.00 Uhr, eine Stunde früher das Gebet des Rosenkranzes. Wer einen bescheidenen Platz ergattern wollte, mußte anderthalb Stunden vor der Messe eintreffen. Wir hatten Glück. In den hinteren Reihen erspähten wir noch ein paar freie Sitze. Die Besucher mehrheitlich Einheimische. Einen normalen, bescheidenen Menschenschlag konnte man feststellen, Kinder einer kargen Landschaft. Es war zu spüren, wie viele, kaum daß sie da waren, hineingezogen wurden in eine Atmosphäre des Gebetes, die derzeit in der Welt kaum ihresgleichen haben dürfte. Der Blick fiel auf junge Männer und Mädchen, in Lederjacken gehüllt, Rockern ähnlich. Wäre man ihnen anderweitig begegnet, man hätte einen großen Bogen um sie gemacht. Hier blieben sie lange in ein intensives Gebet vertieft. Bei manchem Fremden sah man, wie sich eine lange unterdrückte Sehnsucht nach Anbetung Luft machte. Hier konnte man beten nach Herzenslust, mit ausgebreiteten Armen oder auf der Erde kauernd, ohne belächelt zu werden. Und man tat es.

Eine alte Frau steckte meiner jüngsten Tochter spontan einen Granatapfel zu, ein dunkelhaariger Mann fügte Kräuter von den umliegenden Feldern bei. Das Kind drehte sich um und warf einen verstohlenen Blick in Richtung auf die Empore. Sie entdeckte für einen Augenblick Ivan Dragičević, einen der sogenannten Seher, der sich für einen Augenblick zu weit nach vorn gebeugt hatte und dadurch gesehen werden konnte.

Nach der hl. Messe war zu erfahren, daß ein Team des englischen Fernsehens BBC und ein weiteres gerade abgereist waren. Mit uns waren am Sonntag Besucher aus Japan, Hongkong, Trinidad, Kanada und USA eingetroffen. Deutsche, Österreicher, Italiener erwähnte man gar nicht mehr. Sie gehörten — an manchen Tagen in großer Zahl — zu den Stammgästen.

Wir blieben vierzehn Tage. Unterkunft fanden wir auf einem Bauernhof in Miletina, einem äußeren Ortsteil von Medjugorje. Das erleichterte

Kontakte nach allen Seiten hin. Es lag mir nicht, mich auf die Betroffenen zu stürzen, hatte vor, mich eher behutsam vorzutasten. Beobachtungen aus dem Hintergrund sind aufschlußreicher. Dennoch versuchte ich, mir nichts entgehen zu lassen, weder bei den Bewohnern der einzelnen Ortsteile, noch bei den Sehern, sprach Besucher aus allen Kontinenten an. Die vorhandene Literatur hatte ich in der Vorbereitungsphase hinreichend studiert. Es kam nicht darauf an, Bekanntes zum wiederholten Male neu zu erfragen, sondern hinter das Eigentliche der Vorgänge zu kommen. Was man zunächst als Nachteil hätte empfinden können, der zeitliche Rückstand nämlich — die Ereignisse hatten vor sechs Jahren begonnen —, erwies sich als Vorteil. Vieles hatte sich geklärt, war durchsichtiger geworden. Falsches hätte Widersprüchen zum Opfer fallen können, abgesprochene Täuschungsmanöver sind sechs Jahre nicht durchzuhalten, am allerwenigsten von jungen Menschen. Zeitlicher und persönlicher Abstand sind entscheidend, um größere Perspektiven zu erfassen. Wer von Anfang an Partei ist, muß nicht als wesentlicher Zeuge ausfallen, für ein abschließendes Urteil ist innere Reserve vorteilhafter.

An einem Vormittag versuchten wir Vicka Ivanković, einem Mädchen aus der Gruppe der Seher, einen Besuch abzustatten. Vom Pfarrhaus hatte man auf unsere Bitte hin unser Kommen angekündigt. Sie begrüßte uns freundlich, ein wenig verlegen, sie und auch wir, was so gar nicht ihrer Eigenart entsprach, wie man später bei ihr feststellen konnte. Wir stellten unsere drei Töchter vor, und diese baten das Mädchen, die Menschen ihres Heimatlandes, des großen indischen Subkontinentes, in ihr Gebet aufzunehmen. Die Antwort Vickas wirkte unpersönlich, ernüchternd, fast spröde. „Wir beten hier für alle Menschen, für alle Menschen dieser Erde." Sie wandte den Blick von uns weg und schaute in die Ferne, wie an uns vorbei, als schweife er über unübersehbare Menschenmassen.

Zeit meines Lebens hatte ich Antworten dieser Art gehaßt. Als Junge habe ich einmal meine Großmutter, eine sehr fromme Frau, gefragt, ob sie denn auch für mich bete. „Ich bete für alle jungen Menschen, sie mögen die Weichen ihres Lebens im Sinne Gottes stellen", hat sie geantwortet und mich damit sehr irritiert. „Wenn du nur so für mich betest, wenn ich nur einer von vielen bin, dann kannst du es gleich bleiben lassen", war meine Antwort damals. Nicht anders empfand ich jetzt. Alle Menschen lieben, heißt keinen lieben. Für alle Menschen beten, das war mir stets zu unverbindlich erschienen. Und jetzt hörte ich es wieder aus dem Munde eines Mädchens, an deren Lippen, wie ich wußte, die Augen von Millionen hingen. Frustriert kehrten wir um. Erst 18 Monate später sollte gerade dieses Anliegen auf dem nahegelegenen Berg mein Gemüt erdbebenartig erschüttern. Vorerst jedoch blieb im Munde nur ein schaler Geschmack zurück.

Ein sanftes Bedürfnis

Was wir dagegen in diesen Tagen tatsächlich von Stunde zu Stunde mehr lernten, war etwas, womit ich am wenigsten gerechnet hatte. Wir wollten beobachten, fragen, recherchieren — wie es in der Sprache der Journalisten heißt — und entdeckten, daß es uns zunehmend darum ging, selber auch zu beten. Ein sanftes Bedürfnis, das man zunächst kaum wahrnahm, unterschwellig, und das dann doch unsere ganze Programmgestaltung beherrschte. Während einer gemeinsamen Andacht in der Kirche warf ich einer meiner neben mir knienden Töchter einen scheuen Blick zu. Sie hatte die Augen geschlossen, durch ihre Finger glitten die Perlen des Rosenkranzes. So gesammelt hatte ich sie noch nie erlebt. Sollte sich ihr hier etwas erschließen, was mehr wiegen würde als alles, was wir bisher für entscheidender, bedeutender gehalten hatten?

Am 25. eines jeden Monats erhielt das Mädchen Marija Pavlović eine Botschaft der »Seligen Jungfrau« für die Gemeinde, im erweiterten Sinne für alle Menschen guten Willens. Am zweiten Weihnachtstag warteten wir also mit zahlreichen Besuchern nach der Abendmesse auf die Mitteilung, die sie zwei Stunden früher — wie es hieß — erhalten hatte. Große Spannung lag über der Menschenmenge. Satz für Satz erläuterte Slavko Barbarić, ein gebildeter, sprachbegabter Franziskaner, den Text nacheinander in vier Sprachen:

„Liebe Kinder, freut euch mit mir! Mein Herz freut sich wegen Jesus, den ich euch schenken möchte. Liebe Kinder, ich wünsche, daß jeder von euch sein Herz für Jesus öffnet, ich aber schenke Ihn euch mit Liebe. Ich wünsche, liebe Kinder, daß Er euch ändern, lehren und behüten möge. Heute bete ich auf besondere Weise für jeden von euch und bringe euch Gott dar, damit Er sich in euch offenbare. Ich lade euch ein zum wahren Gebet des Herzens, damit jedes Gebet von euch eine Begegnung mit Gott werde. Gebt Gott den ersten Platz in eurer Arbeit und in eurem alltäglichen Leben. Heute lade ich euch mit großem Ernst ein, auf mich zu hören und das zu tun, wozu ich euch einlade. Danke, daß ihr meinem Ruf gefolgt seid.“

Einfache Worte, einfach wie das Evangelium, in dem vom verlorenen Schaf, vom Senfkorn, von Feldarbeit, von Aussaat und Ernte die Rede ist. Drei Gedanken blieben haften: *„Er möge euch ändern, lehren, behüten ... Für jeden von euch bete ich, damit Er sich in euch offenbare ... Gebt Ihm den ersten Platz in eurem Leben."* Mit anderen Worten: Macht Ihn zur Mitte eures Lebens!

Merkwürdig war, daß man den Eindruck hatte, persönlich gemeint zu sein. Man fühlte sich angesprochen, obwohl man nur Zeuge bleiben wollte. Ein Empfinden, das später von andern bestätigt wurde. Ich habe gesehen, wie bei diesen Worten reife, gebildet wirkende Männer in die Knie brachen, wie man Hände breit ausstreckte, wie junge Mädchen in tiefe Nachdenklichkeit versanken. Die religiöse Intimität vieler schien aufs tiefste berührt. Schamvoll senkte ich den Blick. Mir war, als entblößten hier Menschen ihre Seelen, als wollten sie vor Gott erscheinen in der ganzen Hilflosigkeit der Erschaffenen, und jeder dennoch seiner Einmaligkeit bewußt, ohne wenn und aber, dem Schöpfer allein zugewandt, jeder entsprechend seinem Wesen, seiner Eigenart, nach dem Grad seiner Sehnsucht, seiner Offenheit für die Botschaft, die aus anderen Welten zu ihm drang. *„Laßt euch belehren"* — hämmerte es in meinem Gehirn — *„von jemandem, der die Ewigkeit umfaßt, denn nur dann seid ihr auch behütet."*

Dennoch blieb ich zunächst verunsichert, versuchte das Gemüt auf Eis zu legen. Es galt, unvoreingenommen der Wahrheit näher zu kommen, und nichts als der Wahrheit. Das war der Auftrag, dem ich mich verpflichtet fühlte, nicht persönlicher Entlastung. Diesem Zweck diente auch ein Treffen mit eben jener Marija Pavlović, in einem kleinen Kreis, im Hause unserer Gastgeber. Man hatte sie zu einem Abendessen eingeladen, Verwandte des Hauses und einige Priester waren dazugekommen. Der Sohn brachte sie in einem kleinen, alten VW. Dem Wagen entstieg ein schlichtes Mädchen, ovaler Gesichtsschnitt, schlanke Figur, einfacher, geschmackvoller Mantel. Die bäuerliche Herkunft konnte sie nicht verleugnen. Schönheitskönigin wäre sie nirgends geworden. Und doch ging ein bezwingender Charme von ihr aus. Ihre Bekannten umarmte sie liebevoll. Der Händedruck war fest, aber vornehm.

Bei Tisch, es gab Hammelbraten, schien sie ein wenig unsicher, ihre Bewegungen blieben dezent und zurückhaltend. Alkoholische Getränke lehnte sie ab. Sie hätte auch an einer Königstafel speisen können. Woher sie ihre Unbefangenheit nehme, vor allem ihre Sprachbeherrschung —

16

die Frage bewegte sich an der Grenze zur Taktlosigkeit — bei so vielen Menschen aus so vielen Ländern der Welt, bei so vielen Gelehrten, Kritikern und so viel geballter Bildung, die ihr oft gegenüberstehe? Sie wurde ernst, dann sagte sie leise, als sei es nur für mich bestimmt: „Es ist ein Geschenk der Madonna." — „Von einem Tag zum andern?" fragte ich. Sie nickte. Es sei eine sehr vertraute Art, in der die »Selige Jungfrau« mit ihnen umgehe. Sie habe ihnen Feingefühl oft vorgelebt. Ob das mit einem Beispiel zu erläutern sei, wollte ich wissen. Es war. Wenn etwa die Madonna mit der Gruppe der Seher gemeinsam spreche und an einem von ihnen etwas auszusetzen habe, dann hörten diese »Rüge« nur der (oder die) Betroffene, die andern nicht. Demütigungen vor den Augen Dritter sollten so vermieden werden.

Marija bestätigte, daß sie die Gestalt aus der Ewigkeit so erlebten, wie sie mich gerade vor sich habe, dreidimensional, daß sie sich berühren lasse und daß sie selber von ihr umarmt würden. Ihre Schönheit sei nicht zu beschreiben, es sei der Himmel auf Erden. Ob sie, wenn das wörtlich zu nehmen sei, nicht Verlegenheit empfinde, unter so vielen Milliarden das ungewöhnliche Glück zu haben, zu Lebzeiten dem Himmel in die Augen zu schauen? Lächelnd warf sie mir einen Blick zu: „Gnade bedeutet tiefe Freude. Dafür kann man doch nur dankbar sein, was denn sonst?"

Ob sie den Eindruck habe, daß die »Selige Jungfrau«, wenn sie mit ihnen spreche und hilfreiche Hinweise gebe, auch aus dem Erfahrungsschatz ihres eigenen irdischen Lebens schöpfe? „Sigurno", antwortete sie. „Sicherlich." — „Eine typische Jüdin!" habe einmal ein Priester aus Palästina ausgerufen, als sie diesem ein Treffen mit der Madonna bis in die letzten Einzelheiten schilderte. Bei so viel Faszination, die man in einer solchen Begegnung erlebe, sei es doch denkbar, daß man nicht nur geprägt werde, sondern so zu sein wünsche wie das erlebte Vorbild, eine zweite, eine andere Maria. Einen Augenblick schwieg sie, dann meinte sie: „Das war ein Weg, ein langer Weg."

Unerwartet schnitt mir ein älterer Herr das Wort ab und startete mit theologischen Erläuterungen. Etwas betroffen schaute ich in seine Richtung. Da legte Marija behutsam ihre Hand auf meinen Arm. Sie wollte ihn geduldig ausreden lassen. Mein Blick streifte ihr Gesicht. Ein wenig war sie tatsächlich selber schon zu einer Madonna geworden, ein Abbild jener, von der sie behauptete, ihr täglich zu begegnen.

Zum Ausklang unserer Tage wurde ich um ein Interview für das gut gemachte kroatische Monatsblatt »Sveta Baština« gebeten. Der Rundfunk Zagreb schloß sich an. Der erste Eindruck eines deutschen politischen Journalisten interessierte. Tieferes war noch nicht zu sagen. Ein allgemeiner positiver Eindruck über die angetroffene Atmosphäre, die sich in die Worte zusammenfassen ließ: „Für die Menschen einer trotz Wissenschaft und Wohlstand an sich selbst irre gewordenen Zivilisation könnte Medjugorje ein Lichtblick in die Zukunft einer erneuerten Menschlichkeit sein." Nicht viel war es.

Überraschende Resonanz

Tatsächlich überrascht hat mich dann nach unserer Rückkehr die Resonanz auf einen kurzen Bericht, den ich in einem Wirtschaftsblatt veröffentlichte. Auf kaum einen Artikel der letzten dreißig Jahre in großen und kleinen Blättern, im In- und Ausland, war ich so lebhaft angesprochen worden wie auf jenen Kurzbericht über Medjugorje. Es erwies sich als notwendig, einen Monat später einen zweiten, ergänzenden folgen zu lassen. Mit dem gleichen Ergebnis.

Das machte mich nachdenklich. Und ich versuchte, eine Erklärung dafür zu finden. Über junge Menschen hatte ich geschrieben, irgendwo auf dem Balkan, die behaupteten, daß ihnen die Madonna erscheine, daß diese die Menschheit mit beschwörenden Worten aufgerufen habe, Frieden zu schließen mit dem Schöpfer und untereinander, daß dieser Friede nur über die Umkehr des Herzens, über die Wiederentdeckung des Gebetes und des Fastens, über das, was man Buße nennt, zu erreichen sei, daß sie von dieser »Seligen Jungfrau« seit Jahren geführt und erzogen würden, daß sie ihnen den Blick weiten wolle für Ursprung und Ziel des menschlichen Lebens, daß zwei medizinische Fakultäten Europas den Jugendlichen körperliche und seelische Gesundheit bescheinigt hätten. Mehr war es nicht, was im Telegrammstil aus meiner Feder zu Papier gebracht worden war.

Aber war das möglicherweise nicht sehr viel? Wurde damit unter Umständen nicht der entscheidende Nerv des modernen Menschen getroffen, des sehr selbstbewußten, sehr erfolgreichen und doch sehr verunsicherten, unbefriedigt gebliebenen Menschen des auslaufenden 20. Jahrhunderts, der erstmals einen Artgenossen zum Mond geschickt, der aber auch erstmals Weltkriege vom Zaun gebrochen, Ströme von blindem Haß und Blut über den ganzen Planeten ausgegossen hatte.

Die Reaktion der Menschen erinnerte an Kinder, die sich im Übermut des Spieles in Sümpfen verloren hatten, die sich noch sehr lautstark gaben und dennoch zunehmend spürten, daß ihnen längst die Orientierung verlorengegangen war, und die nun aufhorchten, als lauschten sie dem Echo der nach ihnen rufenden mütterlichen Stimme. Sie hatten alles, sie machten den Eindruck, als genüge jeder sich selbst, aber glücklich wirkten sie nicht. Innere und äußere Vereinsamung war ihr Los geworden.

Gerade noch zum Abschied erfuhren wir, daß Marija Pavlović von amerikanischen Diplomaten gedrängt worden war, dem Präsidenten der USA, Ronald Reagan, einen Brief zu schreiben mit der Bitte, sich dem Aufruf der Madonna zu stellen und der Welt den Frieden zu schenken. Reagan erhielt das Schreiben kurz vor seinem Treffen mit dem Generalsekretär der UdSSR, M. Gorbatschow, im Dezember 1987. Er bedankte sich bei der Seherin mit seinem Bild und ein paar persönlichen Zeilen.

So kam es, daß ich begann, alles zu sichten, was an Gedrucktem über Medjugorje erreichbar war, wissenschaftliche Berichte ebenso wie Populärliteratur, Hochtheologisches und Unbeholfenes. Im Schnellverfahren erlernte ich die kroatische Sprache, um direkten Zugang zu Menschen und Ereignissen zu haben. In immer kürzeren Abständen suchte ich die Herzegowina auf, sprach mit den Sehern, oft unter vier Augen — vor allem mit Marija Pavlović und mit Ivan Dragičević —, sondierte die seelische Verfassung vieler Jugendlicher, die Gebetskreisen angehörten, befragte Seelsorger und Theologieprofessoren, Einwohner und Pilger, Akademiker und Arbeiter, durchforstete geschichtliche, zeitgeschichtliche und kirchengeschichtliche Hintergründe. Vergleiche schälten sich heraus, Zusammenhänge von eigenartiger Bedeutung, die Dimension eincs vom Geist geprägten Zeitalters, die Qualität einer Wende, wie sie in Hunderten, ja Tausenden von Jahren nur einmal registriert wird, ein tiefer Einschnitt in die Geschichte der Menschheit, ein Neuansatz in der Entwicklung des Menschen, der atemberaubende Horizonte eröffnet. Damit soll keinem abschließenden Urteil vorgegriffen werden, weder einem wissenschaftlichen, vor allem aber keinem kirchlichen. Es sind Überlegungen und Vermutungen, die tief begründet scheinen. Es ist das Mysterium Gottes, dem wir gegenüberstehen, ein Mysterium, das Leben und Frieden verheißt.

II.

LENKER DER GESCHICHTE

Am 13. Mai 1981 krachten auf dem Petersplatz in Rom Schüsse. Stöhnend brach Papst Johannes Paul II. zusammen. Gerade hatte er ein Kind geküßt, das ihm gereicht worden war. Der Mordschütze hieß Mehemet Ali Agca, ein 23jähriger Türke, ein Moslem. Der Anschlag erfolgte auf einer Generalaudienz, zu der sich mehrere zehntausend Menschen aus aller Welt eingefunden hatten, Vertreter aller Kontinente, Rassen, Kulturen, Sprachen. Die letzte, die größte Autorität der Welt sollte demnach vor den Repräsentanten der ganzen Menschheit hilflos verbluten. Eine Inszenierung, vor der die ganze zivilisierte Welt erschrak.

Der letzte Damm

„Warum gerade der Papst?" fragten Politiker, Medien und die Völker der Erde. Drei Jahre zuvor hatten die aus aller Welt versammelten Kardinäle den Polen Karol Wojtyla, der sich den Namen Johannes Paul II. zulegte, zum Oberhaupt der katholischen Kirche gewählt. Nach vierhundert Jahren erstmals wieder ein Nichtitaliener. Die nicht nur kirchengeschichtliche Sensation war perfekt. Mit Begeisterung hatten die einen reagiert, verstört die andern. Diese Wahl erfülle ihn mit Freude, aber auch mit großer Sorge, schrieb mir ein bundesdeutscher Spitzenpolitiker. Was würde sie für die katholische Kirche, für die Christenheit, für die Menschheit insgesamt bedeuten?

Die Antwort des Gewählten selber auf diese Fragen blieb nicht lange aus. Schon in seiner Antrittsrede während der Amtseinführung am 22. Oktober 1978 rief der neue Papst der in Blöcke gespaltenen, verfeindeten Menschheit zu: „Öffnet, ja reißt die Tore weit auf für Christus! Öffnet die Grenzen der Staaten, die wirtschaftlichen und politischen Systeme, die weiten Bereiche der Kultur, der Zivilisation und des Fortschritts seiner rettenden Macht!" Am Schluß der Feier wandte er sich den 300'000 jubelnden Menschen und den Milliarden von Zeugen an den Bildschirmen noch einmal zu, erhob den an der Spitze mit einem Kruzifix abgeschlossenen Hirtenstab und zeigte ihn der ganzen Welt, das Antlitz des geschundenen Gottmenschen. Das war ein Programm! Er brachte es später in einem Rundschreiben auf die Formel von der „Zivilisation der Liebe". Eine Zielvorgabe für kommende Jahrhunderte. Sie widersprach den großen Grundströmungen der Zeit, die sich nicht auf das „Prinzip Liebe" stützten, sondern auf die Vernunft und auf den Glauben an die Machbarkeit aller Dinge, nach den Vorstellungen des Menschen. Mehr und besser als die Christen verstanden die Absichtserklärung des Papstes jene, die auf die Macht der Waffen setzten, auf die Auflösung aller bisher gültigen Werte. Gegenüber dieser Infragestellung aller Werte bezeichnete sich Karol Wojtyla vor Studenten in Rom kurz danach als „letzten Damm". Er hatte die geistige Situation realistisch eingeschätzt. Er mußte dafür mit seinem Blut bezahlen.

Als Papst hatte er sein bischöfliches Wappen übernommen. Ein gelbes Kreuz auf blauem Hintergrund. Unter dem rechten Arm der Buchstabe M (aria). Die Frau unter dem Kreuz! Sein Motto: „Totus tuus" — „Ganz dein". Das waren klare Aussagen. Dieser Pole auf dem Stuhl Petri hatte den Totaleinsatz seiner Persönlichkeit angekündigt und sich dabei gewissermaßen die „Frau unter dem Kreuze" zum Vorbild genommen. Für manche wurde bald klar: Es würde in der Kirche und zwischen Gesellschaft und Kirche nie mehr so werden, wie es einmal war. Das war eine ungeheure — für manche eine ungeheuerliche Herausforderung. Und sie wurde angenommen. Die Schüsse auf dem Platz, auf jenem Platz, der einst dem römischen Kaiser Nero, dem römischen Volke als Rennbahn zur Verfügung stand, sie bestätigten es. Wer aber stand konkret hinter dem Anschlag?

Der erste Verdacht richtete sich gegen den sowjetischen Geheimdienst KGB. 1979 hatte Karol Wojtyla sein Heimatland Polen besucht, wo ihm ein triumphaler Empfang bereitet wurde. 1980 kam es auf der Danziger Lenin-Werft auf Betreiben des Arbeiterführers Lech Walesa zur Gründung der freien Gewerkschaft „Solidarität". Sie besaß die Qualität eines gewaltigen Sprengsatzes nicht nur für den damaligen Herrschaftsbereich der Sowjetunion, sondern für die weltweit verbreitete Ideologie des Marxismus. Zum ersten Mal seit 150 Jahren marschierte eine Arbeiterklasse nicht hinter Bildern von Engels und Marx, sondern hinter einem Papstporträt, nicht unter Fahnen mit Hammer und Sichel, sondern unter dem Kreuz. Das mußte viele aufschrecken, Intellektuelle in Ost und West,

Arbeiterführer im Westen wie Machthaber im Osten. Marx und Engels, auf die sich alle Machtstrukturen des Ostens und viele Theorien im Westen stützten, schienen demnach nicht der Weisheit letzter Schluß für den Schrei des Menschen nach Freiheit und Würde. Kardinalprimas Stefan Wyszyński, geistiges Oberhaupt der katholischen Kirche in Polen und Protektor der Bewegung, war kurz danach verstorben. Die gewaltsame Beseitigung der zweiten Bastion, des polnischen Papstes, hing geradezu in der Luft. Die Mithilfe — so schien es — eines mohammedanischen Rechtsextremisten begünstigte Ablenkungsmanöver. Saatgut außerdem neuer Zwietracht zwischen den Religionen. Auch ein Betriebsunfall des türkischen Geheimdienstes wurde in Betracht gezogen. Nach dem seltsamen Frühtod des Wojtyla-Vorgängers, des Luciani-Papstes Johannes Paul I., fielen Verdachtsmomente sogar auf den Vatikan selber. Die eigentliche Wahrheit dürfte simpler und schrecklicher sein als die düstersten Vermutungen.

Das Motto des früheren Erzbischofs von Krakau hatte die Richtung seines Handelns bestimmt. Er wurde sehr bald ein pilgernder, reisender, unermüdlicher, warnender Papst — bis an die Grenzen der Erde. In der katholischen Kirche sprach man teils mit positivem, teils negativem Zungenschlag von einem „marianischen" Papst. Treue bis unter das Kreuz für das Heil einer Menschheit, die immer mehr mit dem Feuer der Selbstzerstörung spielte — in vielen Bereichen ihres Daseins. Vor diesem Hintergrund wurde denn auch in manchen Kreisen sofort ein Zusammenhang bestimmter Daten erkannt. Vor den Augen der Welt sollte der Papst — der marianische Papst — an einem 13. Mai ausgeschaltet werden. Ein für die katholische Kirche des 20. Jahrhunderts bedeutender Tag.

Fatima — Einspruch des Himmels

Am 13. Mai 1917, während des Ersten Weltkrieges, hatte sich nämlich — wie es hieß — am Rande Europas in einer kleinen Ortschaft Portugals, in Fatima, die „Frau unter dem Kreuze" drei Kindern gezeigt, der zehnjährigen Lucia, dem neunjährigen Francesco und der siebenjährigen Jacinta. Die seit zweitausend Jahren von Christen als ,Selige Jungfrau' verehrte Mirjam aus Nazareth sei aus der Ewigkeit herausgetreten, um die Menschheit an ihre eigentliche Bestimmung zu erinnern. Diese stehe im Begriff, sie aus den Augen zu verlieren. Auf die Frage der Kinder, woher sie komme, habe sie klar geantwortet: „Aus der Ewigkeit" („Vom Himmel"). In sechs einprägsamen Begegnungen wäre sie im Kern ihrer Aussagen auf das eingegangen, was man als Grundwahrheiten des Christentums bezeichnen kann:

An erster Stelle auf die Existenz Gottes, die im gerade erst zurückliegenden 19. Jahrhundert von Geisteswissenschaften endgültig verneint worden war. Im Laufe der dritten Begegnung, am 13. Juli 1917, habe sie für den Fall einer mangelnden Bereitschaft der Menschheit zur Umkehr die Gefahr eines zweiten Weltkrieges angekündigt, einen weitaus schlimmeren als den gerade ausklingenden. Die Frau aus der Ewigkeit soll vor den Grauen bevorstehender Völkermorde gewarnt haben, die Verbreitung tödlicher „Irrlehren" durch Rußland vorausgesagt, die sich über die ganze Erde ausbreiten würden, schließlich aber den Sieg ihrer Gedanken (ihres Herzens) angekündigt. Am 13. Oktober 1917 erläuterte sie ihre Identität und bezeugte ihre Sendung mit einem Sonnenphänomen, dem 70 000 Menschen beiwohnten, Gläubige und Ungläubige, Wissenschaftler, Ärzte und Journalisten.

Die große Vorsicht des Vatikans gegenüber solchen Vorgängen ist bekannt. Es ist daher bezeichnend, daß seit 1917 alle Päpste dieses Jahrhunderts Fatima dennoch direkt oder indirekt eine große Bedeutung zugewiesen haben. Von Benedikt XV. bis zu Johannes Paul II. Besonders tief verbunden fühlte sich dem Ort Pius XII., hatte er doch am 13. Mai 1917 in der Sixtinischen Kapelle in Rom die Bischofsweihe erhalten, an jenem Tage, an dem Fatima in die Geschichte eintrat. Kaum hatte er sein Pontifikat angetreten, brach auch der in Portugal angedeutete blutige zweite Weltkrieg aus. Zum 50. Jahrestag, am 13.5.1967, traf Paul VI., zur großen Überraschung auch in der katholischen Kirche, persönlich in Fatima ein — ungeachtet der geäußerten Befürchtungen, diese Demonstration könnte sich als für die Ökumene sehr abträglich erweisen — und richtete von dort einen dramatischen Appell an die Welt: „Menschen, seid Menschen!" rief er aus. „Denkt an den Ernst und die Größe der Stunde. Sie kann entscheidend sein für die Geschichte der gegenwärtigen und der zukünftigen Menschheit."

Es scheint, als kämen spätestens seit 1989, dem Jahr des reihenweisen Zusammenbruches kommunistischer Zwangsherrschaften in Osteuropa, aufgeklärte Theologie, Geisteswissenschaften, eventuell die eine oder andere Naturwissenschaft am Phänomen Fatima nicht vorbei. Der Marxismus war im 20. Jahrhundert zur beherrschenden Doktrin in der

Menschheit geworden. Er hatte das Denken ganzer Nationen, das ganze Handeln vieler Staaten geprägt. Jetzt wurde er in führenden Presseorganen Europas als die große Schande unseres Jahrhunderts bezeichnet.

Anfang der 80er Jahre sah es allerdings noch ganz anders aus. Der Marxismus befand sich auf dem Höhenflug und die sich auf ihn stützenden Systeme auf der Höhe ihrer Macht — in Asien, Osteuropa, Mittelamerika und Afrika. Die Rote Armee war gerade in Afghanistan einmarschiert. Der weitere Vorstoß Moskaus zum Indischen Ozean nur eine Frage der Zeit. Dem vom Marxismus zum Fanal erhobenen Atheismus schien die Zukunft zu gehören. Der „letzte Damm" einer anderen Welt lag im Zentrum der Christenheit zerschmettert in einer Blutlache. Das Ende der Religion, jenes Opiums für das Volk, war greifbar nahe. Die »New York Times« zitierte vom Petersplatz einen Pilger: „Wenn dieses Verbrechen möglich ist, dann wird nichts mehr heilig bleiben. Keiner und nichts werden vor Haß und Wahnsinn sicher sein." Und der englische »Daily Mirror« schrieb: „Dieser Papst hat geholfen, daß unzählige Menschen den Glauben wiederfanden. Wenn er stirbt, sterben mit ihm die Hoffnungen von Millionen." Es wären nicht Millionen, es wären Milliarden geworden.

Am 13. Mai 1981 hat sich auf dem Petersplatz in Rom, den ein Obelisk aus der Zeit der ägyptischen Pharaonen schmückt, eine lange Entwicklung zugespitzt. Der sich selbst verwirklichende Mensch wollte einen Schlußpunkt setzen hinter die Verneinung einer ihm übergeordneten Vernunft. Der führende Denker des 19. Jahrhunderts, Ludwig Feuerbach, hatte die Gottesidee als eine Fiktion des Menschen bezeichnet, in der dieser sich selbst verehre. Daran anknüpfend predigten Friedrich Engels und Karl Marx den Aufbau einer Gesellschaft nach den Vorstellungen des Menschen, das Paradies einer kommunistischen Gesellschaft. Mit Feuer und Schwert wollten es im 20. Jahrhundert andere in die Tat umsetzen. Vernichtungslager in Europa und Asien, Völkermord, die Zertrümmerung einer alten Kultur, die ihre Verwurzelung in der Gottesidee hatte, wurde dabei als unumgänglicher Preis für die Selbstbefreiung in Kauf genommen. Das armselige Sterben eines Papstes, der die Gegenposition vertrat, die Welt der »Ewigen Idee«, die 2 300 Jahre zuvor der — nach Aristoteles — größte Denker des griechischen Altertums, Platon, als eigentliche Heimat des Menschen bezeichnet hatte, sollte die blutige Selbsterlösung der Menschheit besiegeln. In der über zweitausendjährigen Auseinandersetzung zwischen Materialismus und Idealismus (religiösem Weltbild) sollte letzterer endgültig überwunden werden.

Aber die Ewigkeit, die „Ewige Idee", auf die Karol Wojtyla eingeschworen war, schien nicht bereit zu kapitulieren. Während sich der schwer verwundete Papst nur langsam erholte, trat am anderen Ende Europas, jenseits der Adria, knapp sechs Wochen nach dem Mordversuch vor der St. Peterskirche in Rom, ein Ereignis ein, das nach und nach die Aufmerksamkeit der Medien aller Kontinente, der Menschen verschiedener Religionen und wissenschaftlicher Institute auf sich lenken sollte.

Medjugorje — Antwort des Himmels

Am 24. Juni 1981 schlenderten zwei Jugendliche in einer Ortschaft der jugoslawischen Teilrepublik Bosnien-Herzegowina, deren Hauptstadt Sarajewo ist, unterhalb des Podbrdo, einem kleinen Hügel oberhalb ihres Heimatdorfes Bijakovići in der Gemeinde Medjugorje, auf schmalem Pfad durch Steine und Gestrüpp. Es war Ferienzeit. Da fiel ihr Blick plötzlich auf eine lichterfüllte Silhouette. Aus der Ewigkeit herausgetreten war — so wissen sie zu berichten — in die Welt von Raum und Zeit die „Frau unter dem Kreuze". Sie hielt ein Kind im Arm und machte die beiden Mädchen darauf aufmerksam. Diese wollen sie sofort erkannt haben und erschraken. Später kamen andere hinzu. Die Begegnungen wiederholten sich an den darauffolgenden Tagen. Am dritten zeigte sich die Frau noch einmal getrennt dem Mädchen Marija Pavlović auf dramatische Weise als die tatsächlich „unter dem Kreuze stehende Frau". Gerade zu diesem Punkt habe ich Marija eingehend befragt. Bald strömten Menschenmassen auf den Berg. Die Behörden schalteten sich ein.

Wie vor sechzig Jahren in Portugal nahmen sie Zuflucht zu brutalen Einschüchterungsversuchen. Humanisten greifen in solchen Situationen schnell zu unhumanen Methoden. In Portugal waren es aufgeklärte Freigeister, die innerhalb von zwei Generationen die Überreste religiösen Aberglaubens zu beseitigen hofften. In Jugoslawien handelte es sich um Marxisten, für die religiöse Vorstellungen auf andere Weise aller Verachtung wert waren und demnach jede Art von Gewaltanwendung rechtfertigten.

Welches Anliegen trug nun die rätselhafte Frau den Jungen und Mädchen vor? Allem Anschein nach war sie mit jener Gestalt identisch, die in Fatima die Augen der Menschheit mit Nachdruck auf die Ewigkeit lenken wollte, auf Grundanliegen des Glaubens — die Existenz Gottes, Menschwerdung Gottes, Erlösung des Menschen, Ewigkeit, ewige Erfüllung oder verwirkte menschliche Existenz. Fragen, die von den großen Geistern des 19. Jahrhunderts endgültig zu den Akten gelegt worden waren, weil sie des menschlichen Geistes unwürdig seien. In der Sowjetunion, in Osteuropa, China und anderen asiatischen Staaten hatte der Mensch diesem Verlangen eine konkrete politische Form gegeben, die das Leben ganzer Gesellschaften ausrichten sollte. Er hatte sich selbst als Ziel und Mitte des Universums „erkannt" und war entschlossen, sein weiteres Schicksal und das der Welt allein in die Hand zu nehmen. Aber das 20. Jahrhundert, das die im 19. entwickelten Gedanken und Modelle in die Praxis umsetzen wollte, erwies sich als ein wahrhaft satanisches Jahrhundert, wahrscheinlich das dunkelste in der bisherigen Geschichte der Menschheit. Die größten Verirrungen des menschlichen Geistes, Nationalsozialismus und Kommunismus, haben hundert Millionen das Leben gekostet und drei Generationen in einem großen Teil der Welt um ihr Leben betrogen. Rassenwahn, Herrenmenschentum, programmierter Völkermord, Verherrlichung des Krieges als Selbstbestätigung des Menschen — das waren die Thesen des Faschismus. Klassenhaß, Gleichschaltung aller Menschen, Auslöschung des Individuums und der Menschenrechte, der Mensch ein Produkt des Zufalls, Glaube an die Machbarkeit aller Dinge — darauf lief das Welt- und Menschenbild des Kommunismus hinaus. Die Glaubensverfolgungen im sozialistischen Block, die Unterdrückung jeder Gedankenfreiheit haben mehr Opfer gefordert als jede andere Verfolgung in der vieltausendjährigen Geschichte der Menschheit. Das Ergebnis war eine Zivilisation, die sich auf den atomaren Abgrund zubewegte und auf die Zerstörung ihrer Daseinsgrundlagen durch globale Verschmutzung ihres Planeten.

Vor dieser Entwicklung hatte die geheimnisvolle Frauengestalt in Fatima gewarnt. In schlichten Worten, denn sie sprach zu Kindern. Bei Grundfragen des Lebens geht es nicht um sprachliche Hochform, sondern um Inhalte, und die sind durch einfache Symbole oft besser zu vermitteln als durch gelehrte Referate. Ganz handfest hatte sie die Folgen intellektueller Selbstüberschätzung aufgezeigt, mitten im ersten Weltkrieg den Ausbruch eines weiteren, weitaus schlimmeren angekündigt, als Politiker an den ewigen Frieden glaubten und den Völkerbund mit Sitz in Genf ins Leben riefen. Und sie hat die sich anbahnende Hölle der Versklavung von Milliarden auf der Basis einer Ideologie angedeutet. Im Frühjahr 1977 schockierte Andrej Amalrik, ein russischer Dissident, in einem italienischen Fernseh-Interview Millionen mit der Bemerkung: „Der Kommunismus ist das unmenschlichste System, das die Menschheit in ihrer bisherigen Geschichte kennt." Und am 13. Mai 1981, kurz bevor in Rom die Schüsse abgefeuert wurden, hatte der Vorsitzende der Deutschen Bischofskonferenz, Joseph Kardinal Höffner aus Köln, bei den Jubiläumsfeiern in Fatima erklärt: „Nie war die Gewalt so stark wie in diesem Jahrhundert." Er wurde noch am gleichen Tag auf tragische Weise bestätigt.

In der Geschichte überlappen sich oft Prozesse. Ein vom Virus des Todes befallenes Zeitalter kann vordergründig noch in voller Blüte stehen, während das Neue keimhaft, manchmal schon sehr deutlich im Kommen ist. 1981 hat niemand die Ereignisse von 1989 vorausgesehen. Für die Mächtigen und ihre Vordenker schien die eigene Welt noch in Ordnung. In diese Sicherheit bricht eine geheimnisvolle Frau — wie einige kroatische Jugendliche behaupten, die ‚Selige Jungfrau' — mit einer Botschaft ein. Nicht um den sich abzeichnenden Sieg ihrer eigenen Prophezeiungen zu feiern, das Scheitern aller Denkmodelle, die eine verbindliche Existenz Gottes ausschließen. Mit keinem Wort geht sie auf ihre beschwörenden Mahnungen zu Anfang des Jahrhunderts am anderen Ende Europas ein. Der furchtbar gebeutelten Menschheit versucht sie vielmehr den Weg in eine neue Zukunft zu weisen, sie vor neuen Fehlentwicklungen zu bewahren. Für Millionen waren Wissenschaftsgläubigkeit, Zukunftsträume oder der Marxismus zu einer Ersatzreligion geworden, in einigen Staaten mit dem brutalen Anspruch, im Besitz der für alle Menschen — zuweilen unter Todesstrafe — verpflichtenden Wahrheit zu sein (die Partei hat immer recht). Die Auflösung dieser Weltbilder — so illusorisch sie gewesen sein mögen — könnte Hunderte von Millionen, wenn nicht Milliarden in den Abgrund eines geistigen Vakuums stürzen, auf lange Sicht Nährboden für neue Verführer, neue Selbsttäuschungen, neue Höllen. Im schlimmsten Fall für eine endgültige, letzte Verzweiflung an sich selbst, an der Welt, am Sinn jedweder Existenz überhaupt. Es scheint so, als sollte eben dieser Gefahr durch die Ereignisse und Aussagen in Medjugorje rechtzeitig und nachhaltig vorgebeugt werden. Als Alternative zu Jahrhunderten, die sich in jeweils verschiedener Form vor allem am Prinzip »Verneinung« orientierten, wird ein Zeitalter der Liebe aufgezeigt.

Sarajewo — Startschuß zur Selbsterlösung

An dieser Stelle ist vielleicht der Hinweis auf einen weiteren Zusammenhang angebracht. Historische Symbole sind ausdrucksstark. Sarajewo ist in doppelter Hinsicht eines geworden. In Sarajewo erschoß am 26. Juni 1914 der Student Gavrilo Princip auf offener Straße den österreichischen Thronfolger Franz Ferdinand. Er löste damit den ersten Weltkrieg aus. Da die Menschheit nach seiner Beendigung versäumte, die eigentlichen Wurzeln der Weltkatastrophe zu erforschen und ihre Weltbilder und Anschauungen in Einklang mit den immer gewaltigeren technischen Möglichkeiten (auch der Zerstörung) zu bringen, fand dieser seine Fortsetzung in einem zweiten und schließlich in der Spaltung der Welt in zwei gigantische Machtblöcke, die einander vierzig Jahre, bis an die Zähne bewaffnet, haßerfüllt gegenüberstanden. Stacheldraht, Betonmauer und tödliche Gräben trennten Völker und Nationen wie noch nie seit dem Bau der Chinesischen Mauer und des römischen Limes, die übrigens in den Auswirkungen bei weitem nicht so grausam gewesen sein dürften. Der erste Weltkrieg leistete erst dem Kommunismus, dann dem Nationalsozialismus politische Geburtshilfe, zwei mörderischen Wahnideen unseres Jahrhunderts. In Sarajewo fiel der Startschuß zu der unheilvollen Entwicklung.

In der Region Sarajewo, in Medjugorje, setzt nun möglicherweise eine Macht, die nicht von dieser Welt ist, Zeichen für das Ende dieses von Trugbildern beherrschten Jahrhunderts, reicht der Menschheit die Hand zur Versöhnung und fordert zu gegenseitiger Aussöhnung auf. „Versöhnt euch, schließt Frieden, vor allem mit eurem Schöpfer, kehrt zur Selbstbeschränkung zurück, zu gegenseitiger Achtung und Wertschätzung, zum Gegenteil dessen, womit ihr in den letzten Jahrhunderten infiziert wurdet!" Mehr noch. Vor dem Hintergrund unzähliger Gräber und Ruinen, zerbrochener Zukunftsvisionen und gescheiterter Diesseitsparadiese läßt die „Frau unter dem Kreuze" vor den Augen junger Menschen, wie diese unermüdlich bezeugen, die Vision einer anderen Welt aufleuchten, einer Welt, die ihren Sinn nicht in sich selbst hat, sondern sich an der

Ewigkeit orientiert, die einzige Chance, die ersehnte Selbstverwirklichung zu finden. Den an die Wand gemalten Bildern vom Gott-Tyrannen im Himmel zum Trotz — und seiner zahlreichen Nachahmer auf Erden — offenbart sich, nach dem Zeugnis der Jugendlichen, die »Ewige Idee«, an die Milliarden nicht mehr zu glauben wagten, als das ewige »Mysterium der Liebe«, das sich der Menschheit und dem einzelnen Menschen in seiner ganzen Fülle mitteilen möchte. Nicht erst nach dem Tode, nicht erst im Jenseits, sondern hier und heute.

In einem langen Gespräch unter vier Augen sagte mir Ivan Dragičević, einer der Seher, Charakter und Qualität seiner Begegnungen mit der ,Gospa', wie man die ,Selige Jungfrau' in Kroatien zu nennen pflegt, wären mit Worten nicht wiederzugeben, weil die menschliche Sprache dafür zu arm sei. Eines wolle er jedoch hervorheben. Wenn er sie höre, sehe, fühle, dann habe er oft den Eindruck, daß bei diesen Begegnungen der eigentlich Sprechende nicht die »Frau unter dem Kreuze« sei, sondern ihr Sohn, der Mann am Kreuze selber. Eine bemerkenswerte Feststellung. Jesus aus Nazareth, dessen historische Existenz das 19. Jahrhundert in Frage zu stellen versuchte, und wo das nicht gelang, seine göttliche Sendung, bringt sich demnach an der Schwelle zum 21. Jahrhundert als der eigentliche Herr der Geschichte, als ihr wirklicher Lenker in Erinnerung. Eine entscheidende Rolle hat von Anfang an in Medjugorje das große, weithin sichtbare Betonkreuz auf dem benachbarten Berg (Križevac) gespielt. Bei längerem Aufenthalt entgeht einem nicht, daß im Zuge der dortigen Ereignisse über die geheimnisvolle Frau das »Mysterium des Kreuzes« in den Mittelpunkt gerückt ist, und das bedeutet nach christlichem Glaubensverständnis das »Mysterium der Erlösung« des Menschen.

Mit noch nie dagewesenem Kraftaufwand hat der Mensch in unserem Jahrhundert mit Hilfe seiner intellektuellen, politischen, gesellschaftlichen und technischen Fähigkeiten die Selbsterlösung geprobt. Als letzter Kraftakt muß nun das Wissen von der Seele, die Psychologie, herhalten, ein Versuch, der neuerdings in Bestsellern von Theologen ihren Niederschlag findet.

Indem der Mensch das Leiden aus eigener Kraft endgültig besiegen will, schafft er immer wieder neues; indem er Schuld leugnet, lädt er immer wieder neue auf sich. Der Tod wird aus dem Leben des einzelnen verdrängt — Sterben bewegt sich am Rande der Peinlichkeit—, taucht er als Massentod gespenstisch wieder auf. Allein der verfehlte Landungsversuch eines Großraumflugzeuges kann dieses unter Umständen in einen Sarg für mehrere hundert Passagiere verwandeln. Weil er das Kreuz aus seinem eigenen Leben verdrängt, wird der Mensch immer weniger fähig, sich dem Geheimnis der Selbstaufopferung Gottes am Kreuze zu öffnen. Der Zugang zum tiefsten Sinn seiner wechselhaften, mit ständigem Versagen durchsetzten Geschichte, zu seiner Entwicklung und zu seinem Heil bleibt ihm so schon im Ansatz versperrt.

In Medjugorje — so der langjährige verantwortliche Seelsorger der dortigen Gemeinde, Tomislav Pervan, auf einer Tagung in Paderborn im Herbst 1989 — haben viele Menschen zu ihrer Mitte zurückgefunden. Zur eigentlichen Mitte des Daseins zurückfinden, das könnte die neue Dimension des Lebens für kommende Generationen sein.

Worte und Zeichen, die in Medjugorje registriert werden, sind einfach. Menschen vergangener Zeiten wären sie ebenso zugänglich gewesen, wie sie möglicherweise zukünftigen Geschlechtern noch etwas zu sagen haben werden, wenn sie sich in die Tiefen des Kosmos vorwagen sollten. Sie berühren den Kern unseres Menschseins, sie legen den Finger auf die Wunden unserer angeschlagenen Beziehungen zum Schöpfer, aber sie bringen im Menschen auch Saiten zum Schwingen, die von Hoffnung und von unzerstörbarem Glück künden.

* * *

III.

»FRAU AUS DER ZUKUNFT«

Wohl zu keiner Zeit wurde so viel über die Zukunft nachgedacht und geschrieben wie in der zweiten Hälfte des 20. Jahrhunderts. Mitte der 60er Jahre war Zukunftsforschung in aller Munde. Ein Bestseller folgte dem anderen. Magazine boten sich als Diskussionsforum für Zukunftsorientierungen an. Mitte der 80er Jahre hatten die meisten dieser Titel allerdings nur noch Altpapierwert. Sie waren restlos überholt. Manches kam anders, vieles, was vorausgesagt worden war, traf überhaupt nicht ein, anderes war nicht einmal andeutungsweise erahnt worden. Die Weltseuche Aids hatte niemand vorausgesehen, Umweltverschmutzung und Drogensucht als globales Problem ebensowenig. Nikita Chruschtschow, von 1953 - 1964 Erster Sekretär der KPdSU, betrieb Zukunftsforschung eigener Art. Großsprecherisch kündigte er für das Jahr 2000 den Sieg des roten Banners über den ganzen Erdball an. Schon 1989 jedoch wurden in den meisten sozialistischen Staaten kommunistische Fahnen und Embleme öffentlich verbrannt, Denkmäler Lenins vom Sockel gestürzt. Der Kommunismus gehörte der Geschichte an. Aus der Zukunftsvision war ein armseliger Abschnitt der Geschichte geworden. Zum schnellen Ende hatte die rasante Entwicklung der Mikroelektronik beigetragen. Ihre tiefgreifenden politischen Auswirkungen waren in diesem Ausmaß von niemandem vorauszusehen gewesen. Die großen Zukunftserwartungen der Welt waren in Zukunftsangst umgeschlagen.

Das Welt- und Menschenbild des Christentums dagegen wurde nicht erschüttert, sofern es den Kern seiner Verkündigung nicht aus den Augen verloren hatte, nicht verwässern ließ. Im Vorwort zu meinem Jesusroman, »Komm, Thomas«, lasse ich den fiktiven Verfasser des Buches, den Juden Ruben, über die erste Generation der Christen, deren Leben er beobachtet, sagen: „Durch ihre Lebensweise bezeugten und bezeugen meine Helden, daß die von Jeshua, der sich als Messias Jahves ausgegeben hat, angekündigte Zukunft in der Tat bereits angebrochen ist. Wir leben nicht in ihrer Erwartung. Sie greift nach uns."

Als die Zeilen niedergeschrieben wurden, war nicht zu ahnen, daß dies auch für unsere Zeit bereits bestätigt worden war. Spätestens nach unserem dritten Besuch in Medjugorje wurde uns bewußt: Die lichtvolle Gestalt, die inzwischen Millionen aus aller Welt in die Herzegowina zieht, von den jugendlichen Sehern ‚Gospa' genannt, sie kommt aus der Zukunft. Während es um die Zukunftsforschung des Menschen immer stiller wird, weil man sich inzwischen drastisch der Grenzen ihrer Möglichkeiten bewußt ist, tritt der Menschheit aus der absoluten, d.h. aus der endgültigen Zukunft die ‚Frau unter dem Kreuz' entgegen und eröffnet ihr Ausblicke in weit anspruchsvollere Zukunftsdimensionen, in die Zukunft Gottes. Es war eine für mich erregende Erkenntnis.

* * *

Angebracht dürfte an dieser Stelle erst einmal eine Zusammenfassung der Vorgänge im Jahre 1981 sein und eine kurze Charakterskizze der Seher. Zwar gibt es zu diesem Thema inzwischen ausreichend Literatur. Vor dem Hintergrund der hier gezogenen Schlußfolgerungen soll jedoch die anfangs nicht in vollem Umfang erkannte Tiefendimension einzelner Vorgänge angesprochen werden. In den ersten neun Tagen der sogenannten Erscheinungen zeichnete sich bereits skizzenhaft das gesamte Spektrum der Absichten und »Pläne« ab, die den Himmel bewogen haben, aus der Zukunft in die Geschichte der Menschheit einzugreifen. Dazu gehört auch die Gruppe junger Menschen, die sowohl als Gruppe als auch als Einzelpersönlichkeiten schicksalhaft in ein Vorhaben verwickelt wurden, das zunächst jede menschliche Vorstellungskraft übersteigen muß. In Medjugorje gewinnen, vor allem in der Anfangsphase, Details bei näherer Betrachtung eine besonders tiefe Dimension. Schon der erste Tag machte es deutlich.

Tag des Propheten

Es war also der 24. Juni 1981, als sich der Himmel über dem Podbrdo in der Herzegowina öffnete und eine geheimnisvolle Frauengestalt unseren Kosmos „betrat". Die Seherin Vicka Ivanković hat es aus anderem Anlaß wörtlich in der Tat so ausgedrückt: „Es war, als ob sich der Himmel öffnete". Am 24. Juni gedenkt man in christlichen Kirchen einer großen Prophetengestalt, Johannes des Täufers. Seine Tätigkeit wird in biblischen und außerbiblischen Schriften erwähnt. Johannes, Sohn des

Priesters Zacharias aus der Umgebung von Jerusalem, rief die Verantwortlichen und das Volk seiner Zeit zur Umkehr auf, kündigte die Ankunft einer überragenden Persönlichkeit und den Anbruch großer Ereignisse an. Als der Angekündigte erwies sich Jesus aus Nazareth. Dieser erhob vor der kompetentesten religiösen Autorität seiner Zeit, vor dem Hohen Rat des jüdischen Volkes, den Anspruch, Sohn Gottes, Erfüllung der Geschichte und Ziel der Welt zu sein. Damit nahm das christliche Zeitalter seinen Anfang. Johannes, vordergründig eine eindrucksvolle Büßergestalt, der seiner Zeit unerschrocken ins Gewissen redete, erweist sich im nachhinein als mehr, als Herold eines neuen Zeitalters.

Allein die Wahl dieses Tages mußte den Ereignissen von Medjugorje von Anfang an besonderes Gewicht geben. Sollte damit möglicherweise auch der Anbruch einer neuen Zeit angezeigt werden, eines neuen, bedeutenden Abschnittes in der Geschichte des Christentums und der Menschheit? Das Schicksal des Christentums ist inzwischen untrennbar mit dem der Menschheit verknüpft und umgekehrt. Es geht in Medjugorje aller Wahrscheinlichkeit nach um mehr als nur um einen Aufruf zu Umkehr und Buße. Das wäre bedeutend genug, um neuen Verirrungen der Menschheit vorzubeugen. Aber vieles, eigentlich alles spricht dafür, daß Umkehr und Buße nur der Einstieg, Voraussetzung sein sollen für eine Entwicklung, die nach vorn und nach oben weist, in eine Zukunft, die sich qualitativ entschieden von dem unterscheiden dürfte, was die Menschheit in falscher Selbsteinschätzung für sich und ihre Kinder an Lebensprojektionen entworfen hat.

Zwei Mädchen waren es, die am Fuße des Berges Crnica spazieren gingen, Ivanka Ivanković, Mittelschülerin aus Mostar, 15 Jahre, und Mirjana Dragičević, Mittelschülerin, später Studentin, aus Sarajewo, 16 Jahre. Es war Ivanka, die die geheimnisvolle Gestalt am Bergabhang als erste bemerkte. Beide Mädchen erschraken und schlugen den Heimweg ein. Gegen Abend kehrten sie zurück, mit Milka Pavlović, 13 Jahre. Alle drei sahen nun die „Erscheinung" abermals. Zu ihnen stieß bald Vicka Ivancović, Schülerin, 17 Jahre, die sich mit Ivanka und Mirjana verabredet hatte. Als man die Ankommende auf die Frau am Bergabhang aufmerksam machte, lief sie betroffen davon, hielt etwas entfernt weinend an und kehrte schließlich mit zwei Jungen zurück, die des Weges kamen, Ivan Dragičević, Schüler, 16 Jahre, und Ivan Ivanković, Arbeiter, 22 Jahre. Mit Ausnahme des 22jährigen Ivan, der nur ein Lichtphänomen wahrnahm, sahen alle Jugendlichen die Gestalt. Alle bemerkten, daß die Frau sie auffallend auf etwas aufmerksam machen wollte, was sie in den Armen hielt und was auf ein Kind schließen ließ. Betroffen kehrten sie in ihre Häuser zurück und berichteten aufgeregt von ihrem Erlebnis. Man begegnete ihnen mit Spott und Skepsis. Familienangehörige empfahlen, alles zu vergessen, um sich nicht der Lächerlichkeit auszuliefern. Die Art der ersten Begegnung enthält bereits den zweiten Hinweis. „Ich will euch, die Menschheit, auf meinen Sohn aufmerksam machen. Mein Sohn ist die Botschaft, die ich zu überbringen habe für eure Zeit."

Nicht aus eigener Kraft

Am nächsten Tag, es war ein Donnerstag, fühlten sich vier der Jugendlichen unwiderstehlich zu jener Stelle hingezogen, an der sie am Vortag ihr rätselhaftes Erlebnis hatten. Milka Pavlović durfte nicht mitgehen, die Mutter brauchte sie im Haushalt. An ihrer Statt ging ihre ältere Schwester, Marija Pavlović, Friseurlehrling, 16 Jahre. Der 22jährige Ivan entschied, nicht mehr hinzugehen. Er glaubte sich zu alt für das, was da möglicherweise auf alle zukam. Dagegen ging der zehnjährige Schüler Jakov Čolo mit. Außerdem schlossen sich zwei Erwachsene an, wenig später folgte neugierig eine ganze Gruppe. Dann geschah das Eigenartige. Am Abhang zeigte sich die geheimnisvolle Frau und bedeutete ihnen, zu ihr hinaufzusteigen. Da waren sie nicht mehr zu halten. Sie stürmten den Berg hinauf, über Felsbrocken, Mulden und dichtes Dornengestrüpp. Ein waghalsiger Aufstieg, aber sie fühlten sich wie von Flügeln getragen, von einer unsichtbaren Kraft gestützt. Der kleine Jakov fiel in dichtes Gestrüpp. „Da kommt der nie heraus", ging es der an ihm vorbeieilenden Vicka Ivanković durch den Kopf. Aber sie kamen alle wohlbehalten, unverletzt an. Die Strecke, für die man gewöhnlich 20 Minuten gebraucht hätte, bewältigten sie in fünf. „Es war", gestand eine, „als ob wir nicht auf der Erde gewesen wären." Und der kleine Jakov soll keuchend ausgerufen haben: „Jetzt macht es mir nichts mehr aus zu sterben, ich habe die ‚Gospa' gesehen."

Oben fielen sie auf die Knie, sahen sie sie vor sich, dreidimensional, frei im Raum stehend, von überwältigender Schönheit. Sie fingen an zu beten, alle weinten erschüttert. Ivanka, seit zwei Monaten Halbwaise, fragte nach ihrer Mutter. „Es geht ihr gut. Sie ist bei mir", war die beruhigende Antwort. Der ganze Vorgang — der mühelose Aufstieg, fast ein Schweben, die Aufklärung über den Verbleib der Mutter — war vorweggenommene Zukunft. Eine Menschheit, die Gott zustrebt, die Gott zum Ziel hat, der Gott als Orientierung dient — so das offensichtliche Signal —, endet nicht im Abgrund verfehlter Zukunftsvisionen, fällt nicht in Schluchten des Todes, bleibt nicht im Dornengestrüpp materialistischer Gedankenspiele hängen, sondern entwickelt neue Kräfte, wächst über sich hinaus, kommt nach oben, schwebt ihrer eigentlichen Zukunft entgegen, nicht aus eigener Kraft, sondern getragen von der Machtvollkommenheit des Schöpfers. Bereits am zweiten Tag, der in Medjugorje jährlich als der erste begangen wird, gab sich also die geheimnisvolle Gestalt als Frau aus der Zukunft zu erkennen, um der Menschheit Wege zu ihrer eigenen zu weisen.

Grauschimmerndes Kreuz

Am nächsten, am dritten Tag, hatten sich mit den Kindern bereits Tausende auf dem Berg versammelt. Ein dreifaches Aufleuchten an anderer Stelle kündigte das Kommen der Frau an. Wieder strebten die Jugendlichen — so hielten Augenzeugen fest — wie auf Flügeln durch Dornengestrüpp und über Felsbrocken der ihnen angewiesenen Stelle zu. Und erstmals wurden während des Treffens ganz konkrete Fragen beantwortet. Sie sei die ,Selige Jungfrau', bestätigte sie, sie hätte diese Region erwählt, weil sie in ihr noch Glauben vorgefunden habe, und die Auswahl der Seher dürfe diese nicht dazu verleiten, auf besondere Qualitätsmerkmale ihres Charakters zu schließen. Jeden Anflug von Eitelkeit erstickt sie im Keime: „Ich suche mir nie die Besten aus."

Auf dem Heimweg beim Abstieg wird Marija Pavlović plötzlich von einer starken Kraft an die Seite gedrängt, um gleich darauf die eigentliche Botschaft an die Menschheit entgegenzunehmen. Vor sich, nur wenige Meter entfernt, sieht sie die Madonna, tränenüberströmt, vor einem grauschimmernden Kreuz. Dahinter ein weiter, leerer Raum: „Die Frau unter dem Kreuz!" Aus dem Munde der Gospa hört Marija die Worte: *„Friede, Friede, Friede, versöhnt euch! Es muß wieder Friede auf der Welt geben, ihr müßt euch mit Gott und untereinander aussöhnen!"* Hier geht es um den Kern der Botschaften von Medjugorje: um das

»Mysterium des Kreuzes«, und das heißt, um das Mysterium des Leidens. Gerade zu diesem Erlebnis habe ich Marija Pavlović im Oktober 1989 unter vier Augen noch einmal eingehend befragt, um durch die Schilderung des Vorgangs eigene Schlußfolgerungen zu überprüfen. Und ich glaube, die Vermutungen gehen in die beabsichtigte Richtung.

Im 20. Jahrhundert wollte der Mensch kühn und bewußt über sich selbst hinauswachsen, das Leiden im Sinne seiner Träume vom Glück überwinden. Der Herrenmensch des Nationalsozialismus, die klassenlose, kommunistische Gesellschaft mit paradiesischem Charakter, in der der Mensch niemals mehr vom Menschen ausgebeutet, jeder sich voll nach eigenem Gutdünken entfalten sollte, wurden zu beherrschenden Zielvorstellungen unseres Jahrhunderts. Der ideologiefreie Konsumrausch und Pansexualismus im Westen liefen danach in die gleiche Richtung. Es wurde ein leiddurchtränktes Jahrhundert. Indem der Mensch versucht, allein dem Leiden zu entkommen, versinkt er im Meer von Leid und Schmerz.

In der Begegnung am dritten Tag wird die Menschheit über das junge Mädchen Marija Pavlović aufgefordert, sich mit dem Geheimnis des Leidens auszusöhnen, das »Mysterium des Leidens« anzunehmen. Von oben bis unten, quer durch die Gesellschaftspyramide, vom Politiker und Professor bis zum Arbeiter und Landwirt, vom Multimillionär bis zum seelisch kranken Obdachlosen zieht sich die Anklage gegen einen Gott, der „solches zuläßt". Konfrontiert mit immer größeren Leiden ruft der Mensch zum Himmel: „Wenn es einen Gott geben sollte, wie könnte er das zulassen?" Wie kann er die Leiden Unschuldiger zulassen, wer immer durch was auch immer Schuld auf diese Welt geladen hat? Das ist der Verzweiflungsschrei der Menschheit. Sie weigert sich, im Mysterium des Leidens die Voraussetzung für ihr Heil anzuerkennen. In Medjugorje wurde der Finger auf die ewig blutende Wunde der Menschheit gelegt, die Frage nach dem Sinn des Leidens. In späteren Visionen bekamen die jungen Menschen den leidenden Jesus zu Gesicht. Ewigkeit kennt nur Gegenwart. Vergangenheit und Zukunft sind stets „gegenwärtig". Am 29. März 1984, vier Jahre später, forderte die ‚Selige Jungfrau' Jugendliche und Menschheit auf, darüber nachzudenken, „wie der Allmächtige auch heute noch wegen eurer Sünden leidet".

Gott wird der Menschheit als leidender Gott in Erinnerung gebracht, der Leiden nicht nur zuläßt, sondern sie in geheimnisvoller Schicksalsgemeinschaft mit der Menschheit auf sich nimmt. Die Menschheit wird aufgefordert, sich dem Leiden nicht im hochmütigen Alleingang, sondern in engster Anlehnung an den Schöpfer zu stellen und es in engster Beziehung mit Gott zu überwinden. Das „Schweben" der jungen Menschen über dem ansonsten Wunden schlagenden Dornengestrüpp darf wohl in engem Zusammenhang mit dieser Einladung gesehen werden. Auf Gott ausgerichtet, wird der Mensch befähigt, das Leiden innerlich zu überwinden, auch das größte. Jeder Versuch, die Lösung des Problems auf eigene Faust zu verwirklichen, vom Baby aus der Retorte zur Umgehung mühsamer Schwangerschaften, von der Euthanasie über die künstliche Sterbehilfe bis hin zum Massenselbstmord, führt zum Verlust der Menschlichkeit, in das Dunkel von Selbstauflösung. Ohne Aussöhnung mit dem Leiden, mit dem Kreuz, kein Frieden, keine Zukunft. Ohne Kreuz bleibt nur der Absturz in das Nichts.

Langer Schleier

Schon der darauffolgende Tag, ein Samstag, brachte die Probe aufs Exempel. Die Jugendlichen wurden von der Geheimpolizei abgeführt und verhört. Ein Amtsarzt untersuchte sie und mußte ihnen volle körperliche und seelische Gesundheit attestieren. In einem kommunistischen Staat hat (bald wird man sagen können: hatte) niemand gern etwas mit dem »Amt für innere Angelegenheiten« zu tun. Es dient vor allem dem Psychoterror gegenüber der eigenen Bevölkerung. Sie bestanden die Prüfung mit bewundernswerter Standfestigkeit. Nun wußten sie es: Jede Gnade hat ihren Preis. Es war dennoch nur der Auftakt. Das Leiden wurde für sie zum ständigen Begleiter. Es dürfte im Laufe der Jahre weit härter und bitterer gewesen sein, als sie haben erkennen lassen oder die Öffentlichkeit wahrnehmen konnte.

Wieder in Medjugorje, nahm sie der von einer mehrtägigen Reise zurückgekehrte Ortspfarrer Fra Jozo Zovko in Empfang und unterzog sie einem peinlich genauen Verhör. Da er die Pfarrei erst vor wenigen Monaten übernommen hatte und die Betroffenen nicht genau kannte, lief sein Verdacht darauf hinaus, das Ganze sei von der Geheimpolizei inszeniert, um ihn zu kompromittieren. Bitter für die beargwöhnten jungen Menschen.

In Bijakovići angekommen, machten sie sich zur gewohnten Stunde auf den Weg, in zwei Gruppen, eingedenk der Tatsache, daß die »Frau aus der Ewigkeit« offensichtlich den Stellenwechsel bevorzugte, ein aussagestarker Zug, auf den gleich noch zurückzukommen sein wird. Sie wollten sich gegenseitig durch Zeichen verständigen, sobald sie sich einem von ihnen zeigen würde. Marija und Jakov erblickten sie zuerst und liefen ihr, wie „vom Wind getragen", entgegen. Einige Franziskaner in Zivil waren nicht in der Lage, ihnen zu folgen. Anwesend waren mehrere tausend Menschen. Die ‚Selige Jungfrau' stand vor ihnen, im grauen Kleid, umhüllt von einem langen Schleier, der bis zur Erde reichte. Da Massen um die Seher drängten, waren sie — so berichteten diese — oft auf den Schleier der Frau getreten. Um sich dem zu entziehen, sei die ‚Gospa' einige Male plötzlich verschwunden, um nach kurzer Zeit wieder aufzutauchen. Auch das bleibt festzuhalten. Da man davon ausgehen muß, daß Menschen unter den Bedingungen von Raum und Zeit den Schleier der ‚Gospa' gar nicht berühren können — wie sie diese ja auch nicht gesehen haben —, hat das Verhalten ausschließlich symbolischen Charakter. Die Frau aus der Zukunft gibt sich ganz als Frau, als vollkommene, sich ihrer hohen Würde bewußte Frau, und gerade dadurch als vollkommenste Verwirklichung des Menschlichen. Sie entzieht sich der Beschmutzung ihres Schleiers, der Befleckung ihrer makellosen Fraulichkeit, durch die ihr Menschsein seine höchste Form erhalten hat. Getretene Fraulichkeit, durch andere oder durch mangelndes geschlechtsbewußtes Selbstwertgefühl, ist Verletzung der menschlichen Natur in ihrem Kern.

Die zweite Hälfte des 20. Jahrhunderts hat unter dem Vorwand der Emanzipation, der Gleichberechtigung der Frau, eine Erniedrigung ihrer Würde ausgelöst und damit eine Verarmung des Menschlichen, die in ihrem Ausmaß historisch einmalig ist. Ein Protest gegen diese Entwicklung in der westlichen Welt ist das Kopftuch, zu dem die Frauen im Islam gegriffen haben und keineswegs nur Ungeschulte, sondern vor allem Gebildete. Nicht begründete Gleichberechtigung wurde erreicht, vielleicht ernsthaft nie angestrebt, sondern Nivellierung der Geschlechter. Mann und Frau werden austauschbar, sind oft schon äußerlich kaum mehr voneinander zu unterscheiden, beziehungsweise diese Unterscheidung wird eingeengt und dann hochgetrimmt auf das rein funktional Sexuelle. Die geschlechtliche, seelische Ausprägung dagegen wird ausgelöscht. Der Mensch wurde armselig gleichförmig. Er ist nicht mehr, was er eigentlich ist: Mensch als Mann und Frau.

In Medjugorje läßt sich stets ein doppelter Gesichtspunkt entdecken. Es ist — wie der französische Theologe Professor René Laurentin sagte — ein „Aufschrei des Himmels", ein Aufruf zur Umkehr, zur Abkehr von Fehlentwicklungen, durch die der Mensch Gefahr läuft, sich selbst zu verfehlen. Es ist aber zugleich immer auch Wegweisung und Fortschritt. Der Filmregisseur Hans Schotte hat seinem zweiten hervorragenden, sehr spirituellen Streifen über Medjugorje den Titel gegeben »Eingeladen in die Freiheit«. Das ist richtig. Aber Medjugorje ist noch mehr, es ist »Einladung in die Zukunft«, Einladung in eine Zukunft, die man die absolute, die endgültige, die unbedingte nennt. Das Erscheinungsbild der ‚Gospa' legt der Menschheit nahe, auch über das Geheimnis, das sich hinter dem Schleier verbirgt, über das „Geheimnis der Geschlechtlichkeit", nachzudenken. Papst Johannes Paul I. (1978) hat in seiner kurzen Amtszeit von nur vier Wochen kaum Gelegenheit gehabt, bedeutende Aussagen zu machen. Aber eine hat ein großes Echo gefunden: „Gott ist nicht nur Vater, er ist auch Mutter". Sie fiel in eine Zeit, als Frauen sich immer mehr weigerten, Mutter zu werden. Diese Weigerung kommt einem apokalyptischen Anschlag auf die Zukunft des Menschen selber gleich. Es ist das große Nein zu sich selbst, und seine Quelle ist das Nein zum Geheimnis des Leidens.

Eine der großen Zukunftsaufgaben der Menschheit wird darin bestehen, Geschlechtlichkeit als großes Geheimnis, als großes Mysterium zu entdecken und ihm in Ehrfrucht zu begegnen. Wer das Mysterium beseitigen will, dem „öffnen sich die Augen". Er schaut in den Abgrund seiner eigenen Bedeutungslosigkeit. Die Weltseuche Aids ist dafür nur ein winzig kleiner Hinweis. Wer der Geschlechtlichkeit den Schleier des Geheimnisses nehmen will, riskiert das Nichts. Hinter der Doppelgeschlechtlichkeit des Menschen verbirgt sich eines der wichtigsten Wesensmerkmale menschlicher Berufung, der Funke des Göttlichen, der vom Menschen in seiner langen Geschichte — und Kulturgeschichte — noch nicht einmal im Ansatz entdeckt wurde. Den Sehern von Medjugorje wurde die Gnade zuteil, Signale in dieser Richtung entgegenzunehmen.

* * *

Tag der Kirche

Am fünften Tag, es war ein Sonntag, versammelten sich auf dem Podbrdo 15 000 Menschen. Eine schier unglaubliche Zahl. In einem streng kommunistischen Land, in einer eher abgelegenen Gegend. Es war der Tag der Kirche, stellt sich rückblickend heraus. Der Ortspfarrer Fra Jozo Zovko und sein Mitarbeiter Fra Zrinko Čuvalo hatten eine schlaflose Nacht hinter sich. Angesichts des anschwellenden Besucherstromes kam der verantwortliche Seelsorger Zovko nicht umhin, in der Sonntagsmesse Stellung zu beziehen. Keine beneidenswerte Situation. Die geringste Sympathieäußerung für die Jugendlichen hätte ihn gegenüber den atheistischen Behörden in „Teufels Küche" gebracht, bei kirchlichen Instanzen auf lange Sicht wahrscheinlich noch viel größere Verwicklungen zur Folge gehabt. Aber zum Glück war ihm gar nicht danach zumute. So verlas er während des Gottesdienstes eine Stellungnahme, in der mit Nachdruck darauf verwiesen wurde, daß die Kirche bereits im Besitz des ganzen Offenbarungsgutes Gottes sei. Was sich auf dem Berge abspiele, betreffe nicht die Öffentlichkeit, sondern sei rein privater Natur. Er distanzierte sich auf diese Weise von den Vorgängen, vermied es jedoch, die jungen Menschen an den Pranger zu stellen. „Unsere Wege, die der Jugendlichen und mein eigener", sagte er mir später einmal, „drifteten zu dieser Zeit immer mehr auseinander. Wir gingen entgegengesetzten Hügeln entgegen."

Bei aller Vorsicht seinerseits, die man ihm für jene Tage zubilligen muß, läßt sich nach mehrjährigem Abstand jedoch sagen, daß er in jener Stunde nicht im entferntesten die atemberaubende Dimension erkannt hat, um die es ging, obwohl diese bereits in den ersten Tagen erkennbar war. Die Jugendlichen stöhnten unter der penetranten Verhörtaktik ihres Pfarrers, sie fühlten sich „ausgequetscht". Nun, ich habe meinerseits während der Recherchen Fra Zovko viele Male viele Stunden „ausgequetscht". Und er hat dabei oft gestöhnt. Ich halte ihn inzwischen für einen der instinktsichersten Interpreten der Ereignisse von Medjugorje, und Millionen, die in das abgelegene Dörfchen Tihaljina pilgern, das er heute betreut, müssen diesen Eindruck wohl auch haben. Im Juni 1981, am ersten Sonntag nach Beginn der „Erscheinungen", besaß er diese Sicherheit nicht. Das zeigt, wie sehr die Kirche, die sich im Besitz der ihr anvertrauten Offenbarung weiß, dennoch immer wieder angehalten ist, nachzudenken, zu meditieren, zu beten und demütig um Erleuchtung zu bitten. Mühelos geschenkt wird ihr nichts.

Am Nachmittag, während der neuerlichen Begegnung mit der ‚Frau‘, baten die Seher um eine Mitteilung für die anwesenden Menschen. *„Sie sollen beten und glauben",* war die Antwort. Mit Feinfühligkeit wurde auf diese Weise eine brennende Not gerade in der katholischen Kirche angesprochen. Bei der Lektüre dieses Berichtes fallen einem Worte des vor einigen Jahren verstorbenen großen deutschen Theologen Karl Rahner ein: „Ich glaube, weil ich bete". In verhängnisvoller Fehldeutung des Zweiten Vatikanischen Konzils (1962-1965) war in den darauffolgenden Jahren in den Gemeinden dem Beten praktisch immer weniger Aufmerksamkeit eingeräumt worden. Kirchen, Klöster, Priesterseminare entvölkerten sich. Der Glaube erfuhr eine Verwissenschaftlichung, die Millionen von Menschen schwer verunsicherte. Nicht Glaube war gefragt, sondern die „historisch-kritische Methode", wie sie sich in der Bibelwissenschaft durchgesetzt hat. Nun fand die „kritische Methode" Anwendung auf allen Sektoren des kirchlichen Lebens. Den in Medjugorje versammelten 15 000 Menschen wurde, stellvertretend für Hunderte von Millionen Christen in der ganzen Welt, empfohlen, „zu beten und zu glauben". Unumgängliche Voraussetzungen, sich dem „Mysterium des Kreuzes" zu nähern und sich ihm zu öffnen.

Ohne Gebet wird Leiden für Christen sinnlos, ohne Gebet bleibt ihnen der Zugang zum leidenden Gott verschlossen. Wer nicht betet, steht dem Bösen hilflos gegenüber. Die Kraft der ersten Christen, sich der Zivilisation der Antike und den Machtstrukturen des Römischen Imperiums zu stellen, kam ihnen — dessen waren sie sich bewußt — von Gott. Aber die Verbindung mit Gott wird im Gebet hergestellt. Auf diese Erfahrung glaubten Christen der letzten Jahrzehnte verzichten zu können. Im sozialen Engagement und in der intellektuellen Diskussion suchten sie Bestätigung, bisweilen sogar in der Anpassung an den Marxismus, der kurz davor stand, sich als gröbste Irrlehre der letzten zwei Jahrhunderte zu kompromittieren. Im „Gebet und im Glauben" sollen Christen wieder zu sich selbst finden. Es wird im weiteren Teil darauf noch zurückzukommen sein.

Ökumenische Weite

Am Montag, es war der 29. Juni 1981, feierte man in Medjugorje das Fest zweier Säulen aus den ersten Tagen des Christentums, des Petrus und Paulus, die ihr Bekenntnis mit dem Leben bezahlen mußten. Der eine wurde, nach römischem Brauch, ans Kreuz geschlagen, der andere enthauptet. Brutal erinnert an Verfolgung und Leiden wurden die Kinder von der Geheimpolizei, als diese nach dem Gottesdienst auf sie wartete und sie in einem Krankenwagen in die Psychiatrie nach Mostar brachte. Es ist erstaunlich, wie schnell antireligiös programmierte Behörden einem gewissen Verfolgungsmechanismus verfallen. Sie sind nicht in der Lage, ungewöhnliche Phänomene anderswo einzuordnen als in der Medizin, der Pathologie, in der Hoffnung, von dort müßte ihr Welt- und Gesellschaftsbild bestätigt werden. In Mostar ging diese Hoffnung nicht auf. Von den Fachärzten war Krankhaftes an den Kindern nicht nachzuweisen. So kehrten sie nach Medjugorje zurück, um während ihres Treffens mit der ‚Frau' neue Zeichen zu setzen.

Mittlerweile strömten Menschen nicht nur aus der näheren Umgebung in die Ortschaft, sondern kamen bereits aus entfernteren Landesteilen, sogar aus der Hauptstadt Belgrad. Mehrere Dinge sind es, die bei Durchsicht der Vorfälle dieses Tages ins Auge fallen. Unvergeßlich blieb den Sehern in Erinnerung, wie der Blick der ‚Gospa' liebevoll über die Menschen glitt, dann hinunter ins Tal, über die Felder und hinauf zum Križevac, als wolle sie mit den Augen alles in Liebe umarmen. Liebe wird zum unüberhörbaren Akzent aller Begegnungen der kommenden Jahre. Auf die am Morgen erlebten Schikanen anspielend, prophezeite sie ihnen ermutigend, sie würden auch bei neuen Prüfungen Kräfte finden, sich ihnen zu stellen.

Gleichzeitig wird die ökumenische Perspektive sichtbar. Unter den zahlreichen Besuchern befanden sich orthodoxe Christen und auch Moslems. *„Es gibt nur einen Gott, einen Glauben"*, ließ die ‚Jungfrau' den Massen ausrichten. Zu einem späteren Zeitpunkt ergänzte sie diese Aussage mit dem Hinweis: *„Trennungen habt ihr ausgelöst, sie kommen nicht von Gott"*, was manchen traditionell orientierten römisch-katholischen Gläubigen zum Ärgernis wurde. In Medjugorje allerdings hat sich ökumenische Weite durchgesetzt. Es traf sich, daß ich den achten Jahrestag der Erscheinungen, im Juni 1989, mit einer Tochter und einer Firmpatin in Medjugorje verbringen konnte. Die feierliche Ansprache am Vorabend und am 25. Juni selber vor einer großen Pilgerschar aus dem In- und Ausland war einem brillanten Redner angetragen worden. Als ich mich später nach seinem Namen erkundigte, stellte ihn mir der seinerzeitige Pfarrer der Gemeinde, Fra Dr. Leonhard Oreč, vor. Es war Živko Kustić, Chefredakteur der renommierten Wochenzeitschrift

»Glas koncila«, »Stimme des Konzils«. Kustić ist keineswegs römisch-katholischer Priester, sondern gehört als Geistlicher der mit Rom unierten orthodoxen Kirche an. Er ist verheiratet und Vater von fünf Kindern. Nicht besser hätten die im Zölibat lebenden Franziskaner, von denen fast die ganze Region seelsorgerisch betreut wird, bestätigen können, wie sehr sie die von der ‚Gospa‘ skizzierte ökumenische Perspektive verstanden haben. Im übrigen sind dort orthodoxe und anglikanische Bischöfe und Priester, zahlreiche evangelische Christen und Moslems nicht nur einmal gesehen worden. Besondere Beachtung verdient der Vorfall mit einer Ärztin, die Skepsis äußerte und die Seher fragte, ob sie die ‚Gospa‘ berühren könne. Daraufhin nahm eine deren Hand und führte sie an die Schulter der ‚Seligen Jungfrau‘. Die Berührung löste einen Schauer bei der Medizinerin aus, der sie derart erschütterte, daß sie auf dem Heimweg den Abhang hinunter „taumelte", wie es von Begleitern festgehalten wurde. Sie sei später nie mehr auf dem Berg gesehen worden. Sehr hart muten die Worte der Madonna an, mit denen sie die Haltung der Frau kommentierte: *„Judasse hat es immer gegeben."* Hier schält sich eine klare Verbindung heraus zum Vorgehen der Behörden am Morgen des Tages, die eine Erklärung aus dem Bereich der Wissenschaft anstrebten. „Judas" war jener Mann aus der Umgebung Jesu, der dessen Wirken bis zum Schluß nicht begriff und ihm hartnäckig gesellschaftspolitische Ziele unterstellte. Als er seinen verhängnisvollen Irrtum einsah, besaß er nicht mehr die Kraft, umzudenken. Er nahm sich das Leben. Stets geht es um die Weigerung des Menschen, sich der göttlichen Dimension unseres Daseins zu öffnen. Das Ende ist Selbstzerstörung. Darin liegt der pädagogische Aspekt des Vorfalls mit der „ungläubigen" Ärztin.

Um zu verstehen, mußt du glauben. Willst du das Heil finden, vor allem Heilung von körperlichen und seelischen Gebrechen, so glaube. Menschen, die über die Seher für sich oder für andere in den ersten Tagen und in den folgenden Jahren um Heilung von einer Krankheit baten, wurde beschieden: „Sie sollen beten, fasten, glauben". Erinnerung an Bedingungen, die schon ihr Sohn vor zweitausend Jahren allen stellte, die Hilfe von ihm erflehten. Heil ohne Glauben ist nicht zu haben. Der Himmel ist kein Coca-Cola-Automat, der mit Münzen zu manipulieren wäre — ob sie nun stofflicher oder geistiger Natur sind. Nur in Begleitung Gottes ist der Mensch in der Lage, sich dem ‚Mysterium‘ zu nähern. Im Alleingang zerbricht er am Geheimnis.

Um der andern willen

Der Dienstag (30. Juni 1981) brachte einen neuen Aspekt in den Ablauf der Dinge. Er mag im Detail anders gewesen sein. Exakt ist er nach mehreren Jahren nicht zu rekonstruieren. Auf den Kern kommt es an. Zwei Frauen aus dem Bekanntenkreis der Seher waren von den Behörden angeheuert worden, die Jugendlichen in Ablenkungsmanöver hineinzuziehen. Sie luden alle zu einer Autofahrt in die nähere Umgebung ein. Lediglich Ivan lehnte ab. Eine kreisförmige Fahrt rund um Medjugorje, eine Einladung, der schwer zu widerstehen war. Zu vorgerückter Stunde wurde den Mädchen jedoch bewußt, daß sie hereingelegt worden waren. Sie sollten den Zeitpunkt der Erscheinung versäumen. Auf der Strecke zwischen Ljubuški und Čitluk, bereits in Sichtweite des Podbrdo, zwangen sie die Frauen, den Wagen anzuhalten, knieten neben der Straße nieder und begannen zu beten. Über der Menschenmenge auf dem Berg zeigte sich ihnen von weitem die Gospa und kam schwebend auf sie zu, eine demonstrative Geste, die sich den Sehern wahrscheinlich tief einprägen sollte. Sie hielt vor den Mädchen inne, betete und sang mit ihnen. Sie sei in gedämpfter Stimmung gewesen, aber Vorwürfe habe es nicht gegeben. Anschließend hätte sie sich langsam zurückgezogen und sei über der Menschenmenge auf dem Podbrdo verschwunden.

Auch in diesem Fall bietet sich eine Deutung an. Der von den Sehern erwartete Vorwurf blieb aus. Die ,Frau aus der Ewigkeit' respektiert ihre Entscheidung, sie respektiert ihre Freiheit, sie will nicht kommandieren, obwohl sie zu verstehen gibt, über das Verhalten nicht sehr glücklich zu sein. Im Laufe der Jahre wird sich die Betonung der persönlichen Freiheit als ein wesentlicher Grundton ihrer Pädagogik herausstellen. Freiheit wird groß geschrieben in ihren Augen, groß geschrieben in der Spiritualität von Medjugorje. Indem sie sich danach wieder auf den Berg zurückzieht, gibt sie zu verstehen, daß sie sich den jungen Menschen nicht um ihrer selbst willen offenbart, sondern um der Menschen willen. Dort wäre zu dieser Stunde ihr Platz gewesen. Gnade erhält man um der anderen willen. Die beiden Frauen, die den Mädchen die Falle gestellt hatten, wurden Zeugen ihrer Ekstase. Sie reagierten verstört. Später haben sie den Ortspfarrer unterrichtet. Dann verschwanden sie aus Medjugorje. Eine zog sich ins Ausland zurück. Die Kinder wurden am Abend von Fra Zovko einem weiteren Verhör unterzogen. Er hat es sich nicht leicht gemacht. In der Nacht verhaftete die Polizei einen Mann namens

Marinko, der in den abgelaufenen Tagen bemüht war, die Kinder vor den andrängenden Menschen zu schützen.

Dem Menschen immer voraus

Am Mittwoch (1. Juli 1981) setzt sich der Psychoterror der Staatspolizei gegenüber Eltern und Kindern fort. Sie werden in die Schule geladen, bedroht, unter Druck gesetzt. Ein weiteres Betreten des Hügels wird ihnen untersagt, obwohl jede rechtliche Handhabe dazu fehlte. Drei der Mädchen werden in einen Lieferwagen gesteckt. Noch innerhalb des Dorfes fangen sie jedoch an zu poltern, zwingen den Fahrer umzukehren. In diesem Augenblick steht die Gospa vor ihnen und beruhigt sie. Kurz nur. Aber für die Mädchen war es die Gewißheit, nicht allein zu sein. Auf diese Weise wurde auch sichtbar, daß die „Erscheinungen" an keinen Ort gebunden sein würden, daß sie personenbezogen waren. So sollte es bleiben. Das weist auf eine eigene Qualität der Begegnungen hin, die in gewisser Hinsicht auch „Gottesbegegnungen" sind. Der Mensch, nicht lokale Gegebenheiten (Hügel, Baum, Tempel) stehen im Mittelpunkt, ist Ort des „Gottesdramas", „Schauplatz" des Konfliktes zwischen Schöpfer und Schöpfung. Gott läßt sich vom Menschen nicht festlegen, hält sich an keine Schablone, an kein Muster, ist dem Menschen immer voraus, ist vollkommen anders. „Die Madonna spaziert herum", bemerkte dazu der zuständige Bischof Pavao Žanić von Mostar abfällig.

Zum Entsetzen der Menschen erweist sich der Himmel — und in seinem Namen tritt die ‚geheimnisvolle Frau' auf — als ganz anders. In Lourdes war es vor über hundert Jahren eine stinkende Müllhalde, in der die ‚wunderbare Dame' auftauchte; der Seherin von Fatima, Lucia, erschien sie Jahre nach den eigentlichen Ereignissen im Kloster in Nordportugal beim Leeren einer Klärgrube; in Medjugorje ist es ein Lieferwagen des Staatssicherheitsdienstes. Mystik, tiefste Gotteserfahrung ist in Kellerlöchern und Gefängnissen, auf Müllhalden und am Rande von Klärgruben, in den Arbeitslagern Sibiriens und in den Gaskammern von Auschwitz möglich. Dort, wo das Menschliche am Boden liegt, dort scheint er ihm, im Gegenteil, am nächsten. In Medjugorje bei der Post drehten die Beamten um und luden die Seherinnen vor der Kirche ab. Der „Unterrichtsstoff" des achten Tages war absolviert.

Pfingstgeist

Der 2. Juli 1981, ein Donnerstag, wurde für Gemeinde und Pfarrer von Medjugorje zum Pfingsterlebnis. An einem der Vortage muß eines der Kinder, die, mit Ausnahme von Jakov, im Grunde keine Kinder mehr waren, die Gospa gefragt haben, ob sie angesichts der Nachstellungen von Behörden und Polizei bereit wäre, in der Kirche zu erscheinen, da dieser Freiraum im allgemeinen von den kommunistischen Gewaltenträgern respektiert wurde. Sie soll zugestimmt haben, denn der kleine Jakov war sich sicher, daß sie sie an diesem Tage erstmals in der Kirche sehen würden. Jedenfalls begannen die Menschen schon am frühen Nachmittag in die Kirche zu strömen. Vor der hl. Messe beteten die Jugendlichen, sie hatten sich hinter den Altar gekniet, mit der Gemeinde in der überfüllten Kirche den Rosenkranz.

Und dann war sie plötzlich da. Unter der Empore. Langsam schwebte die ‚Gospa' durch das Schiff, über die Menschen hinweg. Es war wohl jener Augenblick, in dem auch Fra Zovko letzte Sicherheit erhielt. Er spricht nicht gern darüber. Aber verfolgt man Predigten und Ansprachen, und ich habe viele verfolgt, dann läßt er gelegentlich Formulierungen einfließen, die aufhorchen lassen. Etwa wenn er von der Madonna und ihren Aktivitäten in Medjugorje spricht und bei diesem oder jenem Erlebnis vom dritten in den ersten Fall Plural wechselt, also nicht "sie", sondern "wir" sagt: „Dann haben wir sie gesehen". Gelegentlich habe ich Anwesende hinterher zu diesem Detail befragt, und es war merkwürdig, daß nur ganz wenige dieses sehr dezente Signal mitbekommen hatten. Persönlich scheint mir, daß ihn diese „wunderbare, geheimnisvolle Frau" nicht im Stich gelassen hat und sich ihm — wie auch immer — mehrfach geoffenbart hat.

In der Ansprache während der hl. Messe an jenem 2. Juli muß er jedenfalls über sich hinausgewachsen sein. Er wollte Nägel mit Köpfen machen, wollte testen, ob es sich bei den Menschen nur um Sensationsgier handelte, um exzentrisches Sichausleben oder ob mehr dahinter stand, ein Anruf der Gnade. Feierlich richtete er an sie die Frage, ob sie bereit wären, drei volle Tage zu fasten, bei trockenem Brot und Wasser, er fragte nach der Bereitschaft zur Umkehr, zur Rückkehr zu einem tiefen Gebetsleben in den Familien, zu ständiger Lektüre der Hl. Schrift. Ein donnerndes Ja kam ihm jedesmal entgegen. Drei Tage — heißt es — sah man keinen Schornstein in Medjugorje rauchen. Die Menschen nahmen es sehr ernst.

Nach der Messe ließ er die Kinder vor der versammelten Gemeinde berichten. Sie sollten öffentlich Zeugnis ablegen. Es muß ein überwältigendes Erlebnis gewesen sein, denn die Gläubigen weigerten sich bis tief nach Mitternacht, in ihre Häuser zurückzukehren. Der Geist des Gebetes hatte Besitz von ihnen genommen, der „Aufbruch aus Ägypten", wie es damals jemand formulierte, hatte stattgefunden, der Abschied von einer Zivilisation des Genusses war vollzogen. Pfingstgeist war über sie gekommen. Und er sollte Jahre andauern, wie einst in Jerusalem, bis Verfolgungen und die Zerstörung der Stadt durch den römischen Feldherrn Titus sie in alle Winde zerstreute. Längst hat auch Medjugorje andere angesteckt, Gemeinden in der ganzen Welt. Wenn eines Tages ihre „erste Liebe" erlöschen sollte, werden andere in der Welt ihren Auftrag aufgreifen und weitertragen, wie es zum Teil heute bereits geschieht.

Neun Tage waren vergangen, seit vier Mädchen und zwei Jungen in Sichtweite der Kirche der ‚Frau aus der Ewigkeit' begegnet waren. Neun Tage waren einst auch verflossen, nachdem zwölf Männer sich auf dem Ölberg bei Jerusalem von ihrem Herrn verabschiedet hatten und in einem Obergeschoß in der Oberstadt mit seiner Mutter im Gebet verharrten, als über sie der Sturmwind des Heiligen Geistes hereinbrach und eine Gemeinschaft der Zukunft aus ihnen wurde, eine Gemeinschaft, die man heute Kirche nennt, als Zungen „wie aus Feuer" über ihren Häuptern schwebten und neue Menschen aus ihnen machten. Neun Tage mußten auch in Medjugorje vergehen, bis der Pfarrer an der Spitze seiner Gemeinde erkannte, daß es ein prophetischer Aufruf aus der Zukunft sein mußte, der an sie ergangen war, und daß sie sich ihm zu stellen hatten — zum Zeichen für die Völker der Erde.

Eine geniale, überirdische Pädagogik war neun Tage am Werke gewesen, um über karge Worte und Gesten den Grundstock für ein anspruchsvolles Programm der Erneuerung zu legen. Was danach kam — über Jahre —, war Vertiefung und Erweiterung. Gottes Pläne verbergen sich fast immer hinter unscheinbaren Ereignissen und unbedeutenden Menschen. Der dringende Aufruf zum Frieden, den Marija Pavlović am dritten Tage vernommen hatte, war und ist ein Aufruf zur Versöhnung. Ohne Versöhnung kein Frieden. Ohne Versöhnung, vor allem mit dem Kreuz als dem größten Geheimnis Gottes, der Erlösungsachse unserer Geschichte, kein Frieden. Diese Versöhnung setzt Demut voraus, Demut und Liebe. Eine Schule der Liebe war es denn auch, in die junge Menschen aus Bijakovići eintraten, mit allen sich daraus ergebenden Konsequenzen.

IV.

AM BEISPIEL JUNGER MENSCHEN

Nach dem großen psychologischen — in der Sprache der Theologie würde es heißen: nach dem „gnadenhaften" — Durchbruch am 2. Juli 1981 wurde der Ablauf der Dinge weniger übersichtlich, dennoch nicht weniger dramatisch. Um Nachstellungen der Behörden zu entgehen, erwarteten die jungen Leute die ‚Selige Jungfrau' zu den vereinbarten Zeiten in einem Seitenraum der Kirche, neben dem Hauptaltar. Auf diese Weise konnten taktlose Gaffer ferngehalten, die Menge im geräumigen Kirchenschiff an eine geordnete Liturgie herangeführt werden. Gegen Mitte August drängten täglich bis zu 10 000 Menschen zur Kirche, am 15. August, einem Marienfest, seien es — so Schätzungen — um die 25 000 gewesen. Anlaß genug für die Behörden, zu härteren Schikanen Zuflucht zu nehmen. Am 12. August sperrten sie in der Nacht die Zugänge zum Podbrdo. Niemand sollte Zutritt zum Berg haben. Am 17. August schließlich verhaftete man Pfarrer Jozo Zovko, mit ihm die beiden Franziskaner Ferdo Vlašić und Jozo Knižić, Redakteure des Kirchenblattes „Naša Ognjišta", in dem diese sich positiv zu den Vorgängen in Medjugorje geäußert hatten. Eine großangelegte Pressekampagne interpretierte die Vorgänge als kroatisch-nationalistische Umtriebe. Das Fernsehen blies in die gleiche Tube. Was der Apparat nicht vorausgesehen hatte, waren die Auswirkungen dieser Negativpropaganda. Das Interesse im ganzen Lande stieg enorm an.

Grundlage des Friedens

Die Behörden unterstellten Fanatismus, die geheimnisvolle ‚Frau' vertrat das Gegenteil. Auf Anregung eines Priesters fragten die Seher sie nach ihrem Namen. In vielen Kulturen soll der Name Aufschluß über das Wesen des Trägers geben. „Ich bin", verriet die ‚Gospa', „die Königin des Friedens." Ein König setzt verbindliches Recht für alle, er verkörpert das Gesetz. „Der Staat, das bin ich", „das Gesetz, das bin ich" — so sahen Monarchen und so sahen Völker zu allen Zeiten ihre Rolle für die Gesellschaft. Die ‚Frau aus der Ewigkeit' nahm demnach für sich das Recht in Anspruch, Frieden als ein für alle verbindliches Gesetz des Handelns zu setzen. Sie stiftet nicht nur Frieden, sie ist Grundlage des Friedens. Eine faszinierende Selbstdarstellung. Der Bogen zum dritten Tag ist erkennbar, als sie unter dem Kreuz zur Aussöhnung mit dem leidenden Gott aufruft. Mit ihrem Namen macht sie darauf aufmerksam, daß sie selber Fundament und Brücke dieser Aussöhnung, des Friedens überhaupt ist. Es führt kein Weg an ihr vorbei. Auch der Zusammenhang mit dem vierten Tag wird sichtbar, als sie die Bedeutung ihres Schleiers hervorhob. Sie tritt als Frau in Erscheinung, als ‚die Frau' schlechthin. In ihrer Eigenschaft als Frau ist sie im doppelten Sinne Brücke des Friedens.

Wer sich in der Kirchengeschichte der letzten zweihundert Jahre auskennt, dem fällt auf, daß die Marienerscheinungen der Neuzeit sich parallel zum Freiheitsstreben der Frau, zur Frauenemanzipation verstärken. Von den sehr lange patriarchalisch geprägten Männergesellschaften, von Kirchen, in denen männliches Denken vorherrschte, mußte diese Dimension übersehen werden. Sie wurde bis heute nicht wahrgenommen. Begonnen hat es im Jahre 1830 in der Rue du Bac in Paris mit der jungen Ordensschwester Katharina Labouré. Gegen Ende des 20. Jahrhunderts nähert sich der Ruf nach gesellschaftlicher Freiheit, nach Gleichschaltung der Frau seinem Höhepunkt. Neue Freiräume bergen jedoch in sich immer auch die Gefahr tragischer Fehlentwicklungen, die später unter bitteren Opfern korrigiert werden müssen. Der Zusammenbruch unendlich vieler Frauenschicksale, die unter hoffnungsvollen Perspektiven starten, ist unvermeidlich. Zu Fehlentwicklungen unserer Zeit tritt sie unübersehbar als Frieden verheißende Alternative auf. Sie ist souveräne Partnerin Gottes, von Gott als solche anerkannt und sehr ernstgenommen, sie lebt in absolutem Einklang mit seinem Willen. Demonstrativ lenkt sie die Aufmerksamkeit der Welt auf sich, um sich danach ebenso demonstrativ dem Willen des Schöpfers, der Sendung ihres Sohnes, unterzuordnen, eine Entscheidung, die — wie sie betont — zu größter persönlicher Freiheit führt, zu endloser Freude.

Mit dem Ende der Ferien und dem Beginn des neuen Schuljahres wurde die Gruppe auseinandergerissen. Mirjana kehrte nach Sarajewo zurück, die andern in die Schulen nach Mostar. Ivan ging in ein Knabenseminar. Nur Vicka blieb zurück, um den kleinen Jakov zu betreuen.

Spätestens jetzt hätte nach gruppenpsychologischen (gruppendynamischen) Spielregeln der „ganze Spuk" — so es einer gewesen wäre — auffliegen müssen. Aber nichts dergleichen geschah. Es ging weiter. Jedem wurden die Erscheinungen jeweils dort zuteil, wo er sich aufhielt. Nur ab und zu fanden sich alle Seher in Medjugorje zusammen.

In der Folgezeit kam es weiterhin zu auffälligen Begleiterscheinungen und herausragenden Mitteilungen mit Signalwirkung. Vieles ereignete sich in Verbindung mit dem gewaltigen, zwölf Meter hohen Betonkreuz auf dem Berg Križevac, das die Bevölkerung dort 1933 unter großen Opfern errichtet hatte. Bereits im Juli sahen an einem Tag mehrere hundert Menschen, unter ihnen der Pfarrer, in leuchtenden Buchstaben das Wort M I R (Frieden) am Himmel. Ich habe Fra Zovko gebeten, es genau zu lokalisieren. „Vom Kreuz in Richtung auf die Kirche", war seine Antwort. Auch das ist beachtenswert. Immer wieder wird die Querverbindung zwischen Kreuz und Frieden sichtbar, ein Aspekt, der nicht stark genug beachtet werden kann und zur Urbotschaft von Medjugorje gehört. Menschheit und Kirche sollen wieder stark das Kreuz ins Blickfeld bekommen. Ein anderes Mal stand der Berg Crnica, hinter dem Podbrdo gelegen, wie in hellen Flammen, was die Feuerwehren alarmierte, die jedoch keine Brandquelle ausmachen konnten. „Ich bin gekommen, um Feuer auf die Erde zu werfen. Wie froh wäre ich, es würde brennen", heißt es bei Lukas 12, 49. Das Kreuz auf dem Križevac verwandelte sich in eine Lichtsäule (auf Videobändern konnte es festgehalten werden), oder „unter dem Kreuz" zeigte sich die Madonna, sichtbar für viele Menschen im Tal. Das Kreuz wird Lichtsäule, ist Lichtsäule, die den Weg weist, wie einst eine Feuersäule den durch die Wüste wandernden Israeliten den Weg in eine große Zukunft gewiesen hat, in die sie aus Ägypten aufgebrochen waren. Frappierende Parallelen. Und unter dem Kreuz oder an Stelle des Kreuzes immer wieder die geheimnisvolle Frauengestalt, als Ausdruck totaler Hingabe an das Mysterium des Kreuzes. Am 8. Dezember (Fest Mariä Unbefleckte Empfängnis) zeigte sich die ‚Gospa' beim täglichen Treffen unverhofft traurig. Auf den Knien bat sie ihren Sohn um Verzeihung für die Loslösung der Welt von ihrem Ursprung, von Gott, der sich in ihrem Sohn am Kreuze vor der ganzen Menschheit als der immer „mit ihr leidende Gott" entblößt hat. Die Degradierung des Kreuzes zum Schmuckstück wird zur großen Sünde unserer Zeit. Die Seher waren tief erschüttert. Das Motiv der Aussöhnung mit dem Kreuz beziehungsweise mit dem Gekreuzigten bleibt Grundakkord.

Auch Heilungen wurden registriert. Die meisten unverkennbar im Bereich der Seele. Bei körperlichen ist strenge Unterscheidung notwendig. Die Medizin legt harte Maßstäbe an, die Kirche pflegt heute gerade bei diesem Komplex die medizinischen Wissenschaften an Mißtrauen noch zu übertreffen. Gewissenhaftigkeit und Geduld sind angezeigt.

Geheimnisse

Im Zuge der Jahre 1981/82 wurden den Sehern von der ‚Frau aus der Ewigkeit' einige Mitteilungen gemacht, die sie vorerst für sich behalten sollen. Sie betreffen die Situation der Welt, der Kirche, den Ort und sie selber. Die ersten drei erhielten sie gemeinsam, die weiteren getrennt und wohl auch nicht deckungsgleich. In Anlehnung an ähnliche Erfahrungen in Fatima spricht man von „zehn Geheimnissen". In Fatima waren es drei. Das dritte bis zur Stunde unveröffentlicht. Es hat vor ein paar Jahren sogar eine Flugzeugentführung gegeben, um beim Vatikan die Veröffentlichung des „dritten Fatimageheimnisses" zu erpressen. Im Fall Medjugorje ist nicht einmal dieser unterrichtet. Auch untereinander tauschen die Seher das ihnen Mitgeteilte nicht aus. Sie sprechen nicht darüber. Der Hang zum Sensationellen wittert in solchen Fällen stets Morgenluft. Er wirkt auch in Medjugorje auf mich abstoßend. Der tatsächliche Hintergrund dürfte jenseits aller Probleme liegen, die menschliche Neugier berühren.

Wer nach dem eigentlichen Sinn sucht, kommt zu tieferen Schlußfolgerungen. Den Jugendlichen wurde eine außerordentlich schwere Bürde auferlegt. Sie sind zu einer prophetischen Herausforderung unserer Zivilisation geworden. Eine nicht beneidenswerte, schwere Verantwortung. Der Himmel läßt sie jedoch nicht im Stich. Ihre bewundernswerte Standfestigkeit, das Durchhaltevermögen, die beispiellose Verschwiegenheit — nicht einmal beim zehnjährigen Jakov kamen Neugierige zum Zuge —, Opferbereitschaft und Leidensfähigkeit gehen bei ihnen u.a. wohl darauf zurück, „mehr zu wissen", sich der Tiefendimension ihres Auftrages immer bewußt zu sein.

Dabei spiegelt sich auch ein persönlicher Charakterzug der ‚Mirjam aus Nazareth' wider. Wenn es stimmt, was Marija Pavlović bestätigt, daß die heutige ‚Frau aus der Ewigkeit' den Eindruck erweckt, auch an den Erfahrungsbereich ihres irdischen Lebens anzuknüpfen, dann muß daran erinnert werden, wie groß in ihrem damaligen Leben Schweigen und Diskretion geschrieben wurden. Viele Ereignisse ihres Lebens mußte sie über viele Jahre als kostbares persönliches Geheimnis hüten. Über die jungfräuliche Geburt galt es zu schweigen, für sie und für ihren Ehepartner Josef, weil sie damit auf eine Mauer des Unverständnisses und des Spottes gestoßen wären und ihrem Kind schwersten Schaden zugefügt hätten. Der Prominentenbesuch (die drei Weisen aus dem Morgenlande) aus dem Osten kurz nach der Geburt, die inhaltsschweren Anspielungen des prophetisch begabten Simeon während der Liturgie der Beschneidung im Tempel, die Gründe für die vorübergehende Auswanderung nach Ägypten — und anderes mehr mußten diskret verschwiegen werden. Man geht sicher nicht fehl, wenn man annimmt, daß auch andere schweigen mußten. Elisabeth, ihre Verwandte z.B., eventuell ihre Eltern, die eine oder andere Schwester. Gegen Ende ihres Lebens war sie eine hochgeachtete, tiefverehrte, von der christlichen Urgemeinde tief geliebte Frau. Aber davor lagen Jahre tiefsten Schweigens. Der Sohn mußte für eine große Aufgabe in der Stille heranwachsen. Nichts durfte vorzeitig seinen Auftrag gefährden. Sie weiß also um die lebensentscheidende Bedeutung des Schweigens.

Eine große Wahrheit braucht lange Reifezeit. Die Vorhaben Gottes brauchen besonders viel Zeit. Darin liegt ein weiteres Signal an die Menschheit und mehr noch an die Kirche von heute. Man hat die Kirche unter kommunistischen Regimen in unserem Jahrhundert eine „schweigende Kirche" genannt, wenn auch in einem anderen Sinne. Es war ein erzwungenes Schweigen. Im Westen war sie das Gegenteil. Sie ist in weiten Bereichen eine geschwätzige Kirche geworden. Ihre Theologen machen „Geheimnisse des Glaubens" zu Streitobjekten in Podiumsdiskussionen des Fernsehens. Die spöttische Attacke gegen das Geheimnis der „jungfräulichen Geburt Mariens" wurde im deutschen Fernsehen zu einer Meldung in den Abendnachrichten. So verschachert man auf dem Medienmarkt Glaubenswahrheiten. Die moderne Gesellschaft ist eine Interviewgesellschaft geworden, in der jeder zu allem etwas sagen will. Am Beispiel von sechs jungen Menschen demonstriert die ‚Selige Jungfrau' nicht nur den hohen Wert der Diskretion über viele Jahre, sondern die vorhandene Fähigkeit zum Schweigen bei blutjungen Menschen unserer Zeit. Uns allen zum Vorbild und vielleicht auch zur Ermahnung.

Wen die den Sehern anvertrauten Geheimnisse um den Schlaf bringen, der sollte an das große Geheimnis denken, das eine junge Frau aus

Nazareth zu hüten hatte. Es betraf weder Katastrophen, am allerwenigsten politische, noch farbenprächtige Nervenkitzel, es betraf die unbegreifliche Welt Gottes, seinen Erlösungswillen gegenüber allen Menschen und eben nur die Welt des Glaubens, hatte etwas mit der Selbstoffenbarung Gottes zu tun und sollte einen Schutzwall bilden, hinter dem die Pläne des Schöpfers, vor allem um ihren Sohn, Gestalt annehmen konnten. Heute ist es ein Schutzwall um sein Lebenswerk, die Rettung der Menschen, um die Kirche, in der er weiterlebt und ebenso schutzbedürftig und hilflos ist wie einst, schutzwürdig auch, wenn „Perlen nicht vor die Schweine gehen sollen", wie es in Schriften heißt, die über ihn berichten.

Am 25. Dezember 1982 war die große Zeit für Mirjana Dragičević zu Ende. Die ‚Gospa' verabschiedete sich von ihr, nicht ohne sie darauf aufmerksam zu machen, daß anschließend Depressionen auf sie zukommen würden. Sie habe ihre Aufgabe erfüllt. Mirjana war in besonderer Weise in die Tragik menschlicher Geschichte eingeweiht worden. Sie hat bei den Begegnungen oft geweint. Jetzt mußte sie ohne den beglückenden Anblick der ‚Gospa', ohne diesen „Himmel auf Erden" leben lernen. Ein kleiner Trost blieb ihr. Es war kein Abschied für immer. An jedem Geburtstag sollte es ein Wiedersehen geben. Und so geschah es. Daneben fand sie Trost im Gebet. Ihr geistiger Prozeß läßt Fortschritte erkennen. Inzwischen ist sie verheiratet. Sie meidet unnötige Kontakte.

Ivanka Ivanković schied als nächste aus. Am 7. Mai 1985 hatte die Stunde des Abschieds geschlagen. Sie weinte bitter und fragte ‚die Frau', ob ihr Fehler unterlaufen seien. Diese beruhigte sie. Auch Ivanka mußte nicht vollkommen auf die Treffen verzichten. An jedem Jahrestag der Erscheinungen sieht sie die ‚Gospa' wieder. Damit waren beide Mädchen ausgeschieden, die an jenem denkwürdigen 24. Juni 1981 die Madonna zuerst gesehen hatten. Warum schieden sie aus? Darüber ist viel gerätselt worden. Aber die Antwort scheint bei genauer Prüfung der weiteren Entwicklung klar zu sein.

Als zu Beginn der Erscheinungen die Zukunft der Jugendlichen erörtert wurde, stand bei Ivanka und Mirjana fest, daß sie sich für die Gründung einer Familie entscheiden würden. Mirjana ließ es zwar ein wenig offen, aber es bestanden kaum Zweifel, daß sie der Ehe den Vorzug geben würde. Es wäre vollkommen abwegig, aus dem Ausklingen der Erscheinungen auf eine Abwertung der Ehe zu schließen. Das Gegenteil ist der Fall. Diese Entscheidung dient dem Schutz der Familie, Hochachtung vor der Familie und vor ihrer Berufung. In den Jahren 1988/89 habe ich die Tätigkeit der Vicka Ivanković in Medjugorje über Tage, Wochen, Monate beobachtet. Täglich steht sie Scharen von Pilgern zur Verfügung, ermutigt, ermahnt, betet mit ihnen, legt Zeugnis ab. Schätzungsweise dürften im Jahr zwischen einer halben und einer Million Menschen an ihr vorbeiziehen. Sie bleibt gleichmäßig höflich, liebenswert, offen für jeden, der Rat und Hilfe sucht. Als ich wieder einmal vor ihrem Hause auftauchte, winkte sie mir fröhlich über die Köpfe der sie umgebenden Menschen zu und sagte: „Heute sind Sie zum ersten Mal ohne eines Ihrer Kinder in Medjugorje." Es war in der Tat so. Sie fertigt also nicht nur ab, sie registriert die Menschen genau. Das ist härteste Schwerstarbeit, die sie leistet. Von den persönlichen Leiden, Krankheiten, Problemen ganz zu schweigen. Dabei auch noch gute Mutter und Ehefrau zu sein, wäre vollkommen ausgeschlossen.

Marija Pavlović, die sich nach einer Organverpflanzung — sie hatte ihrem lebensgefährlich erkrankten Bruder eine Niere abgegeben — erholen und Besucher meiden mußte, sagte mir: „Ich bin Vicka und Ivan sehr dankbar, daß sie mir die Last der Pilgerbetreuung abnehmen." Es ist ein Totaleinsatz, zu dem sie nur fähig sind, weil sie keine familiären Verpflichtungen haben. Gott überfordert niemanden, eine Feststellung, die Marija mir gegenüber stark betont hat. Ivanka und Mirjana wurden „aus dem Verkehr gezogen". Die ‚Selige Jungfrau' hat ihre Freiheit, ihre Entscheidungen respektiert. Marija, Vicka, Ivan und Jakov sind vorerst unverheiratet geblieben. Sie stehen der Sache ohne Einschränkung zur Verfügung. Ivanka, inzwischen Mutter, lebt zurückgezogen etwas abseits in Miletina. Dennoch konnte ich feststellen, daß es auch ihr nicht immer gelingt, allem fernzubleiben, und manche Pilger sie schließlich doch zu einem Gruppenfoto überreden können.

Die sechs Seher haben kein Gruppenbewußtsein entwickelt. Nie habe ich sie in „Wir"-Form über die Erscheinungen sprechen hören. Jeder berichtet freimütig so, daß der Zuhörer den Eindruck gewinnen könnte, der Berichtende allein habe die Begegnung gehabt: „Ich sah, ich hörte, ich werde es ihr sagen u.s.f." Auf andere Seher angesprochen, zucken sie mit den Schultern und verweisen auf den Erwähnten. Nur im Verhältnis zum gemeinsamen Auftrag fühlen sie sich als Gruppe, Zeugen zu sein für die Botschaften der ‚Gospa'. Eine weitere bedeutende Signalwirkung wird sichtbar. Streng genommen sind es ja nicht sechs, sondern mehr. Zählt man jene zwei hinzu, die am ersten Tag dabei waren, am zweiten nicht mehr, so sind es acht. Mit Fra Jozo Zovko werden es neun. Kurz vor dem Ausscheiden Mirjanas kamen am 15. Dezember 1982 zwei andere hinzu: Jelena Vasilj und Mirjana Vasilj. Sie erhielten das — wie man es nennt — Charisma der ‚inneren Schau‘. Ausführlicheres darüber etwas weiter. Ihnen wurden in den folgenden Jahren von der ‚Frau aus der Zukunft‘ wichtige Aufgaben aufgetragen. Damit wären es elf. Zu ihnen kam nach Jahren noch Ilijana Vasilj aus Ćaplina. Insgesamt also zwölf. Vorerst. Das kann kein Zufall sein. In der Geschichte der Marienerscheinungen — seit 1830 — ein absolut nicht zu übersehender Faktor. Nicht mehr Einzelpersönlichkeiten werden angesprochen, sondern eine Gruppe, bestehend aus sehr unterschiedlichen, zum Teil gegensätzlichen Charakteren, aber ein und derselben Sache verpflichtet.

Im Herbst 1988 habe ich mit dem damals gerade zum Pfarrer von Medjugorje ernannnten Dr. Leonhard Oreć den angesehenen französischen Mariologen, Prof. René Laurentin, vom Frankfurter Flughafen zu einem Tagungsort bei Koblenz (Leutesdorf) begleitet. Im Gedankenaustausch über die Sehergruppe während der Fahrt äußerte ich die Meinung, daß darin die Vorankündigung neu gelebter Heiligkeit im 21. Jahrhundert zu sehen sei, das ein Jahrhundert großer heiligmäßiger Gestalten werden dürfte, und zwar nicht nur herausragender Persönlichkeiten, sondern heiliger Kommunitäten, Gemeinschaften, weil nur solche sich gegenüber der Milliardengesellschaft Gehör verschaffen und registriert werden könnten. Individuen, selbst herausragende, müßten in ihr untergehen. Laurentin zeigte sich von dieser Überlegung beeindruckt. Ebenso der indische Bischof Joseph Pallikaparampil von Palai, eines Bistums im Herzen einer von Thomas-Christen bewohnten Region in Kerala, der bei einer anderen Gelegenheit ernst hinzufügte: „So war es im Urchristentum. Es waren heilige Gemeinden“.

Mediziner vor dem Unbegreiflichen

Der Anspruch, mit dem sechs junge Menschen im Namen einer höheren Macht seit 1981 unsere Zivilisation herausfordern — ob sie sich gleich des ganzen Ausmaßes ihres Auftrages bewußt waren, ist unbedeutend —, hat natürlich nicht nur weltanschaulich einseitig ausgerichtete Gegner auf den Plan gerufen. Da die Begegnungen mit der ‚Frau‘ von ekstatischen Verzückungen begleitet waren, haben sich auch ernsthafte

Vertreter medizinischer Fachrichtungen für die Vorgänge interessiert. Zum ersten Mal war es möglich, Abläufe dieser Art, die man aus der Geschichte der Mystik bisher nur von schriftlichen Berichten her kannte, mit modernsten Geräten (Elektroenzephalogramm u.ä.) zu beobachten und festzustellen. Vertreter der Psychiatrie, der Kinderpsychiatrie, Gehirnspezialisten, Herzchirurgen, Orthopäden, Anästhesisten, Neurophysiologen, Psychologen und Parapsychologen stellten sich ein. In den Jahren 1984/85 führte Professor Henry Joyeux von der bekannten medizinischen Fakultät von Montpellier mit einem Team zahlreiche Tests durch, eine italienische Gruppe nahm Untersuchungen unter Federführung von Dr. L. Frigerio und Dr. G. Mattalia aus Mailand auf. Von jugoslawischer Seite war Dr. L. Stopar aus Maribor bereits tätig geworden. Darüber gibt es einschlägige Literatur. Hier nur eine stichwortartige Zusammenfassung der medizinischen Analysen. Vorausgeschickt werden muß, daß die Jugendlichen sich zunächst gegen diese Tests wehrten. Sie wollten nicht als „Versuchskaninchen" herhalten. Erst als die ‚Gospa' bei einer Erscheinung keine Einwände zeigte, willigten sie, um der Sache willen, ein.

Hysterie und Halluzination entfallen. Die Seher befinden sich weder in einem Schlaf- noch Traumzustand. Der Verdacht auf Drogen wurde schnell entkräftet. Die Beobachtungen sprechen dafür, daß etwas (jemand) von außen wahrgenommen wird, daß es sich nicht nur um ein in ihrem Gehirn eingeprägtes Bild handelt, eine Meinung, zu der übrigens eher Theologen als Mediziner neigen. Normalerweise werden unsere Sinne — Augen, Gehör, Geschmack, Geruch — von außen beeinflußt. Etwas wirkt auf sie ein. In Medjugorje wird die natürliche Sinneswahrnehmung während der Begegnung von einer Person außer Kraft gesetzt, die jenseits unserer Bedingungen lebt und in der Lage ist, mit den jungen Menschen auf eine für uns nicht erfahrbare Weise Verbindung aufzunehmen. Diese Wahrnehmung ist intensiver, tiefer als die uns bekannte und in uns wirksame. Die ‚Jungfrau' gehört einer anderen Wirklichkeit an, die wirklicher ist als die unsrige, weil sie nicht den einengenden Gesetzen von Raum und Zeit unterliegt. Die Medizin hat keine Möglichkeit festzustellen, wer die gesehene Person ist, sie gewissermaßen zu identifizieren, sie stößt an Grenzen und ist dann nur noch auf die Aussagen der Seher angewiesen.

Die Frage, wie die Person aus einer anderen Welt es bewirkt, daß sie gesehen werden kann, entzieht sich menschlichem Erkenntnisvermögen.

60

Die Verständigung geht jedenfalls tiefer, erfaßt den Kern der Persönlichkeit der Angesprochenen und ist von weitaus höherer Qualität. Feststellbar ist eine schwer nachvollziehbare Beglückung der Seher und ein erstaunliches Gleichgewicht nach Beendigung der Begegnung. Die Brutalität einer übertriebenen Kritik greift manchmal zu abstrusen Mitteln. So hat im Anfangsstadium der Untersuchungen ein skeptischer Theologe das Mädchen Vicka während der Ekstase überraschend mit einer dicken Nadel gestochen. „Mittelalterliche" Methoden müssen herhalten, um ein vermeintliches „Mittelalter" zu entlarven. Professor Anna-Maria Franchini aus Italien meinte dagegen abschließend: „Über allem bleibt das Siegel des Geheimnisses, das Mysterium des Unbegreiflichen."

In welchem Ausmaß sich gerade heute Ärzte dem Anruf des Göttlichen öffnen, zeigt am Rande folgender Vorfall. Während einer Abendmesse im Oktober 1989 wurde durch das Mikrophon dringend um ärztlichen Beistand für eine Frau gebeten. Man bat den eventuell anwesenden Mediziner, sich in der Sakristei der Pfarrkirche einzufinden. Kurz darauf standen zwölf Ärzte aus verschiedenen Ländern im Raum.

Als Vater dreier indischer Adoptivtöchter habe ich mich viel mit der Geisteswelt Indiens auseinandersetzen müssen. In Medjugorje dachte ich oft an das elfte Kapitel der Bhagavadgîtâ, das heilige Buch der Inder, das dem Neuen Testament der Christen vergleichbar ist. Das Kapitel bildet den Höhepunkt eines Gesprächs auf dem Kriegswagen des Königs Arjuna mit seinem Wagenlenker Krishna. Sie stehen kurz vor der Schlacht mit dem Bruderstamm der Kauravas. Da gibt sich Krishna als der menschgewordene Gott Vishnu zu erkennen, einer aus dem Dreigestirn der höchsten indischen Gottheiten, vielleicht der Hl. Geist der christlichen Glaubenslehre. Er belehrt ihn über Sinn und Pflichten des Lebens. Gegen Ende des Dialogs bittet Arjuna den Wagenlenker Krishna (die berühmte Szene ist beliebtes Motiv für Maler und Bildhauer und wird „Gidopadesha" genannt): „Nun aber wünsche ich deine göttliche Gestalt zu schauen, o höchstes Wesen ... zeige du mir dich selbst, du Unvergänglicher." Darauf antwortet Krishna: „Du wirst nicht imstande sein, mich mit diesen deinen Augen anzuschauen. Ich gebe dir ein göttliches Auge ... nun sieh meine göttliche Wunderkraft." Mit dem neuen Auge des Himmels ausgestattet, schaut König Arjuna das göttliche Wesen Krishnas und ist erdrückt von seiner erhabenen Größe.

Man sieht, schon vor zweitausend Jahren haben sich Inder Gedanken darüber gemacht, auf welche Weise wohl der Mensch Gott schauen könnte, so ihm diese Gnade gewährt würde. Gott selbst muß ihm das notwendige Instrumentarium dazu liefern, ihn „befähigen", ihm ein „göttliches" Auge geben. Christliche Theologen des 20. Jahrhunderts haben da gelegentlich größere Probleme. Sie bevorzugen „eingeprägte" Bilder im Gehirn des Menschen. Wie das mit der menschlichen Würde — und mit der Würde des Schöpfers — zu vereinbaren ist, darüber machen sie sich keine Gedanken. Logischer und konsequenter ist die Vermutung, in Medjugorje werde eine gnadenhafte Befähigung vermittelt, die es dem Betroffenen ermöglicht, Einblick in einen Teil der göttlichen Wirklichkeit zu bekommen, in die die ‚Frau unter dem Kreuze' eingebettet ist.

Medjugorje hat als Nebenergebnis die Sackgasse des neuzeitlichen Denkens aufgezeigt, die auf die »Aufklärung«, auf die Verherrlichung der Vernunft im 18. Jahrhundert zurückgeht. Nach einem Zeitungsbericht über Medjugorje fragte ein evangelischer Theologe bei mir an, ob ich die Absicht hätte, hinter die Aufklärung zurückzukehren, der die Menschheit von heute immerhin ihre geistige Unabhängigkeit verdanke. Er ist kurz darauf relativ jung gestorben. In der Anschauung Gottes hat er inzwischen die Antwort auf alle Fragen erhalten, die sich uns noch stellen. Gerade die Naturwissenschaft hat Entdeckungen gemacht, die es im Sinne der Logik oder der Aufklärung gar nicht geben dürfte. Ich habe ihm damals auf Anregung meiner Frau — sie ist Historikerin — geantwortet, daß es nicht darum gehe, hinter die Aufklärung zurückzufallen, sondern die Aufklärung durch Aufklärung zu überwinden. Sie kann nicht der Weisheit letzter Schluß sein. Wäre dem so, so wären wir Menschen arm dran. Die Ereignisse von Medjugorje geben diesbezüglich Aufschluß. Sie weisen in den Erkenntnishorizont, in dem die Verbindung zwischen Zeit und Ewigkeit weit intensiver erscheint, als es der Mensch in den letzten Jahrhunderten wahrhaben wollte, in dem die Qualität dieser Verbindung für uns allerdings so lange unvorstellbar bleibt, solange die Vernunft für uns ausschließlicher Maßstab ist, das »Prinzip Liebe« dagegen, dem wir unser Dasein verdanken, auf dem Abstellgleis verdorrt.

Zu absonderlichen intellektuellen Verrenkungen neigen Theologen, wenn es darum geht, den Vorgang von Erscheinungen, ihre Art und Weise, zu erklären. Eine panische Scheu herrscht vor der Vorstellung, eine Person aus der »Zukunft Gottes« (Ewigkeit) könnte sich tatsächlich dreidimensional unserer Wirklichkeit — mit schwarzen Haaren und blauen

Augen, in einem langen Schleier wie in Medjugorje — offenbaren, also nicht nur als Entwurf des menschlichen Gehirns. Dabei wurde in der Hochtheologie bei der Diskussion über den »Fall der Engel«, als aus Luzifer (Lichtträger) Satan wurde, mit Vorliebe die Möglichkeit erwogen, der Anlaß dieses Sturzes sei die den Engeln geoffenbarte Absicht Gottes gewesen, die Menschwerdung auf sich zu nehmen, mit anderen Worten, auf einer Daseinsstufe in die Schöpfung einzutauchen, die ganz tief unter denen der Engel lag, eine Entscheidung, an der sie sich gerieben hätten und an der ein Teil von ihnen schließlich zerbrochen sei, weil er nicht bereit gewesen wäre, den Schöpfer in einem menschlichen Wesen anzubeten. Es war Hochmut, der sie zu Fall gebracht hat, die Überschätzung ihrer eigenen Bedeutung, die Unfähigkeit, in der Selbsterniedrigung Gottes die Abgründe seiner Liebe zu erkennen. Kein geringerer als Franz Suarez (1548-1617), führender spanischer Theologe und Jesuit, der Tiefe des Denkens mit der Fähigkeit zu klarer Darstellung verband, neigte zu dieser Meinung. Ein nüchterner Geist, der im 17. Jahrhundert auch Gelehrte protestantischer Universitäten beeinflußte, u.a. Gottfried Wilhelm Leibnitz (1646-1716), den größten Denker der Barockzeit.

Der Zwiespalt in der Seele mancher Schriftgelehrter, so nannte man zur Zeit Jesu Theologen, ist verblüffend. Es sollte in der Logik eines Gottesglaubens liegen, ihm die »Freiheit der Wahl« zuzubilligen, wie, wann und wo er Verbindung zur Schöpfung zu haben, sich seinen Geschöpfen zu offenbaren wünscht. Nicht die kritische Vernunft kann hier letzte Orientierung sein, sondern der »rote Faden« in der Entwicklung des Verhältnisses zwischen Schöpfer und Schöpfung, von der Kirche als »Heilsgeschichte« bezeichnet.

Instinktsicher

Im unmittelbaren, persönlichen Umgang ist heute festzustellen, und so war es, wie berichtet wird, immer, daß den Sehern jeder Hang zur Geltungssucht, zu krankhafter, abstoßender Selbstdarstellung abgeht. Sie bleiben gern unerkannt und tauchen mit Vorliebe mit hochgeschlagenem Mantelkragen in der Menge unter. Rummel fliehen sie. Im Laufe der Jahre sind sie durch eine Hölle schärfster, ständiger Beobachtung gegangen, einmal von seiten kompetenter Leute, zum anderen von seiten der Massen, deren Scharfsinn bisweilen noch unbarmherziger sein kann.

Dennoch ist ihnen nichts von ihrer Natürlichkeit verlorengegangen. Sie wollen wie alle anderen sein. Diese persönliche, nachprüfbare Glaubwürdigkeit ist es, die das Ohr von Millionen Menschen aus allen Himmelsrichtungen für die Botschaft des Himmels geöffnet hat. Kleinere Schwächen, die einem bei näherem Kontakt auffallen, wirken eher liebenswürdig und erhärten den Eindruck unverfälschter Lebensführung. Auch Humor und Schlagfertigkeit gehen ihnen nicht ab.

Zu ruhiger Stunde, an einem frühen Nachmittag, hatte mich Marija Pavlović zu einem ungestörten Gespräch bestellt. Sie schloß die Gartentür hinter sich und war im Begriff, mich ins Haus zu führen, da tauchte am Außentor der Vertreter einer renommierten italienischen Tageszeitung auf: „Aber Marija, wir kennen uns doch schon seit vielen Jahren, du wirst mich doch nicht abweisen", rief er die Treppe hinauf. „Ein paar kurze Fragen nur!" — „Also gut, ein paar kurze Fragen", antwortete sie, ließ ihn hinein und bat mich, dabeizubleiben. Kurz waren die Fragen tatsächlich, die der Mann stellte, wenn auch zahlreich, und vor allem waren sie sehr banal. „Als ich vor acht Jahren das erste Mal hier war", fragte er u.a., „gab es in Medjugorje nur zwei Taxis. Jetzt sollen es dreihundert sein. Stimmt das?" Marija lächelte mir augenzwinkernd zu, als wollte sie sagen: „Da schau, so etwas muß ich über mich ergehen lassen." — „Sind es wirklich so viele?" fragte sie zurück. „Ich weiß es nicht." Es folgten plumpe Fragen nach den Heiratsplänen der Sehermädchen. Peinlich. Marija ließ es lächelnd über sich ergehen und reagierte meistens mit einer scherzhaften Gegenfrage.

Ein anderes Mal traf ich auf der Treppe zum Pfarrhaus Ivan Dragičević. Neckisch bemerkte ein Bekannter, der dazustieß: „Oh, hast du dich heute aber elegant gekleidet!" Ivan schwieg und wollte gehen. Um die Situation abzuschwächen, rief ich dem Davoneilenden scherzhaft nach: „Nicht auf den eleganten Anzug kommt es an, sondern auf das edle Herz." Darauf hielt er inne, drehte sich um und sagte sehr ernst, mehr in Richtung auf den Spötter als zu mir: „Das ist es, worauf es ankommt. Allein darauf!"

Auffallend ist bei den Sehern nach einigen Jahren die theologische Instinktsicherheit. Dazu zwei Beispiele. Zu dem Treffen in aller Abgeschiedenheit, das mit Marija Pavlović auf einem Bauernhof in Miletina vereinbart war, hatten sich auch einige Priester eingefunden. Man wollte sich dieses Gespräch im kleinen Kreis nicht entgehen lassen. Ob sie — das war eine meiner Fragen — wenn sie die Gottesmutter schaue, auch

Gott sehe. Nach einem Augenblick des Nachdenkens sagte sie: „Das kann man so sagen." Die ‚Selige Jungfrau' sei eingebettet in die Herrlichkeit Gottes. Daher erlebe sie ihn, auch wenn sie ihn nicht sehe.

Ob sie sich vorstellen könne, faßte ich nach, daß ein Mensch, der einmal Gott gesehen habe (oder die »Selige Jungfrau«), trotz der erfahrenen Seligkeit wieder vom Glauben abfallen könne? Knisternde Spannung herrschte im Raum bei dieser Frage. Alle waren sich klar darüber, daß es hier um den Kern hoher Beziehungen zwischen Schöpfer und Geschöpf ging. Ohne zu überlegen, antwortete Marija Pavlović sehr klar: „Može!" (Er kann!) Die Antwort löste bei allen Anwesenden große Betroffenheit aus. Ich bat, mir die Antwort vor dem Hintergrund ihrer Erfahrungen näher zu erläutern, die sie in den letzten Jahren bei den Begegnungen mit dem Himmel gemacht habe. Sie nickte.

„Das Ausmaß, in dem Gott die Freiheit des Menschen respektiert, ist für uns beinahe unvorstellbar. Seine Liebe zum Menschen geht so weit, daß er auch dann nicht zu Zwang und Gewalt greift, wenn der Mensch auf diese Liebe mit Verneinung antwortet — oder mit Haß." Ob sie mir, gestützt auf persönliche Prüfungen und Versuchungen, die Psychologie eines Abfalles bei einem Geschöpf erläutern könne, das den Himmel einmal gesehen habe. Sie konnte es. Der Abfall auch bei einem begnadeten Wesen könne dann beginnen, wenn man dem Zweifel eine Chance gebe, wenn man z.B. meine, man werde von Gott in einer Situation überfordert; wenn man vergesse, daß man immer von seiner Gnade getragen werde. Gott überfordere niemanden.

Auch Ivan befragte ich bei einem persönlichen Treffen im Kellergeschoß des Pfarrhauses nach der Möglichkeit eines Abfalles von Menschen, die einen Einblick in die Ewigkeit bekommen haben, und auch von ihm wollte ich erfahren, wie er sich den Anfang eines solchen Prozesses vorstelle. Er könne sich das zwar nicht vorstellen, meinte er, aber eine solche Möglichkeit existiere. „Es gibt verschiedene Versuchungen. Wer z.B. glaubt, er mache immer alles richtig, der kann fallen, der entfernt sich von Gott", sagte er schließlich nachdenklich.

Als ich die Gespräche später einige Male vom Band abhörte, entdeckte ich, daß beide eine Kerntragödie der Beziehungen zwischen Gott und seinen Geschöpfen angesprochen hatten. Mir war, als hörte ich das weite Echo einer ungeheuren Dramatik aus anderen Welten, die in den Worten Ivans und Marijas ihren Niederschlag fand. „Wer glaubt, er mache immer alles richtig!" Spielten die Überlegungen Ivans nicht auf die

Ursünde der Engel an, die nach christlichem Glaubensverständnis im Hochmut bestand? Im Hochmut, es besser zu wissen als Gott? Und hatte Marija, als sie von beginnenden Zweifeln an die Zusagen Gottes sprach, nicht die Sünde Evas, die Sünde der ersten Menschen im Visier, die den Wahrheitsgehalt göttlicher Zusagen bezweifelten und dem Verführer in verhängnisvoller Weise ihr Ohr geliehen haben?

Auf die Treffen mit Marija und mit Ivan hatte ich mich immer lange vorbereitet, um Wiederholungen zu vermeiden und ihnen selber die Möglichkeit zu geben, aus dem vollen Reichtum ihrer schon sehr reifen Seelen zu schöpfen. Viele Besucher überbieten sich gegenüber den Sehern mit Platitüden. Sarkastisch formulierte es einmal ein Bauer aus der Gemeinde, als er sagte: „Es gibt Pilger, die von der Madonna erfahren wollen, welche Diät sie ihrer kranken Ziege verordnen müssen."

Im Hof der Jelena Vasilj, auf die gleich zurückzukommen sein wird, habe ich dem Gespräch mit einer amerikanischen Besuchergruppe beigewohnt. Viele Fragen wurden gestellt und nicht immer sehr kluge. Da meldete sich ein Herr mit einer weiteren zu Wort. Ich bekam sie nicht mit, aber die Gruppe muß sie als sehr witzig empfunden haben, denn sie brach in schallendes Gelächter aus. Als man sie Jelena übersetzte, erwiderte sie kurz: „Diese Art von Fragen pflege ich nicht zu beantworten." Das machte nachdenklich. Denn beim anschließenden Gebet wirkten alle sehr betroffen. Mit der ganzen Glaubwürdigkeit ihrer Persönlichkeit stemmen sich diese jungen Menschen gegen jeden Versuch der Verniedlichung oder Verflachung ihrer Sendung.

* * *

V.

ERFAHRUNG FÜR MILLIONEN

»Den Himmel leben«

Knapp anderthalb Jahre nach dem überraschenden Einbruch der Ewigkeit in die Geschichte der Menschheit ereignete sich in Medjugorje etwas, was man zunächst nicht verstand. Die ‚Frau aus der Zukunft' meldete sich bei einem kleinen, zierlichen, zehnjährigen Mädchen aus dem Kernort von Medjugorje (die Gemeinde besteht aus mehreren, verstreut liegenden Ortschaften). Es war der 15.12.1982. Das Kind hieß Jelena Vasilj. Im Unterschied zu den sechs ‚Sehern' sah sie die ‚Gospa' nicht von außen, vor sich stehend, sondern von innen, sah und hörte sie „mit den Augen der Seele", oder wie man es dort nennt, „mit dem Herzen". Eine andere Art der Wahrnehmung, eine „innere Schau", aber eine nicht weniger intensive. Umwelt, Eltern und Priester reagierten zunächst verstört. Man tippte auf Nachahmungseffekt, ließ auch die Möglichkeit „dämonischer Störmanöver" nicht außer acht. Aber das Kind erwies sich nicht nur als gesund, sondern als sehr ausgeglichen. Die Mitteilungen, die es im Auftrag ‚der Frau' zu machen hatte, überstiegen — darin waren sich Beobachter bald einig — bei weitem den Reifegrad und den Erkenntnishorizont einer Zehnjährigen. Das aber wohl Wichtigste war, daß diese in voller Harmonie zu dem standen, was die schon halbwegs erwachsenen Seher zu sagen hatten. Die ‚Botschaften' hatten ergänzenden, später sogar weiterführenden Charakter.

Vieles, was in Medjugorje vorfällt, erscheint zunächst rätselhaft, unwichtig, kaum beachtenswert, entpuppt sich jedoch nach einiger Zeit nach genauerer Betrachtung als sehr inhaltsträchtig. Die bei Jelena (geb. 14.5.72) zu beobachtende ‚innere Schau' ist in der Geschichte der christlichen Mystik nichts Unbekanntes. In Medjugorje spricht man von neuen Charismen. Jelena ließ einen beachtlichen Reifeprozeß erkennen. Sie ist mit dem, was sie zu vermitteln hatte, gewachsen. Ihre innere Reife ist heute jener der viel älteren Seher gleichzusetzen und dürfte in mancher Hinsicht sogar weiter sein.

Durch Jelena kündigt der Himmel einen weiteren Schritt an. Kein „neues Evangelium", wohl aber einen großen Schritt in Richtung auf die Zielvorgaben der ‚Frohen Botschaft'. In der Geschichte der Menschheit ist festzustellen, daß Verirrungen nicht nur korrigiert werden. Erneuerung war stets nicht nur „Rückkehr" zu den Grundlagen, Wiederherstellung des seelischen Gleichgewichtes, seelischer Gesundheit erkrankter Kulturen oder Gesellschaften, Erneuerung ist darüber hinaus immer auch Aufbruch nach vorn. Es sieht so aus, als ob erst nach einem Rückschlag weiterer Aufstieg möglich ist, als werde man deshalb zurückgeworfen, um Anlauf zu nehmen für einen Sprung nach vorn. Im Bereich der Gnade, der sich unseren Experimenten entzieht, spricht die Kirche von alters her von der „felix culpa", von der „glücklichen Schuld".

Medjugorje will nicht nur die Verirrungen einer vom Materialismus vergifteten Denk- und Lebensweise korrigieren, Medjugorje führt gleichzeitig weiter. Mein erster Eindruck war: Durch Jelena kündigt ‚die Frau' den Beginn eines neuen Aufstiegs an. Wir stehen — seit dem 15.12.81 — möglicherweise vor einem Jahrhundert (vielleicht auch vor Jahrhunderten), das nicht nur aus der materialistischen Sackgasse herausführen will, sondern seelischen Fortschritt bedeuten könnte, einen neuen Reifegrad des christlichen Bewußtseins, was keineswegs psycho-biologisch gedeutet werden sollte. Das liegt voll in der Logik dessen, was man als ‚Heilsgeschichte' bezeichnet. Zweijährige Untersuchungen haben diesen meinen ersten Eindruck bestätigt.

Interessant ist, daß Jelena zwar kein versponnenes, exaltiertes Kind war, wohl aber ein frommes. Es wird gesagt, daß sie in den Anfängen der Erscheinungen betend, auf den Knien, von ihrem Elternhaus zum Kreuzberg gepilgert sei, also mehrere hundert Meter allein bis zum Fuß des Berges. Die „innere Schau" wurde von einer gnadenhaften Berufung, von der Antwort des Kindes auf diese Berufung, vorbereitet. Das soll darauf hinweisen, daß sie keinen exklusiven Lebensweg verkörpert, daß dieser Weg vielmehr Lebensstil vieler, möglicherweise Lebensinhalt von Millionen werden könnte. Millionen könnten Gott „hören und sehen". Und einiges deutet inzwischen darauf hin, daß eine solche Entwicklung bereits eingesetzt hat. „Gotteserfahrung" — vielleicht die „innere Schau" — wird die Erfahrung von Millionen. Das müßte das Antlitz der Erde verwandeln.

Die Bürde für das Kind Jelena wäre sicherlich sehr schwer geworden. Deshalb bekam sie eine Gefährtin an die Seite. Es ist Marijana Vasilj (geb. 5.10.72). Am 19.3.83 konnte sie, wie Jelena, die ‚Gospa' in ihrer Seele schauen. Zunächst nur schauen, einige Zeit später auch hören. Beide Mädchen wirken trotz des gemeinsamen Auftrages sehr eigenständig. Ebenfalls bei ihnen fällt auf, daß sie nie in „Wir"‑Form berichten. Für jeden Menschen ist demnach die Gottesbegegnung etwas zutiefst Persönliches. Jeder erlebt die Begegnung mit dem Schöpfer „exklusiv", „von Angesicht zu Angesicht", so, als würde zwischen Gott und dem jeweiligen Geschöpf nichts anderes existieren. Hier vorerst nur in Ansätzen, in der Ewigkeit in vollkommener Weise. Ein Höchstmaß an „personaler Beziehung" würden Psychologen sagen. Diese Intimität zerstört keineswegs die Gemeinschaft, gibt ihr eine neue, höhere Qualität. Jeder ist sicher, ein unendliches Maß an Zuwendung zu haben, jeder erhält mehr, als er fassen kann. Das schwächt nicht die gegenseitigen Beziehungen, es stärkt sie. Die Gemeinschaft wird von überströmendem Reichtum zusammengehalten, von einem Reichtum an Gnade.

Letzte getrennte Gespräche mit Jelena und Marija vor der Abfassung des Buchmanuskriptes habe ich im Spätherbst 1989 gehabt. Und wie schon früher bei Marija Pavlović, der ‚Seherin', konnte ich mich des Eindrucks nicht erwehren, Spiegelbilder jener ‚Frau' vor mir zu haben, die aus der Ewigkeit so entschieden in das Schicksal der Menschheit eingreift. Da ich selber drei indische, recht ansehnliche Töchter habe, dürfte mein Bedarf an mädchenhaftem Charme voll gestillt sein. Man kennt auch die Schattenseiten junger Mädchen. Das gab mir die Gewißheit, Jelena und Marija mit kritischen Augen zu sehen. Liebreiz, Tiefe, Demut, aber auch Selbstbewußtsein sind bei ihnen nicht zu übersehen. Heute schon Persönlichkeiten. Keine Garantie für die Zukunft, wie Marija Pavlović bestätigte, da jeder wieder stürzen und „abfallen" kann — auch „wenn man den Himmel geschaut hat". Die Mädchen wissen um diese Gefahr — wie Jelena mir sagte —, um die Gefahr von Versuchungen.

Nach der Bilanz ihrer siebenjährigen ungewöhnlichen „Kontakte" mit dem Himmel befragt, antwortete Jelena: „Die Anwesenheit (prisutnost) Gottes. Das ist es, was wir erfahren haben. Er ist uns immer gegenwärtig." Auf den glücklichsten Tag in ihrem Leben angesprochen, erwiderte sie: „Jeder Tag war auf seine Weise der glücklichste. An einen besonderen kann ich mich nicht erinnern. Die Gegenwart Gottes macht immer glücklich. Im Innern geschehen dann so viele Dinge, die tiefes Glück bedeuten."

70

Man muß nicht unbedingt in der religiösen Fachliteratur bewandert sein, um zu spüren, daß es sich hier um Mystik handelt, also um das, was man als höchste Form des Betens, der Gotteserfahrung in dieser Welt feststellen kann. „Wir müssen versuchen, den Himmel schon hier auf Erden zu leben", sagte sie gegen Ende unseres Gesprächs. Man beachte die Präzision der Formulierung. Sie sagte nicht, wie bei politischen Utopisten üblich, „den Himmel auf Erden bauen, schaffen", sondern „den Himmel leben". Das meine Jesus, wenn er vom Gottesreich spreche, fügte sie hinzu, und ein sanftes Lächeln umspielte ihren Mund.

Marijana, darum gebeten zu sagen, was ihr bei dem Wort Mensch einfalle, antwortete: „Der Mensch ist ein Geheimnis Gottes." Vieles könne sie an ihm nicht begreifen, z.B. die Oberflächlichkeit, seine Verschlossenheit gegenüber den Botschaften Gottes, Gleichgültigkeit für die wichtigen Dinge. Da aber die ‚Gospa' Geduld mit allen habe, versuche auch sie die Menschen so anzunehmen, wie sie sind. „Es macht glücklich, wenn man sich gegenseitig annehmen kann ... erst wenn man betet, kann man lieben."

Ich wollte wissen, ob sie sich vor irgend etwas fürchte. „Angst habe ich vor der Verantwortung, Angst davor, dem Auftrag, den ich empfangen habe, nicht nachzukommen. Wem viel gegeben wurde — hat ‚die Frau' einmal gesagt, von dem wird viel verlangt werden." Dennoch könne sie sich nicht vorstellen, einmal zu vergessen, wozu sie aufgerufen sei. Ein solches Vergessen liege außerhalb des für sie Vorstellbaren.

Härtetraining

Die ‚Frau unter dem Kreuze' macht in Medjugorje gründliche Arbeit. Sechs Monate nach dem ersten Kontakt teilte sie im Juni 1983 über Jelena mit, daß sie die Gründung einer Gebetsgruppe wünsche, die sie — die Madonna — selbst zu führen gedenke. Es war demnach eine weitere, weit größere, die ins Leben gerufen werden sollte. Eine erste war bereits im Sommer 1982 entstanden. Damals, es war der 4. Juli 1982, hatten sich in der Nacht ein paar Jugendliche mit Ivan Dragičević auf dem Podbrdo eingefunden, um zu beten. Da zeigte sich die ‚Frau aus der Ewigkeit' und bat, sich ihr in Zukunft in besonderer Weise im Gebet zur Verfügung zu stellen. Sie vereinbarte mit ihnen Treffen an jedem Dienstag und Freitag, später montags und freitags. Die Gruppe vergrößerte sich und umfaßte bisweilen zehn bis fünfzehn Personen. Zum Programm gehörte die Lesung der Hl. Schrift, Gebet und eine Unterweisung bzw. Mitteilung der ‚Seligen Jungfrau' über den Seher Ivan.

Der hohe Anspruch dieses „Lehrgangs" läßt sich daran ermessen, daß es bisweilen strenge Fastentage waren, an denen diese Treffen stattfanden, nach schweren Arbeiten während des Tages. Man traf sich bei jedem Wetter, wenn möglich auf dem Podbrdo, sofern die Behörden es nicht gewahr wurden, oft aber auch auf dem Križevac. Obwohl der Aufstieg inzwischen etwas leichter ist — er ist immer noch schwer genug, über Felsbrocken und scharfkantige Steine — damals war es eine Tortur. Dennoch sah man die Gruppe auch bei Regen und Sturm, manchmal barfuß, auch bei Schnee. Auf die Frage, ob das eine Forderung der ‚Gospa' sei, erklärten sie, es sei ihr eigener Entschluß, aber sie wollten ‚der Frau' damit etwas anbieten. Das ist härteste Schule. So „drillt" man in der Gesellschaft Eliteeinheiten für schwere Sondereinsätze. Hier stand jedoch keine staatliche Autorität dahinter, keine kirchliche. Spontaner Entschluß blutjunger Menschen in einer Welt des Genusses, immer größerer Forderungen, hemmungsloser Ansprüche. ‚Die Frau', die dahinterstand, nahm dieses Opfer der Selbstzucht an, stärkte sie seelisch, bereitete ihnen Stunden überirdischen Glücks.

Dennoch gab sie bisweilen Unzufriedenheit zu erkennen. Mit einem Mädchen dieser Gruppe, Mirjana Dugandžić., habe ich oft vertrauensvoll sprechen können. Ihre Eltern leben und arbeiten seit Jahren in Deutschland. Sie lebt in Medjugorje, für Medjugorje. Die ‚Gospa' habe von jedem — verriet sie mir einmal — viele Opfer gefordert, von jedem in „unserer kleinen Gemeinschaft". Sie wolle die Menschheit retten, von daher müsse man die Größe der Entsagungen verstehen, die sie von ihnen erwarte. Aber die ‚wunderbare Frau' läßt sie nicht leer ausgehen. „Mehrmals habe ich schon die Ewigkeit erfahren, aber ich glaube, daß es wenig ist im Verhältnis zu dem, was einmal sein wird." Ob sie sich Krisen vorstellen könne?" Jede Sünde kann uns von Gott trennen, die größte aller Krisen, aber ich glaube, daß ich in der Liebe Gottes lebe. In dieser Liebe möchte ich immer leben."

Diese Schule des Gebetes, der Verinnerlichung, der totalen Erneuerung — wie schwer sie immer ausgesehen haben mag — war wohl dennoch nur der Auftakt zu weiteren, auf lange Sicht eventuell wichtigeren Gruppen. Und es war die kleine Jelena, über die die Einladung zur Konstituierung eines Gebetskreises kam, in dem noch mehr junge Menschen sich der Führung der ‚Gospa' anvertrauen sollten. Bereits vor Beginn der Erscheinungen gab es in der Gemeinde einen Gebetskreis, dem etwa zwanzig Jugendliche angehörten. Deshalb blieb der Appell über Jelena vor allem in diesem Kreis nicht ohne Echo. Bezeichnend, daß der Gebetsgruppe vor den Erscheinungen keiner der späteren Seher angehörte. So bildete sich also eine Gemeinschaft von bis zu vierzig Mitgliedern im Alter zwischen 16 und 30 Jahren, ledige und verheiratete. Wie bei der Gruppe um Ivan betonte ‚die Frau' auch hier, daß sie niemanden zwingen wolle, daß niemand ihre Liebe verliere, der nicht mitmache oder der ausscheide, wenn Lebensumstände es nahelegten oder die Bedingungen zu hart seien. Diese Bedingungen hatten es ebenfalls in sich. Insgesamt sind es acht:

1. Verzicht auf ungezügelten Genuß (Leidenschaften) wie Rauchen, Alkohol, extremer Sport, Fernsehen, übermäßige Nahrung und Getränke,
2. Totale Hingabe (Öffnung) an Gott,
3. Überwindung jeglicher Angst,
4. Liebe für Gegner (Feinde),
5. Zweimaliges wöchentliches Fasten bei Brot und Wasser,
6. Drei Stunden tägliches Gebet,
7. Wachsamkeit gegenüber einer Macht, deren Existenz heute geleugnet wird, gegenüber Satan,
8. Einbindung in das Gebet aller, die in der Kirche Verantwortung tragen (Vorgesetzte).

Keine Ordensgemeinschaft in der katholischen Kirche, kein Kloster könnte einen solchen Verhaltenskatalog Mitgliedern, geschweige denn Novizen zumuten. Wir haben es wirklich mit dem Trainingsprogramm einer „Elite" zu tun, wobei das Wort Elite kaum angebracht ist.

Hier bildet der Himmel Menschen heran, die versuchen, in und mit ihrem Leben den Geist des Evangeliums konsequent in unsere Zeit und in die Zukunft hinein umzusetzen. Man darf nicht außer acht lassen, daß es ein zehnjähriges Mädchen war, das als Vermittlerin, „Werkzeug", „Sprachrohr" diente. Wären unreife, verworrene, unakzeptable Anstöße gekommen, eine Gruppe Erwachsener und Heranwachsender hätte sich nicht lange täuschen lassen. Zu mehreren von ihnen habe ich inzwischen enge Verbindung. Sie sind in den wenigen Jahren zu eindrucksvollen Persönlichkeiten herangereift. Es wurde im Laufe der Jahre viel gerätselt, welche Absicht hinter dieser Schulung stecke. Da wurde von geistiger Vertiefung gesprochen und geschrieben, von Modellen, die später übernommen werden könnten. Das alles stimmt, und doch ist es weit mehr. Die Gruppen haben eigene Struktur und eigene Dynamik. Ihre Mitglieder haben sich zu gegenseitigem Vertrauen und Aufrichtigkeit verpflichtet. Innerhalb der Gruppe bilden sich freundschaftliche Querverbindungen, um gegenseitige Hilfe beim geistigen Fortschritt sicherzustellen. Offener Gedankenaustausch ist die Regel. Dennoch bleibt jeder er selbst, ja er wird es immer mehr. Nach außen bewahrt man Diskretion. Ein ganz wichtiger Aspekt. Damit soll Intimität gewahrt bleiben. Seelische Vorgänge bietet man nicht auf dem Markt feil, wie in der heutigen Massen- und Mediengesellschaft üblich, in der Menschen auf exhibitionistische und masochistische Weise ihr Innenleben im Fernsehen zuweilen vor einem Millionenpublikum ausbreiten.

Hier geht es um — wie man in der theologischen Fachsprache zu sagen pflegt — „übernatürliches" Wachstum, um Reifeprozesse im Bereich der Gnade, die nicht für Augen bestimmt sind, die nur von dieser Welt sind. Die ‚Gospa' führt mit ruhiger und sicherer Hand. Da ist eine Pädagogin am Werk, die ihr „Handwerk" versteht. Die Unterweisungen (Botschaften) erfolgen, wie erwähnt, über Jelena, aber auch über Marijana und in letzter Zeit zusätzlich über Ilijana Vasilj aus Čaplina. Sie sind nur für die Gruppe bestimmt. Nach außen spricht man nicht gern über sie.

Im Antlitz eines jeden Menschen

Zwei Gesichtspunkte stehen bei dieser Pädagogik der ‚Frau aus der Zukunft' im Vordergrund. Sie sind oft miteinander verknüpft: Fortschreitende Gotteserfahrung und Verpflichtung auf den Mitmenschen. In der Unterweisung vom 9. Mai 89 über Marijana heißt es: *„Versucht in jedem Augenblick tief die Anwesenheit Gottes zu erspüren. Wo immer ihr euch befindet, Gott ist mit euch. Ob bei der Arbeit oder an einem anderen Ort, stets begleitet er euch, denn er möchte in euren Herzen Oasen des Friedens und der Liebe schaffen, damit ihr diese auf andere Menschen übertragt."*

Über Ilijana ließ sie am 18. Mai 89 ausrichten: *„Liebe Kinder, ich wünsche, daß ihr mit mir immer auf Gott zugeht, der euch ruft. Ihr werdet ihn in allen Menschen finden, die euch brauchen. In ihnen verehrt den Herrn."* Am 15. April 89 ließ sie über Jelena sagen: *„Folgt Jesus nach. Auf diese Weise werdet ihr in der Welt ein Beispiel sein. Ich* *wünsche, daß ihr für andere Menschen der Friede seid ... ihr wißt, wie ihr seine Anwesenheit erfahren könnt: durch das Gebet."* Über Marijana am 2. April 89: *„Mein Herz ist überglücklich, wenn ich sehe, wie ihr euch durch das Gebet mit Gott vereint. Gebet ist das Heil der Menschheit."* Und Jelena hatte am 29. April 89 auszurichten: *„Wenn ihr traurig seid, wenn es euch schwerfällt, auf ihn zuzugehen, dann wird er euch Kraft geben, — wenn ihr meint, daß es keinen Ausweg gibt, wisset, er selbst ist euer Ausweg. Deshalb rufe ich euch auf, liebe Kinder, erkennt sein Antlitz in allem, in der kleinsten Blume, im Tautropfen, in allem, was er geschaffen. Wenn ihr in den großen Dingen suchen werdet, bei großen Menschen, werdet ihr ihn schwer finden. Sucht ihn im Gebet, in der Stille, im Antlitz eines jeden Menschen. Dort werdet ihr ihn finden. Betet, liebe Kinder, gemeinsam mit mir, für die ganze Welt."*

Man muß an das „Lied der Liebe" des großen Mystikers Johannes vom Kreuz denken, des spanischen Dichterfürsten, wie man ihn in seiner Heimat nennt. Ich habe es im Kopf, weil meine jüngste Tochter es einmal erlernt hat, um damit einem Bischof ein Geschenk zu machen. Ein kleiner Ausschnitt mag die Ähnlichkeit erkennen lassen.

In der „Frage an die Geschöpfe" heißt es:

> „O Dickichte und Wälder,
> gepflanzt von des Geliebten Hand ins Leben —
> o frischentsproßte Felder
> voll seltener Kelche beben
> sahet ihr ihn — o sagt! — durch euch entschweben?"

Und die „Antwort der Geschöpfe" aus der Feder des Johannes (Juan de Yepes) lautet:

> Gaben auf Gaben spendend
> durchstreifte er im Fluge diese Haine;
> und sich zu ihnen wendend
> mit seiner Augen Scheine,
> barg er sie ganz in Schönheit, in die seine.

Über Marijana teilte sie der Gruppe am 4. Mai 89 mit: *„Seid Glück und Freude für die Menschen um euch."* Aber sie belehrt nicht nur, läßt sie nicht allein. Am 13. April 89 ergänzt sie: *„Seid mir ergeben und habt vor nichts Angst. Ich wünsche, daß ihr unter meinem Schutz stehet."*

Jedes vertrauliche Gespräch mit Mitgliedern dieser Gemeinschaft läßt etwas von der Tiefe und dem Reichtum ihres inneren Lebens erahnen. Mit Slavica Vasilj, 25 Jahre, von Anfang an dabei, war ich in ihrem Elternhaus verabredet. Sie wollte mir einen Kognak oder eine Tasse Kaffee anbieten. Ganz aufmerksame Gastgeberin. Etwas von der Atmosphäre ahnend, die auf mich zukam, lehnte ich ab. Auf meine Bitte u.a. nach Gedanken über „Tod und Jenseits" antwortete sie leise: „Vielleicht ist es ein Fehler, keine Angst vor dem Tode zu haben. Ich wollte immer jung sterben." „Ich möchte die Intimität Ihres Seelenlebens nicht verletzen" fragte ich, „aber darf ich wissen, ob es die Sehnsucht nach Gott ist, die aus diesen Worten spricht?" Sie nickte: „Vor allem gilt es natürlich, den Willen Gottes zu erfüllen, sich allen Pflichten zu stellen, aber die Sehnsucht bleibt."

Wieder mußte ich an Johannes vom Kreuz denken und an sein wunderbares „Lied der Liebe", ein Meisterwerk der Weltliteratur:

„Ach, wer kann je mich heilen.
Ganz gib dich hin mit ernstlichem Vollenden,
laß ab, mir nur zuweilen
Botschaften zuzusenden:
Was ich erlechze, können sie nicht spenden."

„Gott hat hier", fuhr meine Gesprächspartnerin fort, „einen Schritt in Richtung auf die Menschheit getan. Ich weiß, er ist uns ganz nahe, ein Gott der Liebe. In jeder Situation ist er für mich eine neue Erfahrung, eine neue Antwort, die mich trägt."

Was Gott für sie nach diesen Jahren bedeute, fragte ich Marija Dugandžić, 22 Jahre, viersprachig, Reiseleiterin, ebenfalls von Anfang an dabei, eine Schulkameradin von Marija Pavlović übrigens. „Alles", war die spontane Antwort. „Ich empfinde jetzt, daß ich von Gott her und für Gott lebe. Ein Leben ohne ihn ist für mich unvorstellbar. Jeder neue Tag ist eine Aufforderung, tiefer zu gehen. Man muß voranschreiten. In Krisen gibt Gott Licht. Die ‚Gospa' hat sich bei uns beklagt: *„Die Menschen wollen vom Kreuz weg. Das Kreuz bleibt ihnen fremd."* Über ihre Beziehungen zum Menschen verriet sie: „Die ‚Jungfrau' hat unseren Blick für die Welt geschärft, sie hat uns eine neue Sicht über uns selbst vermittelt, über alles, über die Wirklichkeit. Christliche Berufung ist es, für alle dazusein."

Etwas ganz Existentielles erlebten wir mit Vida Dragičević, einer 27jährigen ledigen Frau dieses Gebetskreises. Sie ist Arbeiterin in Čitluk, einer Stadt vier Kilometer von Medjugorje. Nach der Arbeit bewirtet sie im Hause ihrer Eltern oft über Wochen Pilger. Wir hatten sie für ein paar Tage zu uns nach Fulda eingeladen. Anläßlich eines Besuches bei Verwandten in der Bundesrepublik konnte sie bei uns sein. Sie war zum erstenmal in Deutschland, und im sozialistischen Jugoslawien ging es wirtschaftlich wieder einmal drunter und drüber. Wir hatten erwartet, sie würde staunend und mit weit aufgerissenen Augen betrachten, was ihr beim Gang durch die Stadt an Konsumgütern vor Augen kam. Beinahe jeder Bundesbürger hat in den 70er und 80er Jahren Erfahrungen mit Besuchern aus den sogenannten Ostblockstaaten gemacht, ob sie nun aus Polen, aus der DDR, aus der ČSSR, aus der Sowjetunion oder aus einem anderen Land kamen. Dem maßlosen Staunen über das reiche Warenangebot in den Auslagen und in den Kaufhäusern folgte nicht selten ein unüberhörbares Klagen, Stöhnen, manchmal penetrantes „Jammern" über die mangelhafte Versorgung im eigenen Lande. In unserer Heimatstadt bekam vor Jahren eine Besucherin aus der DDR beim Anblick der Vielfalt an Waren in einem Kaufhaus einen Schrei- und Weinkrampf.

Ganz anders unser Gast aus Medjugorje. Nicht der Gast, die Gastgeber gerieten ins Staunen. Die junge Frau zeigte keinerlei Interesse für den dargebotenen Konsumreichtum. Sie schien ihn überhaupt nicht wahrzunehmen. Es interessierte nicht. Im gastgebenden Hause half sie bei der Arbeit, wann immer sich Gelegenheit bot. Auf die Frage, warum sie kein Auge für unseren Wohlstand habe, gab sie schlicht zur Antwort: „Wer in seinem Herzen Frieden mit Gott geschlossen hat, der bedarf keiner weiteren Güter." Als wir sie in einem Geschäft überrumpelten und ihr ein neues Kleidungsstück zum Geschenk machten, brach sie in Tränen aus, nicht etwa vor Freude, sondern aus Trauer. Sie sei traurig, erklärte sie, den Eindruck erweckt zu haben, etwas zu brauchen. In einer Ecke kniete sie vor uns nieder und bat, es wieder zurückzunehmen. Erst als wir ihr klarzumachen versuchten, daß wir uns als die eigentlich Beschenkten fühlen würden, willigte sie ein.

In ihrem Kreis in Medjugorje waren sie von der ‚Frau aller Frauen' wahrhaftig zu neuen Menschen geformt worden, zu Menschen, die fähig geworden sind, über den engen Horizont einer materialistischen Wohlstandswelt hinauszuschauen und die Zukunft und das Überleben der Menschheit ins Auge zu fassen, die Dimension der Ewigkeit existentiell ins Blickfeld zu bekommen. Nicht Habgier, nicht immer mehr Konsum, immer mehr Reichtum, immer mehr betäubender Genuß, sondern Verzicht auf vieles erweist sich als die große Chance, nicht unter sinnlosen Abfallhalden den Tod zu finden, den körperlichen und den seelischen. Nicht in Ansprüchen, im Opfer liegt die Zukunft des Menschen, im ‚Mysterium des Kreuzes‘, das hat die Begegnung mit der jungen Frau manchen Menschen vor Augen geführt, denen sie über den Weg gelaufen ist und die allesamt von ihrem stillen Wesen tief beeindruckt waren.

Auf dem Tisch im Zimmer, das sie bezogen hatte, sahen wir die Hl. Schrift und die „Nachfolge Christi" liegen. Auf die Frage, die ihr nach ein paar Tagen gestellt wurde, ob sie denn Heimweh habe, antwortete sie zaghaft, und in den Augen schimmerten Tränen: „Ja, ich habe Heimweh, Heimweh nach dem gleichgesinnten Kreis meiner Gebetsfreunde." Es klang wie die Sprache von einem anderen Stern, von einem wunderbaren Stern, eine Sprache, wie man sie allen jungen Menschen wünscht, die nicht um den Sinn ihres Daseins, nicht um ihre Zukunft betrogen werden möchten, eine Sprache, die von vielen nicht mehr verstanden wird und die dennoch Ausdruck eines Lebens sein dürfte, von dem man sagen kann, daß es das eigentliche, das wahre Leben ist. Diese Beispiele ließen sich vermehren. Sie mögen zur Illustration genügen.

In der zweiten Hälfte des Jahrhunderts hat die Welt andere Gruppen kennengelernt, Gruppen des Todes, in denen über Feuer und Schwert, Terror und Menschenentführung, Mord, Anschläge und Bomben geplant und verhandelt wurde, in anderen wurde die Enthemmung der Instinkte geübt, das, was man als Gruppensex bezeichnet, die letzte Entwürdigung des Menschen. In esoterischen Zirkeln verehrte man die Weltseele oder gar Satan, obwohl ansonsten die Existenz von Engeln geleugnet wird. In Medjugorje leuchteten Alternativen auf. Diese Gruppen Modelle zu nennen, würde sie überfordern. Sie haben sich auch nie als solche verstanden und mechanische Übernahme durch andere Kreise in der Welt abgelehnt. Sie entfalten sich — so mag es scheinen — um ihrer selbst willen, als einmaliges Phänomen, als Impuls vielleicht.

In Wirklichkeit sind sie etwas anderes. Sie sind eine Demonstration Gottes, wozu junge Menschen gegen Ende eines Jahrhunderts fähig und willens sind, das die Selbstvergottung des Menschen auf die Spitze getrieben hat und dem Genuß höchsten Rang im menschlichen Dasein einräumt. Während bei den andern oft Verzweiflung an sich selbst und an der Welt oder Ekel zurückbleiben, haben in Medjugorje junge

Menschen in einer Gemeinschaft des Gebetes, der Meditation tiefste Beglückung erfahren. Sie sind Gott begegnet, mehr noch, sie sind zu Partnern Gottes geworden und damit unbewußt zu Wegweisern für eine Menschheit, die ihr Heil aus den Augen verloren hat. Ihre Rolle — es wurde darauf bereits hingewiesen — dürfte eine auf Zeit sein, wie vor zweitausend Jahren die der christlichen Urgemeinde in Jerusalem, von der man damals staunend sagte: „Seht, wie sie einander lieben." Als sie durch Verfolgung, Zerstreuung und schließlich Zerstörung der Stadt aufhörte zu existieren, hatten andere Gemeinden rund um das Mittelmeer die Fackel des Glaubens und der Gotteserfahrung längst übernommen und in die Zukunft hineingetragen. Ähnlich sollte wohl die Bewertung der Gebetskreise von Medjugorje sein. Rund um den Erdball sind inzwischen andere erblüht, mit eigenem Gesicht, eigener Aufgabe, eigenem kulturellem Hintergrund und eigenem Wirkungsfeld. Manche zeigen inzwischen beachtliche Eigendynamik. Kein gesteuerter Prozeß, sondern Feuer, das zu lodern beginnt, auf allen Kontinenten.

Der Christ von morgen

Auf Karl Rahner, den großen deutschen Theologen des 20. Jahrhunderts, gehen die Worte zurück: „Der Christ von morgen wird ein Mystiker sein, einer, der etwas ‚erfahren' hat, oder er wird nicht mehr sein." Beinahe zeitgleich hat diese Vorahnung André Malraux (1901-1976), französischer Schriftsteller und Politiker, zum Ausdruck gebracht, dessen Romane eine Auseinandersetzung mit den an Gott vorbeilebenden Menschen darstellen: „Das 21. Jahrhundert wird entweder geistlich sein, oder es wird gar nicht existieren." Malraux gehörte einmal der kommunistischen Partei Frankreichs an. Kündigt sich ein so orientiertes Jahrhundert in Medjugorje an, ist Medjugorje in der Absicht des Himmels zu einer Schule der Mystik für die Kirche, für die Menschheit geworden? Diese Frage drängt sich nach jedem ernsten Gespräch mit jungen Menschen in Medjugorje auf, bei Menschen, die dort „zur Mitte ihres Lebens" gefunden haben.

Mit Mystik wurde und wird derzeit viel Mißbrauch getrieben. In „Mystik" verpackt lassen sich auf dem Markt alle Abarten der Verirrung menschlichen Geistes verkaufen. Es gibt kaum einen Bereich, den man nicht mit Mystik in Verbindung bringen kann. Als Superreligion, als die letzte, eigentliche Religion wird sie hochgepriesen. Man spricht von Naturmystik, Drogenmystik, Zahlenmystik, von kosmischer Mystik und von mystischen Weltgesetzen. Selbst als dämonische Mystik, zuweilen unter frommen Gewändern, ist sie anzutreffen. Nichts Edles auf dieser Welt, was nicht mißbraucht und ins Gegenteil verkehrt werden kann. Beim Gespräch über Mystik in Verbindung mit Medjugorje ist es wichtig, sich der Maßstäbe christlicher Mystik zu erinnern. Es kann und soll hier keine Abhandlung zu diesem Thema geliefert werden. Einige Orientierungsdaten sind jedoch angebracht.

Mystik ist demnach eine „Erfahrung Gottes aus den Tiefen des eigenen Wesens." Es geht um Einheit mit Gott („*Mein Herz ist überglücklich ... wenn ihr euch durch das Gebet mit Gott vereint*", hörte Marijana in Medjugorje am 22. April 89 die Gospa sagen), um geheimnisvolle Erfahrung des Göttlichen. Mystik ist Begegnung mit dem, an den man glaubt. Wahre Mystik ist ausgerichtet auf die Liebe. Mit Vicka Ivanković, der Seherin, wollte ich bei einem gemeinsamen Treffen mit allen Sehern über die Liebe sprechen. Sie schnitt mir das Wort ab und sagte: „Über die Liebe kann man nicht diskutieren, die Liebe lebt man." Die Liebe gehört zu den Zielbotschaften von Medjugorje, gelebte Liebe.

Christliche Mystik besitzt außerdem ein weiteres klares Merkmal, sie ist radikal offen. Nur in der radikalen Offenheit wird Gott erfahren. Für die Zugehörigkeit zum großen Gebetskreis in Medjugorje ist „totale Hingabe", totales Offensein für Gott wichtige Voraussetzung. Jedes Gefühl des „Erreichten" zerstört Mystik. Ruhe ist nicht Mystik. In Medjugorje ist immerfort die Rede vom Weg. „Jeder neue Tag ist eine neue Aufforderung, tiefer zu gehen", sagte M. D., und S. V. meinte: „In jeder Situation ist Gott für mich eine neue Erfahrung." Über Ilijana erinnert die ‚Jungfrau': „*Ich wünsche, daß ihr mit mir ständig auf Gott zugeht.*" Medjugorje ist nicht Endstation, es bleibt Aufruf, Herausforderung, ständiger Neubeginn, ein ständiges vertrauensvolles Fragen nach dem Grad der eigenen Bereitschaft für das Wirken Gottes in der Seele.

In jeder Gottesmystik meldet sich das Verlangen nach Größerem. „Die Sehnsucht bleibt ...", gestand S. V. Die Arbeiterin V. D., die wir eine Woche unter unserem Dach beherbergt haben, gestand mir: „Wenn ich in der Stille zum Gebet ansetze, dann kommen mir die Tränen." Gebet unter Tränen ist seit Jahrhunderten im Christentum ein Hinweis auf tiefe Gotteserfahrung. Der große Augenblick für jede Mystik schlägt, wenn der betende Mensch Gott in allen Dingen sieht. „*Erkennt sein Antlitz in allem, in der kleinsten Blume, im Tautropfen, in allem, was er geschaffen. Sucht ihn in der Stille, im Antlitz eines jeden Menschen* (die ‚Gospa‘ an Jelena am 29. April 89).

Für Karl Rahner hat Mystik einen tiefen Bezug zum Kreuz. Kreuz steht nicht nur für Leiden. Kreuz steht für Liebe, für das Mysterium göttlicher Liebe. „Das große Geheimnis in der Kirche ist das Kreuz. Wir sind hier aufgerufen, die Angst vor dem Kreuz zu verlieren", sagte Marija Dugandžić (22), die Reiseleiterin. „Wer sich dem Kreuz verschließt, bleibt immer ohne Licht. Die schönsten Botschaften, die wir hier erhalten haben, sind jene, die sich auf das Kreuz beziehen, das Kreuz, das wir im Innersten unserer Seele annehmen müssen." Ergänzend fragte ich: „Kann man demnach davon ausgehen, daß es die Absicht der ‚Gospa‘ ist, der Menschheit die Augen für das Kreuz zu öffnen?" — „Die Führung der ‚Seligen Jungfrau‘ in dieser Hinsicht ist klar", erwiderte sie. „Das Kreuz, das Leiden ist immer ein Geheimnis. Vor diesem Mysterium sollten wir keine Angst haben, es bringt uns in die Nähe Gottes. Das Kreuz akzeptieren, mit dem Herzen, das ist Weisheit — Tag für Tag. Auch Pilger können zum Kreuz werden." Sie lächelte, als sie es sagte. „Manchmal glaubt man, man sei am Ende, es gehe nicht mehr. Im Gebet findet man dann die Kraft, auch dieses Kreuz zu umarmen."

Wenn ich daran denke ...

Es gibt Ereignisse im Leben eines jeden Menschen, die zu Höhepunkten werden. Ein solcher Höhepunkt wurde für mich ein Gespräch mit Ivan Dragičević, dem Seher. Nach dem traurigsten Erlebnis seines Lebens hatte ich gefragt. Er schwieg lange. Man sah, daß er mit sich ringen mußte. Ich hatte sicher eine ganz intime, leicht verwundbare Saite berührt. Dann kamen langsam die Worte aus seinem Munde, wie Tropfen, die auf steinernen Boden fallen: „Wenn ich daran denke, was wir Jesus aus Nazareth angetan haben, dann ist das jedesmal für mich der traurigste Tag." Er sagte nicht: ... was man mit Jesus getan hat, was die Römer, die Juden, die Schriftgelehrten des Tempels mit Jesus getan haben, damals vor zweitausend Jahren ... Nein, er sagte: „Was wir getan haben! Wir!" Das heißt, er identifizierte sich mit den Mördern. Ich hörte es betroffen und setzte beinahe stotternd nach: „Welche Schlußfolgerung ziehen Sie daraus, für sich persönlich, welche Vorstellungen?" Wiederum schwieg er lange. Und dann kam es aus ihm heraus: „Es wäre die Gnade, sein Schicksal am Kreuz zu teilen." Ich dachte, ihn nicht richtig verstanden zu haben und fragte nach. Er bestätigte: „Mit ihm am Kreuz zu leiden."

Die Mystik von Medjugorje ist Liebes- und Kreuzesmystik. „Die Menschen wollen vom Kreuz weg. Das Kreuz bleibt ihnen fremd", so Marija Dugandžić. „Die Kirche wird noch mehr leiden müssen, sie muß gereinigt werden."

Eine wichtige Frage, die sich im Angesichte der Menschenmassen stellt, die nach Medjugorje aufbrechen, ist die, ob Mystik jedem Menschen zugänglich ist oder nur einer geistlichen „Elite" von besonders Berufenen vorbehalten bleibt. Die Antwort ist im Licht des Evangeliums zu suchen. Jeder Mensch ist in der Tiefe seiner Seele, in seinem Kern, auf Gott ausgerichtet, der ihn bei seinem Namen (Wesen) ruft. Das ist Bestandteil seiner Natur. Öffnet sich dieser Kern dem Göttlichen, dann ist Mystik gegeben. Diese Tür steht jedem offen. Voraussetzung bleibt, sich in Demut seiner Grenzen, seiner Beschränkung bewußt zu sein, sie anzunehmen — in Furcht und Hoffnung — und sich vorbehaltlos offen der Unendlichen Liebe auszuliefern. In Medjugorje erweisen sich die Vorahnungen Karl Rahners als prophetisch.

Dieses Ziel hat die ‚Frau aus der Ewigkeit' geduldig und klar für alle Menschen im Auge. In mehreren Monatsbotschaften klingt es durch. Am 25. Juli 1987: *„Ich bitte euch, von heute an den Weg der Heiligkeit anzunehmen ... betet und nehmt alles an, was euch Gott anbietet auf diesem Weg, der bitter ist ... Richtet die Aufmerksamkeit nicht auf die kleinen Dinge, sondern sehnt euch nach dem Himmel* (der nach den Worten von Jelena V. schon hier zu leben ist)." Am 25. Juli 88: *„Alles, was ihr tut, was ihr besitzt, übergebt Gott, damit er in eurem Leben herrsche wie ein König über alles, was ihr besitzt. So kann euch Gott durch mich in die Tiefen des geistlichen Lebens führen."* Am 25. September 88: *„Ich lade euch alle ohne Unterschied zum Weg der Heiligkeit in eurem Leben ein. Gott hat euch die Gabe der Heiligkeit geschenkt. Betet, damit ihr diese Gabe immer mehr erkennen könnt. Dann werdet ihr Gott immer mehr mit eurem Leben bezeugen können."* Am 25. Dezember 88: *„Gott bietet sich euch an."* Am 25. Dezember 89: *„Seit Jahren rufe ich euch auf und sporne euch an zu einem tiefen geistlichen Leben in der Einfachheit."* Am 25. Januar 90: *„Betet, damit ihr die Schönheit der*

Gabe des Lebens verstehen könnt." Am 25. Februar 90: „*Gott bietet sich euch in der Vollkommenheit an.*"

Eine Ahnung kommt auf, wir könnten einem Zeitalter noch nie dagewesener Verinnerlichung, einem Zeitalter der Hochmystik entgegengehen, breitester Gotteserfahrung, die ihren Ausdruck nicht nur in der Seele einzelner begnadeter Menschen finden könnte, sondern in den Herzen vieler, in ganzen Gemeinschaften rund um die Erde.

* * *

VI.

DIE BOTSCHAFT:
FREIHEIT, LEBEN, LIEBE

Die Botschaft von Medjugorje ist dynamisch, nicht statisch, d.h. sie hatte am Anfang nicht die endgültige Form. Sie entwickelt sich im Laufe der Erscheinungen. Ein Problem für jene, die Unveränderliches bevorzugen, starre, klare Formulierungen. Medjugorje zeigt jenen Lehrstil, den man vom Evangelium her auch bei Jesus von Nazareth feststellen kann. Behutsam werden seine Freunde an die volle, überwältigende Wahrheit herangeführt. Von daher wird in Medjugorje die Zeitspanne verständlich, für viele Ärgernis und Grund zur Ablehnung. Es ist keineswegs so, als ob am Anfang eine Aussage stünde, die dann unentwegt, über Jahre, wiederholt und im Gehirn von Sehern und Pilgern festgestampft wird. Vielmehr wird deutlich, daß Gott sein Antlitz verhüllt und es nur Schritt für Schritt lüftet, entsprechend der Reife jener, die bereit sind, auf ihn zu hören.

Urbotschaft

Am Anfang stand der Aufruf zu Frieden und Versöhnung, und zwar zur Versöhnung vor allem mit Gott, mit dem Gott des Kreuzes, das große Ärgernis für jeden, eine Torheit für die Griechen schon in der Antike, ein unausgesprochenes Ärgernis auch für die Moderne, — ein Aufruf, Gott als den alleinigen Erlöser anzuerkennen, alle Versuche der Selbsterlösung aufzugeben, die seit zweihundert Jahren Ströme von Blut und Tränen haben fließen lassen und unendliches Leid über den ganzen Erdball gebracht haben. Das ist die ‚Urbotschaft' von Medjugorje, und sie gilt es zu verinnerlichen, wenn man überhaupt verstehen will, was sich dort abspielt, und man Zugang zu den späteren Aussagen haben möchte.

Stützende Botschaften

Die angemahnte Aussöhnung setzt einen Wandel in der Grundhaltung des Menschen voraus. Diesen einzuleiten und zu fördern, haben die ‚stützenden Botschaften' — zeitweilig auch ‚Hauptbotschaften' genannt — im Auge: Aufforderung zu Umkehr, Glaube, Gebet, Fasten und Buße.

Zunächst die Umkehr, das „Anhalten", die Kehrtwendung. Es ist eine Einladung, sich in Frage zu stellen. Sehr viel wurde und wird im 20. Jahrhundert in Frage gestellt. „Hinterfragen" wurde zum Modewort. Hier geht es darum, nicht andere, nicht Strukturen, sondern sich selbst, seine Grundorientierung, die Diesseitsverhaftung zu hinterfragen, sich des unterschwelligen Unbehagens bewußt zu werden über die satte Selbstzufriedenheit. Der Mensch soll sich voll der falschen Richtung bewußt werden, die er eingeschlagen hat, eine neue Weichenstellung vornehmen, anhalten um nachzudenken, Bilanz zu ziehen, Rückschau halten *(... begreifen, daß ihr die Richtung eures Lebens ändern sollt — 25.3.90).* Das wäre Einstieg in den Wandel, Chance, den Schöpfer wieder ins Blickfeld zu bekommen.

Um überall gehört zu werden, bedurfte die ‚Frau aus der Ewigkeit' eines ausreichenden Restes an Glaubenssubstanz, bei dem anzusetzen war. Den fand sie — nach ihren eigenen Worten — in der südöstlichen Herzegowina, überhaupt in Kroatien. Ihre Menschen boten sich als Brücke zum eigentlichen Adressaten an: die Christen, die Kirchen, die Völker der Welt. Daß Christen aufgerufen werden zu glauben, ist das eigentlich Schockierende. Wer allerdings in den letzten Jahrzehnten nicht in einem Theologen- oder Klostergetto gelebt hat, dem war seit langem klar, daß es um diesen Glauben schlecht bestellt war.

Die Befriedigung religiöser Bedürfnisse muß nicht notwendigerweise etwas mit Glauben zu tun haben. Auch mit dem Besitz eines theologischen Lehrstuhls weist man sich noch nicht als Glaubender aus. Christliche Theologie läßt sich gut als Ausschnitt menschlicher Geistesgeschichte behandeln, einer von mehreren. Nicht jeder exzellente Kenner des Buddhismus oder des Marxismus muß Buddhist oder Marxist sein. Der Glaube in Westeuropa, überhaupt in der westlichen Welt, war in großen Bereichen der Verwissenschaftlichung zum Opfer gefallen. Verwissenschaftlichung wurde zur großen Versuchung des Glaubens.

Versuchung ist nichts anderes als der Versuch, das Bewußtsein des Menschen — und sein Handeln und Forschen — aus der göttlichen Verankerung zu lösen. Befreiung des Menschen von entwürdigender Not, von entmündigender Bevormundung sind ein Grundanliegen seines irdischen Schicksals. Aber es bleibt ohne Partnerschaft mit dem Schöpfer, ohne Blick auf die Ewigkeit nur ein Traum, Illusion. Im Gegenteil, sie führt in neue, bis dahin unbekannte Formen der Versklavung. Wird Gott dagegen zur Mitte des Bewußtseins und mit Gott das eigene ewige Schicksal, ergeben sich Antwort und Lösungen auch für den Prozeß der Befreiung aus Not und Unterdrückung, Antworten, die tragfähig bleiben. „Es kommt darauf an, den Himmel schon hier zu leben", sagte Jelena Vasilj, das Mädchen der ‚inneren Stimme'.

Das gilt für Denkrichtungen, die man „Befreiungstheologie" oder „feministische" Theologie nennt. Wo die Freiheit, nicht Gott, wo die Frau, nicht Gott zum Maßstab von Untersuchungen und Lebensmodellen erhoben werden, ist es um den Glauben geschehen, weil der Mensch sich — in beiden Fällen — durch die Hintertür als „Mitte aller Dinge" etabliert. Es trifft auch für Vorstellungen zu, wie sie der Theologe und Psychologe Eugen Drewermann vertritt. Er hat die Angst zum Ausgangspunkt aller Überlegungen gemacht, die ihn konsequent ins Abseits führen mußten —, Faszination für die altägyptische Mythologie, natürliche Deutung der Religion, Ironie für Glaubensinhalte wie die jungfräuliche Geburt.

Fragen und Anfragen, die von den genannten Schulen, ihren Vordenkern und Anhängern in breiten Kreisen gestellt wurden, waren richtig, hatten ihre Berechtigung. Aber der Standort, von dem sie ausgingen, war falsch gewählt. Deshalb mußten Antworten und Schlußfolgerungen in die Irre führen oder unbefriedigt lassen. Als politischer Kommentator habe ich in den ersten Monaten des Jahres 1990 die erbittertsten Leserbriefe nach Presseaufsätzen über den Zusammenbruch des Kommunismus und über den psychologisierenden Theologen E. Drewermann erhalten. Das ist bezeichnend. Altkommunisten und Drewermannschüler klammern sich an Mythen, meiden das „Mysterium des Kreuzes", sprechen der Selbsterlösung das Wort. In die Kirchen, heute vor allem in die katholische Kirche, konnte sich die Verwissenschaftlichung — wie im Judentum vor dreitausend Jahren oft — als Götzenkult einschleichen. Kernaussagen des Glaubens gerieten an den Rand.

In der Mitte des Jahres 1983 läßt die ‚Selige Jungfrau' durch die elfjährige Jelena, die sich der Bedeutung der Worte kaum bewußt sein konnte, ausrichten: *„Ich bin gekommen, um der Welt zu sagen: Gott ist die Wahrheit ... in ihm ist das wahre Glück und die Fülle des Lebens."* Weder politische noch soziale Freiheit, weder die sich selbst verwirklichende Frau noch die Überwindung der Angst bringen uns der Wahrheit näher, sondern Gott. Weder Männer noch Frauen, weder Matriarchat noch Patriarchat, weder Marxismus noch Psycho-Mythos, allein Gott. In Gott auch wird alle Angst überwunden. Darum der Aufruf der 'Gospa' zu glauben, sich nicht in gedanklicher Spekulation zu verlieren, sondern zu glauben. Das Kreuz ist nur im Glauben zu ertragen.

Unermüdlich ruft die ‚wunderbare Frau' in Medjugorje zum Gebet auf. Es ist vorgekommen, daß einige ihrer Aufrufe nur aus den Worten bestanden *„Betet, betet!"* Man muß sich unter Christen nur ein wenig umschauen, um sehr bald festzustellen, daß sie kaum noch betende Gemeinden bilden. Betroffen nimmt man zur Kenntnis — es soll hier ein zweites Mal hervorgehoben werden —, wie sehr ein Herzensanliegen ihres Herrn und der Urkirche vernachlässigt wurde. Übrigens auch ein unauslöschbares Anliegen der menschlichen Seele. Seelsorger, die in der Bundesrepublik Deutschland in den 80er Jahren Mut fanden, wieder Gebetsstunden oder Gebetstage einzuführen, hatten bisweilen Zulauf aus der ganzen Region. Lukas, der Arzt, hat die ersten Gemeinden gleich zweimal daran erinnert, welchen hohen Stellenwert der gekreuzigte Messias dem Gebet zugewiesen hatte: „Jesus sagte ihnen durch ein Gleichnis, daß sie allezeit beten und darin nicht nachlassen sollten" (Lk 18, 1) und an anderer Stelle: „Wachet und betet allezeit, damit ihr allem, was geschehen wird, entrinnen und vor den Menschensohn hintreten könnt" (Lk 21, 36). Auch Paulus hat es seinen Gemeinden ans Herz gelegt. An die Kolosser schreibt er: „Laßt nicht nach im Beten. Seid dabei wachsam und dankbar" (4, 21). Im ersten Brief an die Thessalonicher drückt er es noch markanter aus: „Betet ohne Unterlaß" (5, 17).

Mit dem Aufruf „Ora et labora" — „Bete und arbeite" übergibt im sechsten Jahrhundert Benedikt von Nursia dem sich abzeichnenden Mittelalter, eigentlich dem aufkeimenden Europa, das kostbarste Erbe der Antike. Wer in der Bundesrepublik Deutschland, einem an kirchlichen Tagungsräumen, an kirchlichen Konferenzgebäuden wahrhaft nicht armen Lande, einen Saal braucht, muß sich bisweilen ein Jahr vorher darum bemühen. Die Kirche ist eine tagende, eine diskutierende Kirche geworden. Die Gotteshäuser dagegen werden leerer. In Holland war die Entwicklung noch bedrückender. Dort wurden sie sogar zum Verkauf angeboten. Eine nicht mehr betende Kirche ist eine gelähmte Kirche.

In den Jahren von 1984-86 hat die ‚Selige Jungfrau' den Sehern bei etwa achtzig Begegnungen das Gebet ans Herz gelegt, manchmal sehr eindringlich. Hier nur einige: *„Betet, betet, betet!"* (21. Juni 84); *„... Ohne Gebet gibt es keinen Frieden ..."* (6. September 84); *„...Heute lade ich euch zur Erneuerung des Gebetes in den Familien ein ..."* (1. November 84 und 28. März 85); *„... Habt Geduld und Ausdauer im Gebet ..."* (14. Januar 85); *„... Ich habe euch Tag für Tag zur Erneuerung und zum Gebet in der Pfarrei eingeladen ..."* (21. Februar 85); *„...Betet und liebt ..."* (7. November 85); *„... Ich bitte euch, liebe Kinder, daß ihr bewußt zum Gebet geht ..."* (28. November 85). Besonderen Nachdruck legte sie eines Tages auf das „Gebet mit dem Herzen": *„... Heute lade ich euch zum Gebet mit dem Herzen ein und nicht aus Gewohnheit ..."* (2. Mai 85 und 30. Mai 85). Auf eine neue, höhere Qualität des Gebetes wird Wert gelegt — bis hin, wie bereits dargelegt, zu mystischen Höhen.

Im Herbst 1989 begleitete ich eine Pilgergruppe, die den ehemaligen Pfarrer von Medjugorje, Fra Jozo Zovko, besuchen wollte, nach Tihaljina. Der Franziskaner pflegt mit den Besuchergruppen zu beten und verbindet dies mit einer Katechese (Belehrung). Diesmal ging es um die Eucharistie und um das Gebet. Er sprach deutsch, mußte bisweilen um den richtigen Ausdruck ringen, ließ es manchmal bei unvollendeten oder Halbsätzen bewenden. Er sprach die Menschen im Kern ihrer Person an. Ich sah viele weinen. Es sind hier und da Leitsätze, die man für sein ganzes Leben mitnimmt. Da fiel ein Satz, der mich aufhorchen ließ. Er war nicht zu vergessen. Zovko hatte eine kleine Pause gemacht, die Augen geschlossen. Dann sagte er fast flüsternd: „Gebet ist Liebe!"

Dieser Aspekt war mir noch nie bewußt geworden. Man hatte den Gedanken gelesen, bei Mystikern, aber haften geblieben war er nicht. Jetzt erfaßte ich ihn existentiell, es klang wie das Echo der Sehnsucht aus der Tiefe der eigenen Seele. Er fuhr fort: „Die Engel beten immer." Dann schwieg er wieder. Wenn dem so ist, vibrierte es in mir wie eine Offenbarung, wenn Gebet Liebe ist, wenn die Engel in der Ewigkeit immer beten, dann heißt das, daß Gott von einem Flammenmeer an Liebe umgeben ist, einem Meer, das von ihm gespeist wird, dem eigentlichen ewigen Quell der Liebe. Ich verstand, warum die ‚Frau aus der Ewigkeit' um das Gebet beinahe bettelt: *„Habt Mitleid mit mir, betet!"*

90

Was kann das anderes heißen als: „Habt Mitleid mit mir, liebt!" Habt Mitleid mit mir, die ich die Ewige Liebe habe sterben sehen, am Kreuze, aus allernächster Nähe. Habt Mitleid mit meinem, um euch leidenden Herzen, wenn ihr euch in die Gefahr begebt, die Ewige Liebe, den Sinn eures Daseins, zu verfehlen.

Das gibt dem Gebet eine neue Dimension. Um so tragischer, wenn Christen es verlernen und nicht um seinen tiefsten Sinn mehr wissen. Medjugorje ist ein Ort des glühenden Gebetes geworden, was ist das anderes als zu sagen: In Medjugorje wird die Liebe entdeckt, ein weiterer Schritt, sich mit dem ‚Mysterium des Kreuzes' auszusöhnen, mehr noch, dahinter das ‚Mysterium der Ewigen Liebe' zu entdecken.

Neben dem Gebet ist es das Fasten, auf das die Gospa drängt. *„... Fastet und betet mit dem Herzen ...",* ließ sie am 20. September 84 zum wiederholten Male ausrichten. Mit dem Herzen fasten, mit innerer Zustimmung, als Entscheidung für die geistige Freiheit. Auf eine Frage nach dem Ausmaß des Verzichtes war schon vorher der ungeschminkte Rat erteilt worden: *„Bei Wasser und Brot!"* Zweimal die Woche. Das hat manchen verstört, erschien zu hart. Aber es geht um gewaltige Möglichkeiten. Schon am 21. Juli 82 hörten die Seher die unglaublich klingende Zusicherung: *„Fasten und Gebet können sogar den Krieg verhindern."*

Die außerordentliche Betonung des Fastens läßt auf ein besonderes Vorhaben schließen. Mit Fasten begann das Zeitalter des Christentums. Die große Prophetengestalt am Jordan, Johannes der Täufer, fastete das ganze Leben. Jesus startete seine offizielle Sendung mit 40tägigem Fasten. In Medjugorje haben Signale, wie bereits betont, eine tiefe weitreichende Bedeutung. Der teilweise Verzicht auf ein Naturrecht, auf Nahrungsaufnahme, schafft Gegengewichte zum welt verbreiteten Mißbrauch von natürlichen Rechten. „Ich will alles und das sofort!" riefen Chansonsänger in den 70er Jahren in die Mikrophone und gaben damit eine breite Grundstimmung in den westlichen Gesellschaften wieder.

Fasten weist Instinkte in die Schranken, leitet hohe persönliche Kultur ein, die Herrschaft des Geistes. Fasten ist ein erster Sieg über die Naturgesetze. Die Medizin kennt Heilung durch Fasten — eine erste Bestätigung der ‚Seligen Jungfrau', mit Fasten ließen sich Naturgesetze überwinden. Der Mangel an Ausgewogenheit bei der Nahrungsaufnahme hat in den hochentwickelten Wohlfahrtsstaaten im Gesundheitswesen den Teufelskreis von Krankheit, Behandlung, Genuß und abermaliger Erkrankung geschaffen und es an den Rand des Zusammenbruchs gebracht.

Mahatma Gandhi, der große Inder, hat im 20. Jahrhundert mit Fasten Unmögliches vollbracht, die Gewalt auf einem ganzen Subkontinent unter Kontrolle gebracht, viel Blutvergießen verhindert, eine Weltmacht, das Britische Empire, in die Knie gezwungen. Bei Gandhi war Fasten mit edler Gesinnung gekoppelt, darum die Kraft. In Deutschland haben gefangene Terroristen auch gefastet, unter großer Anteilnahme der Medien, aber ohne Echo in der Bevölkerung. Darum mußte es erfolglos bleiben. Der Unterschied zeigt, worauf es ankommt. Gandhi fastete aus Liebe.

Das auch forderte die ‚Selige Jungfrau‘: aus Liebe fasten, um enthemmten Haß, enthemmten Genuß in der Welt zu überwinden. René Lejeune, französischer Professor für Literatur, u.a. im Institut für Lehrerbildung in Straßburg tätig, vertritt die Meinung, Fasten müßte zum großen Erziehungsprogramm des 21. Jahrhunderts werden. Auch in der Kirche, die sich dem Konsumzwang nicht ganz verweigern konnte. Als Sokrates, der große Denker des griechischen Altertums, über den Markt von Athen ging, freute er sich über das reichhaltige Warenangebot, das man zu sehen bekam. Er freute sich, weil ihm das vor Augen führte, „wie viele Dinge es gibt, die ich nicht brauche“. Fasten gibt den Blick frei für das große Geheimnis, das zwischen Himmel und Erde steht, für die letzte, die große Enthaltsamkeit, für die letzte Entäußerung, für das Leiden des Gottmenschen am Kreuze, für das ‚Mysterium des Kreuzes‘.

Am Ende der Reihe ‚tragender Botschaften‘ finden wir die Einladung zur Buße. Ein Fremdwort in den Gesellschaften von heute, die den Begriff der Sünde aus ihrem Sprachkatalog getilgt haben. Lüge wurde zur Schutzbehauptung, Diebstahl steht für ungerechte Verteilung der materiellen Güter. „Nicht durch Arbeit wird man reich, sondern indem man Gerichtsprozesse mit jenen gewinnt, die mehr haben“ — ein geflügeltes Wort unter amerikanischen Juristen und Gesellschaftswissenschaftlern. Aus hemmungsloser Sexualität wurde Selbstentfaltung, Vater- und Mutterverehrung durch Zerstörung des Vater- und Mutterbildes hinfällig, die Auslöschung ungeborenen Lebens eine medizinische, soziale „Notwendigkeit“ (vorerst nur des ungeborenen Lebens) u.s.f.

Ein Mensch, der sein gesamtes Verhalten einschließlich seines Fehlverhaltens, niemals für korrekturbedürftig hält, scheidet für den Prozeß des Fortschritts aus, eines jeden Fortschritts, vor allem des geistigen. Im Bereich der Gnade bleibt er „ungeboren“. Er zementiert Fehlentwicklungen, d.h. unter Umständen das Böse. Wir sind Gesellschaften von

Wichtigtuern geworden, Gesellschaften der Rechthaberei. Bevor Jesus mit seiner göttlichen Botschaft an die Öffentlichkeit trat, reihte er sich am Jordan erst einmal unter die „Büßer und Sünder" ein, er, der Schuldlose.

Buße ist die Wiederherstellung des gesunden, ungetrübten Blickes für die eigene Wirklichkeit, für die eigene gebrochene Wirklichkeit. Während einer Abendmesse in Medjugorje meinte der Prediger: „Selbstverwirklichung ist das neue Wort für Egoismus." Ohne sich dessen zunächst bewußt zu sein, hat der Mensch in der Konsumgesellschaft die Befriedigung nicht nur aller seiner Bedürfnisse, sondern aller seiner Begierden in den Rang einer Gottheit erhoben, der alles geopfert wird. In der Französischen Revolution ließ man eine solche Verehrung der Vernunft zukommen, symbolisch dargestellt von einer Schauspielerin auf dem berühmten Marsfeld zu Paris. Sein Verhältnis zum Schöpfer ist dadurch bis in die Wurzel hinein vergiftet.

Sich wieder einzureihen in die Schöpfungsordnung, sich hinten anzustellen, das ist Buße, das versuchen seit 1981 in Medjugorje Millionen Menschen, die sich einreihen, um das Sakrament der Vergebung zu erbitten, viele, sehr viele zum erstenmal seit 10, 20, 30 und mehr Jahren. Sie finden die Kraft, sich zu öffnen, manche, wie ich beobachten konnte, unter bitteren Tränen, mit zuckenden Schultern. Sie erfahren Entlastung zu Füßen des Berges, auf dem ein großes Betonkreuz die Gegend überragt, sie werden sensibilisiert für das Geheimnis ihrer Erlösung von aller Schuld, für das ‚Geheimnis des Kreuzes'.

Freiheit

Laut Bericht der Seher würden am Ende einer jeden Erscheinung, einer Begegnung mit der Madonna, drei Symbole auftauchen: das Kreuz, eine Sonne und ein Herz. Gott liebt im Umgang mit Menschen Symbole. Sie bleiben verständlich für alle Generationen. Nach der Bedeutung befragt, erklärten sie, das Kreuz verweise auf den Glauben, die Sonne auf Gott und das Herz auf die Liebe. Wie dem auch sei, nach längerer Betrachtung vor dem Hintergrund aller an die Seher ergangenen Mitteilungen ergeben sich zusätzliche Aussagen, Hinführung zu den eigentlichen

„Ziel": Botschaften. In diesem Sinne steht das Kreuz für Freiheit, die Sonne für Leben und das Herz für die Liebe. Das Kreuz steht für Erlösung, für letzte Befreiung von Schuld und Auflehnung, für den Durchbruch aus dem Dunkel sündhafter Verirrung in die große Freiheit Gottes. „Frei werden wir also" — sagte Joseph Kardinal Ratzinger, Präfekt der Römischen Kongregation für die Glaubenslehre in einer Instruktion — „durch das neue Leben der Gnade, die Frucht der Rechtfertigung." Ohne Sonne kein Leben in dieser Welt. Sie ist die Quelle des Lebens. Würde sie erlöschen, mit ihr müßte alles Leben untergehen. Die letzte Quelle allen Lebens, besonders aber des geistigen, ist Gott. Gott ist die Fülle des Lebens, an dem der Mensch nur teilnehmen kann. Das Herz endlich verweist auf die Liebe. Gott ist die Liebe. Gott ist alle drei zusammen, er ist unsere Freiheit, unser Leben und unsere Liebe.

Die ‚Frau aus der Ewigkeit' ist demnach gekommen, um uns in einer entscheidenden geschichtlichen Stunde, an der Schwelle zu einem neuen Jahrtausend, zum dritten christlichen, auf die Dimension der uns geschenkten persönlichen Freiheit aufmerksam zu machen. Sie will auf die Kostbarkeit des uns geschenkten Lebens verweisen, das der Mensch nur empfangen hat, und schließlich an Gott erinnern, der im „Tiefsten seines Wesens" die ‚Ewige Liebe' ist. Drei Problemfelder, auf denen sich in den kommenden Jahrhunderten entscheidende Prozesse anbahnen. Auffallend ist, daß die Ereignisse von Medjugorje während der 80er Jahre zusammenfallen mit einem globalen Aufschrei nach Befreiung aus politischer, gesellschaftlicher und wirtschaftlicher Versklavung. Begonnen hat es 1981 in Polen auf einer Werft in Danzig. Polens Arbeiterklasse forderte das gesamte kommunistische System heraus. 1985 kommt Michael Gorbatschow an die Macht und beginnt mit der sogenannten „Umgestaltung" des Systems, eine Umgestaltung, die sich Schritt für Schritt als Wille zur Beseitigung aller Terrorstrukturen herauskristallisiert. 1989 dann die Kettenreaktion von Zusammenbrüchen kommunistischer Ordnungen in Europa, Lateinamerika und Afrika. Nur der chinesischen Führung gelingt vorerst die blutige Eindämmung des Aufbegehrens. Freiheitliche Grundvorstellungen setzen sich durch.

Aber Freiheit bedeutet auch Verantwortung. Freiheit birgt in sich das Risiko neuer Fehlentscheidungen bis hin zu Orgien der Freiheit, Chaos, das dann wieder brutale Ordnungspolitik herausfordert. Schon manch ein Freiheitstaumel wurde anschließend mit Blut gelöscht. Die neue Freiheit, sie trifft Hunderte von Millionen unvorbereitet, fällt zusammen mit gewaltigen Problemen, die sich inzwischen angestaut haben. Sie sind nur im Geiste der Verantwortung aller für alle zu lösen. Freiheit schließt die Möglichkeit ein, sich für den eigenen Untergang zu entscheiden.

Alle Freiheitsbewegungen der christlichen Zeitrechnung haben ihre eigentliche Wurzel im Geist des Evangeliums. Das Bewußtsein für die Unantastbarkeit der menschlichen Würde, für die Einmaligkeit, die Unwiederholbarkeit der menschlichen Person, sein Recht, sich für das Gute oder das Böse zu entscheiden, für oder gegen Gott, gehen auf die Botschaften der Schrift zurück. Dennoch ist nicht auszuschließen — und es wäre nicht das erste Mal —, daß eine aus dem Geist des Evangeliums geborene Freiheit sich gegen das Evangelium selber wendet. Erste unmißverständliche Anzeichen dafür sind bereits wieder da. Das scheint die ‚Gospa‘ im Auge zu haben.

Unter den zahlreichen Mitteilungen der ‚Frau aus der Ewigkeit‘ gibt es eine, die nicht nur betroffen macht, sondern aufrüttelt. Sie erfolgte am 25. November 87, kurz vor unserem ersten Besuch in Medjugorje. In ihr hieß es u.a.: *„Gott hat jedem die Freiheit gegeben, die ich in Liebe achte und vor der ich mich in Demut verneige."* Schwer zu sagen, was hier mehr überrascht, der Inhalt oder die außerordentliche, höfliche Form. Überirdische Pädagogik ist am Werk. Unüberhörbar legt die ‚Frau‘ erst einmal allergrößten Wert darauf, uns die uns gegebene Freiheit voll bewußt zu machen, die Fähigkeit souveräner, ungebundener Entscheidung. Sie sieht darin ein so kostbares Gut, eine so hohe Auszeichnung, daß sie sich ‚in Demut‘ davor verneigt. Sie tut damit nichts anderes als das, was Gott macht, der die Freiheit des Menschen auch dann respektiert, wenn dieser sich gegen ihn entscheidet. Eben diese Sorge schwingt in ihrer Verbeugung vor den Möglichkeiten des menschlichen Willens mit.

Am 25. November 88, ein Jahr später, sagte sie dazu: *„... Er (Gott) wünscht, daß ihr in Freiheit auf seinen Ruf antwortet ..."* Ein weiteres Jahr später (25. November 89) heißt es u.a.: *„... ich wünsche, liebe Kinder, daß eure Entscheidungen vor Gott frei seien, denn er hat euch die Freiheit gegeben ..."* Mit beschwörender Geste appelliert sie an den Menschen, sich für den Schöpfer zu entscheiden: *„... ich lade euch ein, euch von neuem für Gott zu entscheiden und ihn vor allem und über allem zu wählen, damit er in eurem Leben Wunder wirken kann ..."*

In einem Gespräch weitab von Pilgerströmen stellte ich Marija Pavlović, der Überbringerin der Monatsbotschaften an die Menschheit, zu diesem Komplex die Frage: „Wenn man sieht, wieviel Verehrung Millionen Menschen der ‚Seligen Jungfrau' entgegenbringen, könnte da eines Tages — einmal ganz, ganz menschlich gesprochen — Gott auf sie nicht eifersüchtig werden?" Die Seherin lächelte und meinte: „Diese Gefahr besteht absolut nicht. Einmal wegen der Vollkommenheit Gottes, der — menschlich gesprochen — nicht eifersüchtig werden kann. Zum anderen aber auch deshalb nicht, weil Gott weiß, daß die ‚Selige Jungfrau' immer nur das will, was er will. Sie ist vorbehaltlos orientiert auf Gott und auf seinen Willen." Eben das klang in der Botschaft vom 25. Februar 90 durch: „... *entscheidet euch vollkommen für Gott ...!"*

Das ist und bleibt die Sorge der ‚Frau aus der Zukunft'. Der Mensch könnte die neu gewonnene persönliche Freiheit in den Dienst seiner Leidenschaften stellen — wie es im Bereich der Sexualität in brutaler Weise an den Tag tritt — und sich für neue Wahnideen entscheiden. Er könnte den großen Augenblick versäumen und sich, während politische, wirtschaftliche und soziale Fesseln von ihm abfallen, dem großen Impuls der Gnade verweigern, sich nicht emporschwingen zu größerer Freiheit, zur Freiheit ‚in der Gnade', sondern, wie schon so oft, trotz besserer natürlicher Voraussetzungen gegenüber anstehenden ‚übernatürlichen' (wie es die Sprache der Theologie ausdrückt) Entscheidungen versagen, sich Gott auf höherer Ebene abermals verschließen. ‚Mißbraucht eure Freiheit nicht!' klingt es rund um Medjugorje von den Bergen. ‚Entscheidet euch für Gott, für seine Vision vom Glück für alle.'

Leben

Das 20. Jahrhundert stand — wie selten ein anderes — im Zeichen des Todes. Europa, Asien, Afrika wurden zu blutdurchtränkten Erdteilen. Erstmals wurde der Globus 1914 von einem Weltkrieg erfaßt, ihm folgte ein zweiter. Mörderische „Befreiungskriege" schlossen sich an, dann kamen blutige Bürgerkriege wie in Äthiopien, Uganda, im Libanon, in Mittel- und Südamerika. Rassenwahn brachte den Völkermord hervor. Ihm fielen als erste die in der Zerstreuung lebenden Juden zum Opfer, ein Volk, dessen Kultur und Denkweise die Menschheit heute den Kern ihrer Gottes- und Moralvorstellungen verdankt. In Kambodscha sollte ein Volk in die Steinzeit zurückgeworfen werden und wäre auf diesem Wege beinahe ausgelöscht worden. Der Libanon wurde — auf kleinstem Gebiet — zum permanenten Schlachtfeld, auf dem sich Aggressionen unter verschiedenstem politischen und religiösen Vorwand austobten. Die Völker gewöhnten sich an Massengräber. Tiefe Angst beschlich die Menschheit, in einem dritten, diesmal nuklearen Krieg könnte die ganze Erde für immer zu einer Totenkammer werden. Der Selbsterhaltungstrieb ist am Erlöschen.

Hinzu kommt die schrumpfende Sensibilität gegenüber dem werdenden, dem ungeborenen Leben. Abtreibung wurde fast überall „legalisiert". Die Medizin stellte modernste Mittel und Instrumente zur Verfügung, um werdendes Leben auszulöschen, obwohl mehr denn je bekannt ist, wie früh im Mutterleib das Gefühlsleben des keimenden Menschenkindes entwickelt ist. Es wehrt sich mit allen Mitteln gegen den Frühtod. Während der Arbeiten an diesem Buch erzählte mir eine junge Mutter von acht Kindern, ab der fünften Empfängnis hätten ihr die Ärzte jedesmal aufdringlich die Abtreibung nahegelegt. Ärzte, die dazu berufen sind — wann immer möglich —, Leben zu bewahren, werden zu Todesberatern. Jährlich sterben in der Welt Millionen Kinder den Hungertod, Millionen vegetieren eltern- und heimatlos dahin. Zur gleichen Zeit experimentiert man in teuren Laboratorien mit Retortenbabys und mit Leihmüttern. Nicht um die Bewahrung des Lebens geht es also, sondern um die Befriedigung des Forscher- und Spieltriebes, um die Pflege archaischer Vorstellungen vom eigenen „Fleisch und Blut".

Sexualität, Liebe, engstens mit dem Geheimnis des Lebens — des körperlichen wie des geistigen — verknüpft, wurden vom Leben abgekoppelt und haben sich als „Lustinstrument" verselbständigt. Bis dahin unvorstellbare Perversionen des Sexuallebens wurden gezüchtet und hoffähig, d.h. filmgerecht gemacht. Der Mensch entledigt sich aller Würde. Die krankhafte Zurschaustellung der eigenen Sexualität, der Exhibitionismus, in Hochkulturen mit Ekel abgelehnt, wurde zur großen Mode, zum Massenphänomen.

Überraschend, daß die ‚Gospa' diese Entwicklung weder anspricht noch offen rügt. Über lange Zeiträume haben die Kirchen der Geschlechtlichkeit und ihrer Ordnung eine erstrangige Bedeutung im Moralkodex zugewiesen, nicht selten beachtlich auf Kosten der zentralen Verkündigungsinhalte. Die Erklärung für die Haltung der ‚Seligen Jungfrau' ist leicht zu finden. Sie spricht Probleme stets an der eigentlichen

Wurzel an, und diese Wurzel ist in unserem Fall das Verhältnis des Menschen zum Leben überhaupt. Weil dieses Verhältnis schwerstens gestört ist, müssen auch die Vorstellungen zur Sexualität vollkommen in die Irre gehen.

Angeschlagen ist die Einstellung zum Leben übrigens auf allen Ebenen, z.B. zum Leben der Tierwelt. Zu allen Zeiten hat sich stets ein partnerschaftliches Verhältnis zwischen Mensch und Tier, Mensch und Pflanzenwelt herausgebildet. Moderne Tierhaltung, „Fleischproduktion" genannt, ist das Gegenteil von Partnerschaft, ist — wie die Sexualität — aus dem organischen, harmonischen Lebensganzen herausgenommen, verselbständigt, zum erweiterten Lustobjekt geworden, hier zum „Freßlustobjekt", wie man es bezeichnet. Habgier und Egoismus, Geltungssucht und Sadismus haben ganze Tierarten rücksichtslos ausgerottet. Mit der Umweltverschmutzung, unvermeidbarer Folge des getrübten Verhältnisses zu jeder Art von Leben, zerstört der Mensch schließlich die Grundlagen des Lebens überhaupt. Die fehlende, von jedem erfahrbare Mißachtung des Lebens und seiner Gesetze läßt alle mit Unbehagen an Möglichkeiten und Fehlentwicklungen in der Gentechnologie denken. Das gegenüber dem Lebendigen abgestorbene Gewissen läßt eher Böses, wenn nicht Grauenvolles ahnen.

Die Ablehnung des Lebens wurde genährt von Denkrichtungen, wie sie u.a. der Franzose Jean Paul Sartre vertrat. Er ist der Guru des mitteleuropäischen Terrorismus geworden. Er setzte Leben gleich Sinnlosigkeit, forderte dazu auf, ihm den fehlenden Sinn zu geben. Eine schier unglaubliche Überschätzung unserer Möglichkeiten. Junge Menschen versuchten es mit Bomben, Entführungen und Anschlägen. Kein Gott, keine Wertordnung, alles ist sinnlos, alles ist radikal zu verneinen, predigte Sartre.

Wer intellektuell so mit dem Leben spielt, wird zum Wegbereiter nicht nur des seelischen, sondern auch des physischen Todes für andere. Als Existentialisten und Nihilisten bezeichneten sich diese Propheten des Nichts, des Untergangs, des Ekels vor dem Dasein. Im Satanskult der 80er Jahre, dem Millionen von Jugendlichen verfielen, setzte sich die Verneinungsphilosophie fort. Das Leben ist absurd, „der andere ist die Hölle".

Freude und Zuversicht dagegen verkündet die ‚Frau aus der Zukunft'. „*... ich will, daß ihr schon hier auf Erden glücklich seid ...*", sagte sie zu Jelena, und den Mitgliedern des großen Gebetskreises legte sie am

15. April 89 ans Herz: *„...möget ihr Liebe ausstrahlen gegenüber jedem Menschen ..."* Und am 4. Mai 89 wiederholt sie: *„... betet und werdet zum Glück und zur Freude für die Menschen um euch ..."*

Nicht „die Hölle" ist der andere, sondern aller Liebe und Zuneigung, ja Beglückung wert. Ihre Botschaft an die Menschheit über Marija Pavlović vom 25. August 88 ist ein Hochgesang auf das Leben: *„... heute lade ich euch ein, daß ihr euch über das Leben, das Gott euch gibt, freut. Freut euch über Gott, den Schöpfer, der euch so wunderbar geschaffen hat. Betet, daß euer Leben eine freudige Danksagung sei, die aus eurem Herzen wie eine Flut der Freude strömt. Dankt ohne Unterlaß für alles, was ihr besitzt, auch für jede kleine Gabe, die Gott euch geschenkt hat. So wird immer ein freudenreicher Segen von Gott auf euer Leben herabkommen ..."*

An den Sonnengesang von Franz von Assisi wird man erinnert und an die Frohe Botschaft: „Ich bin gekommen, damit ihr das Leben habt und es in Fülle habt." Die ‚Frau aus der Ewigkeit' will ganz offensichtlich Denkprozesse, Denkrichtungen der letzten Jahrhunderte umkehren. Sie verkündet die Freude des Lebens, das Ja zum Leben. Ganz zart kam sie am 25. Januar 89 auf ihr Anliegen zurück: *„... betet, daß ihr Gott für alles in eurem Leben danken und euch über alles, was er durch jeden einzelnen tut, freuen könnt ..."* Ein junges Mädchen, das unter schwerer Eifersucht litt, fragte Jelena, das Mädchen der ‚inneren Stimme', was sie gegen diese Untugend unternehmen, wie sie dagegen angehen könne. Jelena schaute sie mit klaren Augen an und riet: „Versuche dankbar zu sein für alles, was du im Leben erhalten und erfahren hast. Mit Dankbarkeit kannst du deine Schwäche überwinden."

Am 25. April 89 erweitert ‚die Madonna' die Palette und erinnert an die Gesamtdimension unseres Lebens als Quelle ständiger Freude: *„... Freut euch an allem, was ihr habt, und dankt Gott, denn alles ist ein Geschenk Gottes an euch. So werdet ihr im Leben für alles danken und Gott in allem entdecken können, auch in der kleinsten Blüte. Ihr werdet große Freude erfahren ..."* Einen Monat später bietet sie abermals ihre Führung an auf diesem Weg des Lebens: *„...Ich bin bei euch und will euch ständig in die Freude des Lebens einführen ..."* Zum Auftakt eines neuen Jahres, eines neuen Jahrzehnts (25. Januar 90) wieder ein Lobpreis auf die Schönheit des Lebens und die Aufforderung, sich seines Wertes bewußt zu werden: *„... heute lade ich euch ein, euch von neuem für Gott zu entscheiden und ihn vor allem und über alles zu wählen,*

*damit er in eurem Leben Wunder wirken kann und euer Leben von Tag
zu Tag mit ihm zur Freude werde ... Betet, damit ihr die Schönheit der
Gabe des Lebens verstehen könnt ..."*

Sie zeichnet eine neue Qualität des Lebens, ein Leben, das, als Wunder
betrachtet, immer wieder neue Wunder zeugt und die Philosophie des
Todes, die über zwei Jahrhunderte wie ein Schatten über der Menschheit
gelegen hat, überwinden soll. Selbstlos und demütig verweist sie dabei
auf andere Zeichen und Anstöße, die den Menschen von seiner lebens-
feindlichen Mentalität abbringen sollen, z.B. Signale von der Umwelt,
die sich gegen seine Willkür wehrt (am 25. März 90): „... *Gott möchte
euch retten und sendet euch Botschaften durch Menschen, Natur und
viele Dinge, die euch helfen können zu begreifen, daß ihr die Richtung
eures Lebens ändern sollt ...*; verbunden wiederum mit dem Angebot,
bei der Neuorientierung behilflich zu sein: „... *begreift auch die Größe
der Gabe, die Gott euch durch mich gibt, daß ich ... euch zur Freude
des Lebens führe ..."*

In Medjugorje wird das Tal des Todes, von dem es viele auf der Erde
gibt, überwunden, es ist eine Landschaft des Aufbruchs in einen neuen
Jahrtausendfrühling geworden, zu einem Leben in Fülle, das die ‚Quelle
des Lebens‘ selber für den Menschen bereithält. In Medjugorje geht es
nicht um einen überhöhten Marienkult, „es geht", wie es Papst Johannes
Paul II. in seinem Lehrschreiben über den Heiligen Geist ausdrückt,
„genau um denjenigen, der das Leben schenkt", an den Johannes, sein
Lieblingsjünger erinnert, wenn er Worte vom letzten Tag vor seinem
Tode zitiert: „Ich bin der Weg, die Wahrheit und das Leben"(14, 6).

Der Mensch hat es gegen Ende des 20. Jahrhunderts zu einer beispiel-
losen Verdrängung des Todes gebracht. Die Todesphilosophien haben ihn
mit diesen nicht auszusöhnen vermocht. Man stirbt in Abstellräumen, in
Waschküchen, bewußtlos, über ein aus finanziellen Gründen ausgedehn-
tes Koma. Die Verneinung des Lebens erreicht paradoxerweise in der Verdrängung des Todes ihren Höhepunkt. Wer keine Chance hat, menschenwürdig zu sterben, hat schon lange vorher menschenunwürdig leben
müssen. Von daher wird verständlich, daß das ‚Mysterium des Kreuzes‘
auch ein ‚Mysterium des Lebens‘ ist. Auf daß gerade das dem Menschen
bewußt werde, ist die ‚Frau aus der Ewigkeit‘ bei Medjugorje in unsere
Welt eingetreten. Mehrfach hat sie dabei hervorgehoben, die Mutter aller
Menschen zu sein, das heißt, von Gott, von ihrem Sohn berufen, neues
Leben weiterzugeben, geheimnisvolles, im Auftrage des Schöpfers, ob

wir es Gnade nennen oder anders, Blüten auszustreuen eines neuen, geistigen, heiligen Frühlings in der Menschheit. Als ‚Königin des Friedens' hat sie sich ausgewiesen — anders ausgedrückt: als Botschafterin des Lebens. Sie ist es im wahrsten Sinne des Wortes.

Liebe

Der slowakische, in Rom residierende Bischof Paulo Hnilica schreibt in seinem Beitrag zu den wissenschaftlichen Untersuchungen italienischer Ärzte in Medjugorje: „Heute von Liebe zu reden, ist in Kirche und Welt banal geworden." In dem Bemühen, durch Fortschritt über sich selbst hinauszuwachsen, die Selbsterlösung zu verwirklichen, ist tatsächlich vor allem die Liebe auf der Strecke geblieben. Allenfalls im Bereich der Sexualität findet sie noch sprachliche Anwendung.

Epochen des Todes lassen der Liebe keinen Raum. Das färbt auch auf Bilder ab, die der Mensch über Gott entwickelt. Über Jahrtausende hat er die Götter nach seinen Vorstellungen geformt, grausam, blutdürstig, rachsüchtig, gebieterisch, zornig. Sie waren wie er. Auf einer höheren Ebene, aber immer wie er. Auch das Christentum ist dieser Versuchung oft erlegen, trotz zahlreicher Warnungen und Hinweise in seinen heiligen Büchern. Gott der Allmächtige, Jesus der Pantokrator, Beherrscher des Alls, wie er dem Besucher in der berühmten Benediktinerabtei Maria Laach in Deutschland als großartiges Apsismosaik entgegenleuchtet und ihn auch erdrückt, der Allwissende, der Gerechte, Alfa und Omega, Anfang und Ende. Alles was der Mensch nicht hat und gern sein möchte, grenzenlos, das schreibt er Gott zu. Natürlich ist er das alles auch. Aber er ist weit mehr.

Dieses „mehr" sich vorzustellen, fiel dem Menschen immer schwer, in ihm nämlich die Liebe zu sehen, die Liebe allein. Marija Pavlović fragte ich, ob sie sich vorstellen könne, die Seuche Aids sei eine Art „Strafe Gottes" für den hemmungslosen Mißbrauch der Sexualität in unserer Zeit. Sie schüttelte verneinend mit dem Kopf. „Ich kann mir beim besten Willen Gott nicht als strafenden, rächenden Gott vorstellen — Gott ist die Liebe. Aids mag uns nachdenklich stimmen, uns zur Korrektur unseres Verhaltens zwingen, uns an den Wert der Treue erinnern, aber eine

Strafe des Himmels kann ich darin nicht sehen. Es ist der Mensch, der sich selbst bestraft. Für ihn ist es in diesem Sinne ein Strafgericht. Gott begegnet uns nur als Liebe."

Das dürfte die größte, die eigentliche Botschaft von Medjugorje an die Menschheit sein. Was bisher nur Mystiker erfuhren, die Heiligen fühlten, die Schrift verkündete, das soll der ganzen Menschheit bewußt werden: Gott, das für uns unfaßbare ,Mysterium der Liebe'.

Voraussetzung für den Zugang zur Liebe sind Freiheit und volle Zustimmung zum Leben. Sklaven können nicht lieben. Sklaven der Leidenschaft noch viel weniger. Entscheidung in Freiheit steht am Anfang jeder großen Liebe. Deshalb zunächst der Aufruf, sich der Tragweite des eigenen Willens, der eigenen Freiheit bewußt zu werden. Ein Gegengewicht zu Ideen des Wiener Arztes Sigmund Freud, der am Anfang des 20. Jahrhunderts den Menschen in die Ketten des Unterbewußtseins verwies, zum Spielball dunkler Triebkräfte machte und darum schließlich zu wahrer Liebe unfähig. Das wäre letzte, düsterste Konsequenz aus den Überlegungen der meisten, inzwischen vom Marxismus geprägten Psychologen.

Wahre Liebe setzt Zustimmung zum Leben voraus. Nihilisten (Verneiner des Lebens) können nicht wirklich lieben. Liebe will unsterblich sein, ewig, Liebe will nie vergehen, sie will immer sein. Wo das Leben mit Füßen getreten wurde, hat es Liebe nicht gegeben. Liebe umfaßt alle Kreatur, schließt keine aus. Wer mit dem Leben spielt, spielt ein dämonisches Spiel, wo auch immer. Das werden sich in naher und ferner Zukunft Gentechniker ganz groß ins Gewissen schreiben lassen müssen. Die Ehrfurcht vor dem Leben wird zum Saatfeld großer Liebe. Von daher verständlich, wie betont die ,Gospa' die Menschheit auf das große Geschenk des Lebens aufmerksam macht. Es reicht nicht aus, das Leben bruchstückhaft zu bejahen, es muß in seiner ganzen Fülle angenommen werden, in seinen sichtbaren wie unsichtbaren Formen.

Papst Johannes Paul II. hat — stärker als seine unmittelbaren Vorgänger — zum Aufbau einer ,Zivilisation der Liebe' aufgerufen. Darin zeigt sich die enge Verzahnung seines Pontifikates mit den Ereignissen von Medjugorje. Die geschichtliche Perspektive wird es einmal ganz deutlich sichtbar werden lassen. *„Mit Liebe werdet ihr alles erreichen, auch das, was ihr für unmöglich haltet."* So ermunterte die ,Selige Jungfrau' die Menschheit am 28. Februar 1985. Also auch eine Zivilisation auf dauerhaften Fundamenten, eine Zivilisation, die vom ,Prinzip Liebe' getragen wäre. In der Karwoche 1986 (27. März) zieht sie den Verbindungsstrich zwischen Kreuz und Liebe: „...*ich rufe euch zum größten Opfer auf, dem Opfer der Liebe ...*" Der Bogen ist geschlagen. Ohne Opfer keine Liebe, im ‚Mysterium des Kreuzes‘, des Opfers, entdecken wir den Urgrund des Lebens, die Liebe.

Als ich Marija Pavlović danach fragte, was sie mit dem Kreuz verbinde, welche Vorstellungen, antwortete sie: „Die Liebe". Nicht Erlösung, Schuld, Sünde, Sühne fielen ihr ein, sondern: die Liebe! Die ‚Frau aus der Ewigkeit‘ ermutigt, indem sie sich selbst als Inbegriff der Liebe, überflutet von der Gnade des Schöpfers, in Erinnerung bringt. Am 29. Mai 86: „... *Fangt heute an zu lieben, mit innigster Liebe, mit jener Liebe, mit der ich euch liebe! ...*", und am 9. Oktober desselben Jahres: „... *Diese Zeit, die ich bei euch bin, ist ein Zeichen, daß ich euch unermeßlich liebe ...*" Im folgenden Jahr wiederholt sie das eigentliche, ihr Hauptanliegen: „... *Jeden einzelnen von euch lade ich ein, damit anzufangen, daß ihr die Liebe Gottes lebt ...*" (25. März 87). Ein Jahr danach: „... *Verherrlicht Gott, so daß die Liebe Gottes in euch von Tag zu Tag bis zur Vollkommenheit wachsen kann ...*" (26. Juni 88).

Der Erzbischof von Split, Frane Franić (inzwischen im Ruhestand), hat den Vorgängen in Medjugorje schon sehr früh große Aufmerksamkeit geschenkt, obwohl die Kirchengemeinde außerhalb seines Bistums liegt. Als Vorsitzender der Glaubenskommission der kroatischen Bischofskonferenz fand er sich dort mehrfach anonym ein, um Jugendliche, Seelsorger und die Gemeinde aus allernächster Nähe kritisch zu beobachten. Während eines solchen Besuches hat er — so berichtete der Oberhirte später — Gott als das ‚Geheimnis der Liebe‘ erfahren. Das habe ihn bewogen, sich in der Öffentlichkeit vor die Schar zu stellen.

Anbetung

Ende Juni 1989 klang für mich ein weiterer Besuch in Medjugorje aus. Nur noch zwei Tage waren mir geblieben. In der Frühe nahmen wir mit Vorliebe an der sogenannten Konventsmesse teil, die alle in Medjugorje tätigen Seelsorger gemeinsam feiern. Am Harmonium spielte und sang eine Ordensschwester die uns bereits vertrauten Meßlieder in kroatischer

Sprache. Am Altar hatte man gerade das Vaterunser gebetet und bereitete sich auf den Empfang der hl. Kommunion vor. Ich war im Gebet versunken. Da wurde mir das wohl tiefste Erlebnis meines Lebens zuteil. Eine große Sehnsucht ergriff mich bis in die Wurzeln des innersten Wesens, die Sehnsucht nach ewiger Anbetung. Gott in Ewigkeit anbeten zu dürfen — das wäre —, so fühlte ich — die größte aller Gnaden. Wie durch einen Schleier schaute die Seele das beglückende göttliche Licht. Vielleicht ein Vorgeschmack zukünftiger Seligkeit, kaum zu ertragen. Die Augen des Körpers und der Seele weinten: „Laß mich dich anbeten, eine ganze Ewigkeit hindurch. Nur das erbitte ich hier, nur diese eine Gnade." Ich sah den Priester vor mir stehen, mit der hl. Kommunion, es war Pater Petar Ljubičić, er stockte einen Augenblick, er muß in ein tränenüberströmtes Gesicht geschaut haben, dann reichte er mir die weiße Hostie — und es war wie eine erste Verheißung, wie eine erste Antwort auf das überwältigende Verlangen im gequälten Herzen.

Nach der hl. Messe blieb ich in den letzten Bänken noch etwas knien, bis jemand meine Schultern berührte. Es war eine ältere Ordensschwester. „Ich muß Sie vom Himmel wieder auf die Erde holen", flüsterte sie, „draußen wartet man auf Sie." Sie sagte es etwas scherzhaft. „Wenn Sie wüßten, liebe Schwester", ging es mir durch den Kopf, „wie wahr das ist, was Sie da sagen."

Am Nachmittag, kurz vor der Abendmesse, machte ich einen kleinen Rundgang um die Kirche. Man betete den Rosenkranz. Da kam eine Dame aus Nürnberg auf mich zu. Wir hatten uns auf einer Tagung kurz kennengelernt. Sie mußte mich erst daran erinnern. Dann sagte sie freudig: „Ich bin mit einer Gruppe da, wir sind glücklich, zum ersten Mal haben sich uns zwei Priester angeschlossen." Sie strahlte. „Ich muß Ihnen auch etwas sagen", warf ich ein. „Mir ist heute eine große Gnade widerfahren. Ich freue mich auf die Ewigkeit, auf die ewige Anbetung Gottes." Wir umarmten uns, es war die Freude von Menschen, die Gott in ihrer Mitte wissen.

Und dennoch verstand ich noch nicht, was eigentlich in meinem Herzen vorging. Warum Anbetung, fragte ich mich, warum gerade Anbetung als unbegreifliche Sehnsucht der Seele? Erst drei Monate danach, während jenes bereits erwähnten Besuches in Tihaljina beim ehemaligen Pfarrer von Medjugorje, Jozo Zovko, erhielt ich die Antwort, als er in seiner Ansprache sagte: „Man kann nicht lieben ohne Gebet. Gebet bleibt immer. Liebe bleibt immer. Die Engel beten immer. Gebet ist

Liebe." Die Antwort, auf die ich gewartet hatte, sie war mir gegeben worden. „Also ist Anbetung Liebe", sang es in mir. „Nichts als Liebe."

Das war es gewesen im Juni, ein Schrei des Herzens nach ewiger Anbetung, nach dem Anblick der ‚Ewigen Liebe'. Instinktiv hatte die Seele gerufen: „Bereite mich vor durch das Gebet für die Erfahrung des ‚Mysteriums der Ewigen Liebe'. " Wer nach Medjugorje fährt, um etwas zu sehen, sollte sich die Reisekosten sparen und daheim bleiben. Wer sich dorthin begibt, um einen Schritt zu tun in Richtung auf die Wahrheit, auf Verinnerlichung, darf sicher sein, daß Gott, der ihn gerufen hat, ihn nicht im Stich läßt. Wenn am Abend im Westen von Medjugorje die Sonne untergeht und der Himmel über den Bergen die Farbe der Liebe annimmt, weiß der Betende, daß er dem Ziel seiner innigsten Träume, der ‚Ewigen Liebe', sehr nahe ist. Das ist die Botschaft von Medjugorje für das nächste Jahrtausend — und für alle Zeit.

* * *

VII.

WÜSTENWANDERUNG

Der Ablauf der Ereignisse in Medjugorje ließ nach einigen Jahren eine klare Gliederung erkennen. Da war zunächst der Einstieg, die ersten neun Tage, eine Art Novene, in der katholischen Kirche zur Vorbereitung großer Feste oder Ereignisse nicht unbekannt. In diesen ersten Tagen lagen im Ansatz bereits alle Kernaussagen vor. Danach folgte eine Zeit scheinbar reiner Spontaneität. Dem war jedoch nicht so. Die Jahre von 1981 bis 1984 stehen im Zeichen der Entfaltung von Gebetskreisen, einer intensiven Formung der Seher und jener Jugendlichen, die sich zur Verfügung gestellt haben. In die Zeit vom 24. Juni 84 bis 8. Januar 87 fallen die sogenannten Donnerstagsbotschaften. Adressat war die Gemeinde von Medjugorje, die gezielt in das Vorhaben, in das Erziehungsprogramm einbezogen wurde. Im Januar 87 traten an ihre Stelle die Monatsbotschaften jeweils am 25., mit erkennbar größerer Dimension. Über die Gemeinde hinaus richten diese sich an das ‚Salz der Erde‘, an Menschen in der ganzen Welt, die auf der Suche sind, die eine innere Bereitschaft zeigen, sich den Herausforderungen von Medjugorje zu stellen. Alles in allem ein „Mammutprogramm“.

Nicht alles ist sogleich auf seinen eigentlichen Inhalt erkennbar. Mit dem Evangelium war es nicht anders. Zu manchen Forderungen der Schrift hat der Mensch des 20. und des 21. Jahrhunderts einen besseren Zugang als die Menschen des 4. und 5. Jahrhunderts. Einmal sind wir heute in der Lage, manche Aussage über moderne Forschungsmethoden besser in ihrem eigentlichen Rahmen zu sehen und größere Zusammenhänge herzustellen, d.h. sie zu erfassen, zum anderen ist unsere geschichtliche Perspektive, das Geschichtsbewußtsein, die Zukunftserwartungen, ausgeprägter. Gegenüber Marija Pavlović äußerte ich kurz nach ihrer schweren Nierenoperation die Vermutung, spätere Generationen würden den Botschaften möglicherweise mehr entnehmen als unsere Zeit. Sie erwiderte darauf, es würde ihr bisweilen heute schon so gehen. Mancher Inhalt eröffne sich ihr selber erst nach wiederholter Lektüre einer Botschaft, zuweilen nach längerer Zeit, obwohl sie diese doch selbst entgegengenommen habe. Gewisse Aussagen setzen demnach — so scheint mir — einen bestimmten Reifegrad, vor allem auch des Glaubens, voraus.

»Ich bin mit euch«

Einige Einzelheiten lassen den Schluß zu, daß Medjugorje ein historisches Gewicht zukommt, das unter Umständen unsere kühnsten Vorahnungen übersteigt. Man zögert hier, den Ausdruck ,heilsgeschichtlich' anzuwenden, weil viele Menschen sich derzeit darunter nichts vorstellen können. Die Sprache der „offiziellen" Verkündigung und die der Theologie nehmen nicht viel Rücksicht auf das jeweilige Sprachgefühl des Menschen. In Medjugorje läßt also zunächst die mehrfach erfolgte Ermutigung „Ich bin mit euch" oder „Ich bin bei euch" aufhorchen. Das ist eine aus der Schrift bekannte Zusicherung des Himmels gegenüber Propheten, Gesandten, Berufenen, denen atemberaubende Aufgaben zugewiesen wurden.

Das Buch Exodus 3, 4-12 drängt sich auf. Es ist die berühmte Szene, in der Mose auf dem Berg Horeb (im Sinai) im brennenden Dornbusch Gott begegnet und von diesem den Auftrag erhält, die in Ägypten seßhaft gewordenen und ausgebeuteten Hebräer aus dem Land der Pharaonen herauszuführen und im Jordanland anzusiedeln: „Ich sende dich zum Pharao. Führe mein Volk, die Israeliten, aus Ägypten heraus" (Ex 3, 11). Eine für damalige Zeiten abenteuerliche Umsiedlungsaktion, ein Unternehmen von beängstigendem Ausmaß. Mose, selber Hebräer, am Hof des Pharao erzogen, weiß um das für Ägypten wertvolle Arbeitspotential und ahnt verbissenen Widerstand der Staatsmacht voraus. Gott aber besteht auf dem erteilten Auftrag und stärkt ihm den Rücken mit der Verheißung: „Ich bin mit dir. Ich habe dich gesandt." Das Unternehmen erscheint Mose erschreckend groß, derart risikoreich, daß nur die Zusicherung Gottes, er sei „mit ihm", ihn bewegen kann, sich auf das Wagnis einzulassen.

Eine vergleichbare Situation findet sich bei Matthäus 28, 20. Auf einem Berg gibt Jesus nach seiner Auferstehung, kurz vor seinem endgültigen Abschied, den Jüngern den Auftrag, in alle Himmelsrichtungen auszuströmen: „Mir ist alle Macht gegeben im Himmel und auf Erden. Darum geht zu allen Völkern und macht alle Menschen zu meinen Jüngern; tauft sie auf den Namen des Vaters und des Sohnes und des Heiligen Geistes, und lehrt sie befolgen, was ich euch gesagt habe." Das Erschrecken der Freunde Jesu, die täglich die Macht allein des „Römischen Imperiums" vor Augen hatten — nun war gar von allen Völkern die Rede —, muß dem Entsetzen des Mose sehr ähnlich gewesen sein. Deshalb die unmißverständliche Zusage: „Ich bin bei euch!" Sie wird erweitert für alle Zeit: „...alle Tage bis zum Ende der Welt."

In diesem Licht läßt die mehrfache Zusicherung der ‚Frau aus der Ewigkeit', „Ich bin mit euch", auf die Qualität, auf das Gewicht, auf ein großangelegtes Vorhaben schließen. Am 25. November 87 erbittet sie über Marija Pavlović die Mitarbeit bei der Verwirklichung aller Pläne, die Gott mit der Pfarrei, das heißt über die Pfarrei gegenüber der Welt habe. Ohne Gebet würden die Angesprochenen allerdings nicht in der Lage sein, diese Absichten (ihre Weite und Tiefe, ihre in die Zukunft weisende Dimension) sowohl bezüglich der Gemeinde, als auch gegenüber jedem einzelnen, zu verstehen. Sie macht darauf aufmerksam, daß die Initiative Gottes den „Widersacher" auf den Plan rufen werde und Gegenaktionen zu erwarten seien. Sie warnt vor dem Glatteis des Stolzes und falscher Sicherheit, auf das sie von „Satan" gelockt würden. Aber sie beruhigt auch: „Ich bin mit euch." Die Herzen der Angesprochenen werden zum Schlachtfeld, auf dem große Entscheidungen fallen müssen.

Ein Jahr darauf (25. November 1988) wird sie deutlicher: „...Gott bietet sich euch an. Er verschenkt sich an euch ..." Diese Wortwahl verweist in den Bereich der Mystik. Mystik ist u.a. gegeben, wenn die Liebe Gottes wahrnehmbar bis in das innerste Wesen des Menschen durchbricht, für den Menschen innerlich gewissermaßen „sichtbar" wird. Ein sehr sensibler Zustand, vergleichbar in der Politik mit einer Demokratie auf ganz hohem kulturellem Niveau, auf dem unentwegt Wachsamkeit, Sorgfalt, Rechtsstaatlichkeit, Bemühen um gesellschaftliches Gleichgewicht notwendig sind, wenn sie nicht kippen, zusammenbrechen und in blutigster Anarchie enden soll.

Der Libanon war Anfang der 60er Jahre ein kleines Paradies am Rande Europas. Ein ausgeklügeltes politisches System hielt die verschiedenen religiösen, kulturellen und politischen Gruppen im Gleichgewicht. Als sich die aus Jordanien Anfang der 70er Jahre vertriebenen Palästinenser dort niederließen, war das empfindliche System dem unter marxistischen Vorzeichen geballten Haß der Palästinenser gegen Israel nicht gewachsen. Der Libanon wurde in wenigen Jahren zur Hölle. In der Demokratie gibt es kein Ausruhen (im Gegensatz zu Diktaturen und staatlichen Planwirtschaften), sie kann sich Trägheit nicht leisten, sie muß hellhörig und wehrhaft bleiben, sie fordert ein Höchstmaß an Verantwortungsbewußtsein von allen Bürgern, zumindest von einer ausreichenden Mehrheit. Die Gesellschaften Osteuropas, die 1989 ihre autoritären Strukturen abschüttelten, mußten erst einen bitteren Lernprozeß durchmachen. Einige Staaten Afrikas haben Demokratie noch nach dreißig Jahren nicht gelernt.

Ähnlich (aber auch nur ähnlich) verhält es sich in der Mystik. Sie ist ständig vom Rückfall, von Selbsttäuschung, Selbstzufriedenheit, pseudomystischen Irrlichtern gefährdet. Sie muß sich ständig am Kreuz, am Opfer und an der Liebe korrigieren. Sie muß tief im Glauben verwurzelt bleiben. Im 20. Jahrhundert nannten sich brutale Herrschaftsstrukturen, totalitäre Gesellschaftssysteme zynisch Demokratien. Ein demokratisch erzogener, sensibilisierter Mensch durchschaut solche Manöver sofort. So auch im Bereich der Mystik. Seelisch lähmende und diesseitsverhaftete Modetrends tarnen sich als „Mystik". Der kreuzorientierte Mystiker reagiert darauf ohne Zögern mit Abneigung und Zurückweisung.

Die ‚Frau aus der Zukunft' fordert zum Auszug aus einer vermaterialisierten, versinnlichten Welt auf, zu einer Erneuerung des Christentums über die Suche nach der Erfahrung Gottes, ein schwieriges Unterfangen, weil es ein Aufbruch gegen die Schwerkraft des Gruppen- und Zivilisationsdruckes ist, jedoch auch ein Aufbruch gegen das zum Teil berechtigte Mißtrauen der Verantwortlichen in der Kirche, gegen innerkirchlich verhärtete Strukturen, gegen einen unbeweglichen Apparat. Elf Monate später (25. Oktober 89) empfiehlt die ‚Gospa', sich ausreichend Zeit zu nehmen, um durch Gebet in ‚Frieden und Demut' Gott dem Schöpfer zu begegnen. Risikoreiche Gratwanderung zwischen Himmel und Abgründen. Aber sie versichert: *„Ich bin bei euch."* Sie begleitet ihre Gefolgschaft, um sie zu lehren, ‚mit dem Herzen zu beten'.

Angepeilt wird also Leben aus dem Glauben mit Tiefenwirkung. Und das in einer Welt, für die Wohlstand, Technik, Selbstsicherheit zum „Goldenen Kalb" geworden sind, dem man bereit ist, die eigene Bestimmung zu opfern. Unter dem Blickwinkel der Ewigkeit geht es um Sein oder Nichtsein der Menschheit, um eine Menschheit, die in für uns unvorstellbaren Zeiträumen nicht einmal als Staubkorn der Erinnerung zurückbleibt und praktisch ins Nichts zurücksinkt, oder um eine Menschheit, die willens ist, einer gnadenhaften Berufung zu folgen, in das innergöttliche Leben einzusteigen und zu ebenfalls für uns unvorstellbaren Höhen aufzusteigen.

Lichtsäule

Eine weitere richtungweisende Einzelheit sind die Vorgänge um die ‚Lichtsäule'. In den ersten Jahren hat sich das gewaltige Betonkreuz auf dem Križevac gelegentlich in eine Lichtsäule, zuweilen gar in eine sich drehende Lichtsäule verwandelt, sichtbar für alle Menschen unten im Tal. Es existieren dokumentarische Videoaufnahmen, die es festgehalten haben. Gegenproben, die zwanzig Minuten später gemacht wurden und das Kreuz wieder klar und scharfkantig wiedergeben, liegen glücklicherweise auch vor. Auch in diesem Fall bietet sich ein Vergleich mit dem Exodusbericht an. Als der Pharao sich gezwungen sah, die Israeliten ziehen zu lassen, wählten sie nicht den Weg entlang der Küste, sondern brachen in Richtung Schilfmeer und der dahinter liegenden Wüste auf. Ein seltsames Phänomen wies ihnen den Weg. Wörtlich heißt es: „Der Herr zog vor ihnen her, bei Tag in einer Wolkensäule, um ihnen den Weg zu zeigen, bei Nacht in einer Feuersäule, um ihnen zu leuchten. So konnten sie Tag und Nacht unterwegs sein. Die Wolkensäule wich bei Tag nicht von der Spitze des Volkes, und die Feuersäule nicht bei Nacht" (Ex 13, 21).

Warum die dramatische Emigration der Hebräer aus Ägypten? Sie hatte mehreres zum Ziel. Das theologisch Wichtigste kann hier erst einmal ausgeklammert werden. Aber eines war u.a. die Identitätsfindung, sie sollten sich wieder bewußt werden, wer sie sind. Zwar besaßen sie sicherlich eine lebendige Stammestradition, wußten sich als Nachkommen Abrahams, pflegten die Erinnerung an ihren berühmten Vorfahren Josef, der von seinen Brüdern als Sklave nach Ägypten verkauft, nicht unterging, sondern Karriere machte und zu einem einflußreichen Politiker wurde. Während einer Hungerkatastrophe im Nahen Osten hatte er ihre Väter in das Nildelta geholt und sie dort angesiedelt. Der einbalsamierte Leichnam war noch so weit erhalten, daß sie ihn beim Auszug mitnehmen konnten. Mit zunehmendem Abstand zu den Zeiten dieses großen Staatsmannes waren sie jedoch in die Gefahr abgeglitten, in der höheren Zivilisation Ägyptens als Hebräer spurlos aufzugehen. Irgendwie muß in ihnen dennoch die dumpfe Ahnung eines besonderen geschichtlichen (heilsgeschichtlichen) Auftrages lebendig gewesen sein, so daß sie schließlich das Wagnis des Auszuges auf sich nahmen.

Es war ein Aufbruch in die Zukunft. Von den Auswirkungen her einer der bedeutendsten in der Geschichte der Menschheit. Viele Völkerwanderungen, viele Auszüge hat es in der sehr bewegten Geschichte des Menschen gegeben, aber keiner sollte solche geistigen und sittlichen Folgen für die ganze Menschheit haben wie diese. Die Wolken- bzw. Feuersäule war Orientierung in eine neue Zeit hinein. Es war nicht nur ein Bruch mit der Zivilisation, mit dem Staatsverständnis Ägyptens, sondern vor allem mit seiner Mythologie, von der sie bereits infiziert waren, was der Rückfall in der Wüste bald zeigen sollte, als sie nach der Statue eines goldenen Ministers (Goldenen Kalbes) riefen, in dem die ägyptische Denkweise für sie ihre Verdichtung fand. Eine Trotzreaktion gegenüber der sich abzeichnenden strengen Moral, die Moses im Begriff war, ihnen aufzuerlegen.

Ist es Zufall, daß ein katholischer Theologe und Psychologe wie Eugen Drewermann sich auch von der Mythologie Ägyptens faszinieren läßt? In einer kritischen Schrift zu den Gedanken Drewermanns fragt der heutige Bischof von Stuttgart-Rottenburg und ehemalige Professor in Tübingen: „Wieder geht es nicht um belanglose Detailfragen und Nichtigkeiten, sondern um die zentralste Frage des christlichen Glaubens: Was haltet ihr von Jesus Christus? Ist er Sohn Gottes? Ist er der eine und einzige Sohn Gottes, der eine und einzige Mittler, dem man den Pharao Ägyptens eben nicht an die Seite stellen kann?" Seine Kritik schließt er mit den Worten: „Ein postmoderner Psycho-Mythos jedoch kann der Weg des Christentums ins dritte Jahrtausend nicht sein."

Einige Modeideen im Christentum zeigen deutliche Parallelen zum Ab- und Rückfall der Israeliten in der Wüste. Die Lichtsäule auf dem Križevac legt die Überlegung nahe, daß es sich bei der Herausforderung von Medjugorje um die zentralste Frage des Christentums handelt, um das ‚Mysterium des Kreuzes', um das Mysterium des leidenden, menschgewordenen Gottes, der zu Nachfolge und Partnerschaft einlädt.

In Ägypten hätten die Hebräer ihrem historisch einmaligen Auftrag niemals nachkommen können. Der Satte findet sich schneller als er glaubt mit geistiger Versklavung ab. Mit Ägypten verloren sie wirtschaftliche und soziale Sicherheit, die sie innerhalb der Stammesgemeinschaft trotz aller Widrigkeiten auch am Nil besaßen. Derartige Risiken ist der Mensch zu keiner Zeit gern eingegangen. Als sich Ende 1989 für die Menschen in der ostdeutschen, sozialistischen DDR die Möglichkeit der Vereinigung mit der freien, wohlhabenden westdeutschen Bundesrepublik auftat, wollten viele in den Genuß der Vorteile dieser reichen Republik kommen. Die mühsamen Nachteile, persönliche Verantwortung, Risikobereitschaft, lehnten sie ab. Sie wollten soziale Absicherung für den letzten Verantwortungslosen. Das ist im Leben nicht möglich. Es kann für eine Gesellschaft sogar tödlich sein.

Die Lichtsäule beim Aufbruch aus Ägypten war für die Israeliten eine Garantie, daß der Auszug nicht ins Niemandsland führte, in eine Sackgasse, aber er entband sie nicht von der Mühsal des Risikos. Gott hilft jenen, die nicht bleiben wollen, was sie sind („Hilf dir selbst, dann hilft dir Gott", sagt ein altes Sprichwort). Wer Zukunft will, muß sich ändern, er muß kurzfristige, illusorische Sicherheiten aufgeben. Er darf seine Herkunft nicht aus den Augen verlieren, verdrängen, aber er muß abstreifen können, was ihm beim Betreten von Neuland hinderlich sein kann. In der Wüste sollte sich Israel wieder seiner Andersartigkeit bewußt werden, diese verinnerlichen, sich eine neue Gesetzgebung schaffen, eine neue, höhere Moral, neue Lebensformen, beweglich werden, zukunftsorientiert, auf Gott hin orientiert. Das Ägypten der Pharaonen gibt es seit zweitausend Jahren nicht mehr, die Juden, kreativ, beweglich, fortschrittsfähig, immer noch.

Verlorene Identität

Medjugorje ist die Aufforderung an Christen, zu ihrer Identität zurückzufinden. Sie ist ihnen weitgehend verlorengegangen. Nach dem Zweiten Vatikanum (1962-65) wurde viel über „Inkulturation" geredet und geschrieben. Darunter verstand man das Eintauchen des Evangeliums in eine Kultur, ohne diese zu vergewaltigen. Verkündigung darf nicht einhergehen mit der sanften oder rücksichtslosen Vermittlung der Kultur des Vermittelnden. Auf viele Völker wurde bei der Verkündigung auch die aggressive Zivilisation Europas übertragen. Eine unheilvolle Verzerrung. Aber es gibt „Inkulturation" unter umgekehrten Vorzeichen. Die Verkünder nehmen die Zivilisation der Angesprochenen an. Sie gehen in ihr unter. Das war im 20. Jahrhundert das Schicksal der Christen.

Gründlich pervertiert wurde hier und da das berühmte „aggiornamento" des Papstes Johannes XXIII. Anpassung an kulturelle Entgleisungen dürften dem heiligmäßigen Papst wahrhaftig nicht vorgeschwebt haben. Öffnung zur Welt war gemeint, aber Öffnung ist nicht Anpassung. Der Christ von heute muß sich, will er seinem Auftrag nachkommen, seiner Andersartigkeit bewußt sein, nicht um im Getto zu bleiben, sondern um sicher zu sein, vom Verkünder nicht zum Infizierten zu werden. Er hat anderes anzubieten, etwas „was die Welt nicht geben kann", und er muß sich dessen stets bewußt bleiben.

In einer Ansprache an deutsche Bischöfe betonte Johannes Paul II., man solle sich vor dem Wort „alternativ" nicht fürchten. Der Christ ist „Alternativer" besonderer Art, nicht Verneiner, nicht jemand, der sich verabschiedet, der „aussteigt", kein Aussteiger, sondern einsteigender Alternativer, einer, der um seine Andersartigkeit weiß, nicht um die Andersartigkeit von Kleidung oder anderer Äußerlichkeiten, sondern einer anspruchsvollen Geistigkeit. So taucht er in die Zivilisation ein. Er will sich nicht anpassen, er will durch Opfergeist und Liebe zur Nachfolge seiner selbst ermuntern, wie er selber in der Nachfolge eines Größeren steht.

Ein Auszug in die Wüste von Millionen, für hundert Millionen (so hoch wird die Zahl derer geschätzt, die sich von Medjugorje in der einen oder anderen Form angesprochen fühlen) ist nicht mehr möglich, wohl aber die „innere Emigration". Darunter versteht man in einem totalitären Staat die Entscheidung, sich aus dem öffentlichen, gesellschaftlichen Leben zurückzuziehen, in der scheinbaren Anonymität unterzutauchen, der Gleichgültigkeit, der Naivität geziehen, um sich selbst die eigene Identität zu bewahren. Das mußten Christen in den ersten 250 Jahren im „Römischen Imperium" auf sich nehmen. Sie sind in der „inneren Emigration" stark geworden, herangereift für die Ablösung der heidnischen antiken Kultur, für die Verantwortung in Freiheit. Die Lichtsäule auf dem Križevac ist Aufforderung und Orientierung zugleich. Diese Orientierung ist das Kreuz, das sich unter der Lichtsäule verbarg, das ‚Mysterium des Kreuzes', das Licht, das in die Zukunft weist.

Beobachter von Medjugorje stören sich oft daran, daß die Vorgänge sich über Jahre hinziehen. Ein Aspekt, der eher nachdenklich stimmen sollte. Die Erscheinungen von Lourdes (1858) und Fatima (1917) zogen sich immerhin auch ein halbes Jahr hin. Nicht gerade wenig. Die zeitliche Ausdehnung erlaubt einen weiteren Vergleich mit dem Exodus vor über dreitausend Jahren. Als die Israeliten sich dem Jordan von Osten her näherten, schreckten sie vor der Einnahme zurück. Sie fühlten sich für die Auseinandersetzung nicht vorbereitet. Sie wichen klagend aus, waren noch zu sehr geprägt von der statischen, unveränderlichen Ordnung Ägyptens. Verwöhnte Kinder sind nicht belastbar, verwöhnen ist auch bevormunden. Vierzig Jahre Wüstendasein erwiesen sich erst einmal als notwendig, um sie zu stählen. Eine neue Generation mußte heranwachsen, für die die „Fleischtöpfe" Ägyptens keine Versuchung mehr darstellten. Identitätsfindung ist ein langwieriger Prozeß. In Ägypten waren Staat, Königtum zum Götzen geworden. Die gesellschaftliche Ordnung geheiligt (sakralisiert). Davon galt es, sich innerlich zu lösen, zu befreien. Die Versklavung an ordnungspolitische Vorstellungen mit Ausschließlichkeitscharakter kann wie lähmendes Gift wirken. Der Mensch ist dem Ansturm neuer Ideen nicht immer gewachsen. Das tragische Schicksal der indianischen Kulturen, der Inkas, Azteken und Mayas in Mittel- und Südamerika an der Schwelle zur Neuzeit hat es gezeigt.

Der Christ unserer Tage steht gewaltigeren Mächten gegenüber: Wirtschaftsimperien, gigantischen technokratischen Strukturen, Wissenschaftsgläubigkeit, Medienherrschaft. Ihnen werden bedenkenlos menschliche Existenzen geopfert — physische und seelische, gleichgültig oder hilflos. Der Moloch Verkehr fordert auf der ganzen Welt jährlich mehrere hunderttausend Menschenopfer. Jeder weiß es, Politiker und schlichte Bürger, Ingenieure und Autoschlosser. Und alle nehmen es hin, ratlos.

Die Medienherrschaft bringt den seelischen Tod durch Verführung oder gesellschaftliche Auslöschung. Eine angsteinflößende, fast anonyme Medienmaschinerie, der jeder, absolut jeder zum Opfer fallen kann, Mächtige und „der kleine Mann" gleichermaßen. Sie hat ihre eigenen Gesetze. Sie zeigt, daß jede Freiheit ihr Gegenstück hat. Pressefreiheit, eines der höchsten Güter freiheitlicher Demokratien, kann zur Vernichtungsmaschine werden. Sie hat in den letzten Jahrzehnten im besten Glauben den Sturz böser Tyrannen bewirkt und dabei manchmal noch grausameren den Weg geebnet. Diese beiden Beispiele mögen genügen. Zahlreiche weitere wären zu nennen.

Von dieser ‚Zivilisation des Todes' gilt es, sich abzusetzen — durch ‚innere Emigration'. Deshalb die langjährige „Wüstenwanderung" von Medjugorje, in der ein neuer Mensch heranreift, unter freigewählten Entbehrungen, unter „Wüstenbedingungen" besonderer Art (strenges Fasten, Opfer, Buße, Verzicht auf Luxus, einfaches Leben), ein bedingungslos auf Gott, auf die Liebe orientierter Mensch. Der normale Christ, noch viel weniger der Taufscheinchrist, ist nicht in der Lage, den Dialog mit Vertretern, Befürwortern oder Dienern der neuen Zivilisationsgötter aufzunehmen, er wird zermahlen. Diskussionen im Fernsehen sind da sehr lehrreich. Die nicht selten zu beobachtende Hilflosigkeit am Christentum orientierter Teilnehmer tritt offen zutage. Der zynischen Ellbogengesellschaft ist nur der Mystiker gewachsen. Seine Souveränität kommt aus der Sicherheit, in der eigentlichen Realität verwurzelt zu sein und im Diesseits nur einer wie Rauch vergänglichen Wirklichkeit gegenüberzustehen. Einen Tag vor seinem Tode sagte mir mein Vater auf dem Sterbebett: „Alles war nur Rauch."

Sehender unter Blinden

In der Sendereihe des Zweiten Deutschen Fernsehens „Doppelpunkt" für Jugendliche stand im Dezember 1989 eine Folge unter dem Motto: „Lieber Gott — ich brauch' dich wieder." Thema war die neue Religiosität. Gegenüber saßen sich gläubige und ungläubige Jugendliche. Eine sehr fair geführte Aussprache. Die sich zum Glauben an Gott Bekennenden — das wurde bald klar — sprachen von einer Position der ‚Glaubenserfahrung'. Sie wirkten wie Wissende, strahlten Gelassenheit aus. Eine junge Frau (Mädchen), direkt darauf angesprochen, ob sie ‚Gott erfahren' habe, antwortete klar: „Ja. Gott ist Realität." Diese Erfahrung mache den Menschen, so erklärte sie, konflikt- und beziehungsfähiger. Die Hochachtung ihrer Gegenpartner war unverkennbar. Sie wurde sogar ausgesprochen. Früher war Reichtum begehrenswert, heute wissen viele junge, im Wohlstand großgewordene Menschen bewußt oder unbewußt um die Leere dieses Wohlstandes, dem sie direkt oder indirekt versklavt sind. Das ist die große Chance des Gläubigen, der das wahre Leben ‚erfahren hat', der ‚in der Gegenwart Gottes' lebt.

Der Mystiker ist wie ein Sehender unter Blinden. Er lebt in der eigentlichen Realität. Der Nichtmystiker ist wie ein Fisch im Aquarium. Das winzige Wasserbecken ist seine Welt. Er ist glücklich in ihr, er kennt keine andere. Er weiß nicht, daß es Seen, Meere, Ozeane gibt, er weiß nicht um Kontinente, um die Vielfalt von Säugetieren, die auf ihnen leben, um grüne Urwälder, ahnt nichts von Menschen, die nach den Sternen greifen. Er hat dafür keine Antenne. Durch die Scheiben seines Behälters sieht er schattenhafte Umrisse des Menschen, erschrickt vor ihnen, begreifen kann er sie nicht, er weiß nichts von weiterentwickelten hohen Lebensformen, versteht sie nicht.

So steht der Nichtmystiker dem Mystiker gegenüber. Der Mystiker weiß um diesen Unterschied, der Nichtmystiker weiß es nicht, er verharrt in künstlicher, satter, selbstzufriedener Isolierung. Aber der Mystiker lebt von der Hoffnung, eines Tages werde auch der „Fisch" — der Nichtmystiker — von der Gnade befähigt, dem Aquarium zu entsteigen, um den unendlichen, nicht mitteilbaren Reichtum einer anderen Welt zu erfahren, einzutauchen in das ,Mysterium der Liebe', in das beglückende Leben Gottes.

Ein Journalist erzählte in Medjugorje, er habe sich früher gegenüber der gelegentlichen Arroganz nichtgläubiger Kollegen verunsichert gefühlt, unter Minderwertigkeitskomplexen gelitten. Als er dort zu sich selber fand, als ihm Gotteserfahrung zuteil wurde, stellte sich innere Gelassenheit, Souveränität gegenüber dem eigenen Milieu ein, das oft von Zynismus geprägt ist. In der Welt von morgen wird man nicht mehr auf Christen hören, wohl aber auf christliche Mystiker, auf Gemeinschaften, die Zugang zu den unendlichen Räumen der Gotteserfahrung gefunden haben.

Mystiker haben ein gesundes, ungestörtes Verhältnis zur Welt. In der Politik könnten sie Großartiges leisten. Dag Hammarskjöld aus Schweden, von 1953 bis 1961 Generalsekretär der Vereinten Nationen, während einer Friedensmission im vom Bürgerkrieg geschüttelten jungen Zaire bei Ndola in Sambia durch Flugzeugabsturz ums Leben gekommen, war Mystiker. An seinem Grab in der Universitätsstadt Uppsala habe ich drei Jahre nach seinem Tode viele frische Blumen gesehen, die dort niedergelegt wurden. Seltsame Pietät für einen Politiker, dachte ich damals. Erst später erfuhr ich den wahren Grund für die Verehrung.

Mystiker sind gute Ökonomen. Von der großen Spanierin Teresa von Avila weiß man es. Sie wäre heute vielleicht Managerin eines Großkonzerns. Mutter Teresa von Kalkutta ist ein Beispiel aus unseren Tagen. Durch ihre Hände flossen Milllionen, im direkten oder im übertragenen Sinne, weil sie Abstand zum Geld hat und in absoluter persönlicher Armut lebt. Sie verwaltete gewissenhaft, was ihr nicht gehörte, sie managte im Dienste der Armen. Sie ist nicht allein.

In Kairo wurde die Französin Schwester Emanuell berühmt, ein reifes Leben im Dienste der Müllmenschen. Das sind die Leitbilder des Christen von morgen, der Verzicht inmitten einer Welt des Überflusses, das Schweigen im Meer von Diskussionen, von Streitgesprächen, öffentlicher Imagepflege, die Demut in den Arenen der Machtkämpfe, in Betrieben, Büros, Schulen, auf Theaterbühnen, in Parteien, Parlamenten und Vorstandsetagen internationaler Konzerne. In der Welt lebend und doch nicht von dieser Welt. Im Kleinen groß, im Verborgenen wissend, in den Augen der Welt meist ohne Einfluß und doch die Zukunft gestaltend. Dazu ruft die ‚Madonna' in Medjugorje auf.

Medjugorje ist der Exodus an der Schwelle zum dritten Jahrtausend, die Einladung, aufzubrechen, die trügerischen Sicherheiten hinter sich zu lassen, um Gott zu begegnen, Gott zu erfahren, die ‚Ewige Liebe', und so gewappnet, ‚in das Gelobte Land' (in die Zukunft) einzuziehen, in dem Milch (Leben) und Honig (Geist) fließen, in dem das Schicksal der Menschheit seiner Vollendung näher wäre.

* * *

VIII.

AUF DEM SCHACHBRETT
DER GESCHICHTE

Marienerscheinungen haben für Menschen unserer Zeit etwas Irritierendes. Zu sehr stehen sie im Widerspruch zu den Grundregeln des modernen Denkens. Was sich nicht mit Instrumenten überprüfen läßt, was im Experiment nicht wiederholbar ist, was Vorstellungskraft und Erfahrungshorizont übersteigt, damit ist die Vernunft nicht auszusöhnen, obwohl das Gehirn sich in den letzten Jahren mit vielen Dingen abfinden mußte, die gerade sein Denken verändern werden. Auf der anderen Seite werden viele Menschen von der geheimnisvollen Aktivität dieser ‚Frau', die aus einer anderen Dimension kommt, angezogen. Daran mag das unterschwellige Gefühl schuld sein, daß der Kosmos, wie gewaltig er sich im Augenblick auch vor unseren Augen ausdehnen mag, mit Milliarden von Galaxien und schier unfaßbaren Räumen nicht alles sein kann. Jenseits der kosmischen Weite, jenseits aller Materie muß es andere Welten geben, in anderen Dimensionen vielleicht, nach anderen Gesetzen geformt, die alles Vorstellbare übersteigen, ob man ihre Natur nun geistig, antimateriell oder anders nennen mag.

Der Mensch bleibt ein tragisches Wesen. Er hat keine wirkliche Vorstellung von Unendlichkeit, von Ewigkeit. Der Mensch weiß nicht einmal annähernd, was Gott ist, und doch macht ihn das Göttliche ruhelos, so ruhelos, daß er immer wieder der Versuchung verfällt, es sich zu schaffen, mehr noch, sich selbst zu vergotten, mit den stets gleichbleibenden Konsequenzen für die betroffenen Generationen. Da gewinnen Marienerscheinungen die Funktion eines Brückenkopfes in Welten jenseits unserer Welt, ein Brückenkopf, der den Blick magisch an sich zieht. Erstaunlicherweise in immer größerem Maße.

Bei einer Jubiläumsfeier in Fatima in den 60er Jahren wollen Journalisten in der riesigen Menschenmenge zufällig den berühmten sowjetischen Dichter Jewgenij Jewtuschenko entdeckt haben. Über die dortigen Ereignisse im Jahre 1917 in der Sowjetunion zu sprechen, war in jenen Jahren gefahrvoll, für die herrschende Partei im wahrsten Sinne des Wortes ein „rotes Tuch". Dennoch richteten sich die Augen der

Menschen zuweilen nach Portugal, wo nicht nur der Beginn, sondern auch das Ende ihrer Leiden, der Vergewaltigung des Gewissens vorausgesagt worden war. Der wissenschaftliche Materialismus bedeutete seelische Folter, die ‚Frau von Fatima' Hoffnung für Gebildete und Ungebildete.

Eine Serie

Im Laufe der Jahrhunderte wurden Marienerscheinungen immer wieder registriert. Die erste, schriftlich belegte reicht bis in das dritte Jahrhundert n. Chr. Sie wird Bischof Gregor (213-270) aus Neocäsarea in der heutigen Nordtürkei zugeschrieben. Seit 150 Jahren erfolgen sie häufiger. Das Gewicht der vorgetragenen Anliegen nimmt zu.

Der Auftakt zu dieser Serie markanter Erscheinungen fand im Jahre 1830 in einer Klosterkapelle in der Rue du Bac in Paris statt. Am 19. Juli schaute die junge Ordensschwester Katharina Labouré (1806-76) die ‚Madonna' auf einer Weltkugel stehend. Von den Ringen an ihren Fingern gingen wunderbare Strahlen aus. „Gott will dich mit einer Sendung beauftragen", sagte sie der Schwester und deutete auf den Tabernakel, auf das Glaubensgeheimnis der Eucharistie. Um die Gestalt der Madonna bildete sich in ovaler Form eine Inschrift, so, als wolle der Himmel sie der Menschheit vorstellen: „... ohne Makel der Erbsünde empfangen..." Die Inschrift war länger, aber für unsere Betrachtung kommt es auf diese Aussage an.

In einem Jahrhundert, in dem der Mensch sich gedanklich darauf vorbereitete, Gott abzusetzen, mit anderen Worten, die größte aller Sünden zu begehen — im 20. Jahrhundert schuf er sich dafür die notwendigen politischen Systeme —, erscheint der erste voll erlöste Mensch, der Mensch ohne Sünde, und verweist auf Gott. Mehr noch, mit einer Handgeste erinnert er an die Menschwerdung Gottes, an das Eintauchen des Schöpfers in seine Schöpfung. Sie macht deutlich, was Zeitgenossen damals noch nicht sehen konnten, daß nämlich der Himmel nicht bereit war, tatenlos zuzusehen, wie die Menschheit an der Spitze der Schöpfung Vorbereitungen traf, sich von ihrem Ursprung zu lösen.

Die größten Atheisten Feuerbach, Marx, Engels, Nietzsche, Lenin fanden keinen schlafenden, sondern einen hellwachen Gott vor, der nicht bereit war, sich in der Auseinandersetzung mit dem Widersacher um sein Schöpfungswerk bringen zu lassen. Auf dem Spielbrett des dramatischen Ringens plazierte er bereits die ‚Frau‘, deren vorbehaltloses Ja im Glauben inzwischen unwiderruflich geworden war. Der Kampf um ein Welt- und Menschenbild nach den Vorstellungen des Menschen nahm seinen Anfang. „Eine tragische Utopie", wie Papst Johannes Paul II. bei seiner Ankunft auf dem Flughafen in Prag am 21. April 1990 betonte.

Am 19. September 1846 fordert die Madonna in La Salette in den südfranzösischen Alpen über das 15jährige Mädchen Melanie Calvet und den 11jährigen Maximin Giraud in einer großen Botschaft zu Umkehr auf. Am 25. März 1858 festigt sie ihre Autorität vor der Welt, indem sie sich gegenüber dem Mädchen Bernadette Soubirous als ‚Unbefleckte Empfängnis‘ ausgibt. Dann tritt fast 60 Jahre Funkstille ein, so, als ob sich die Nachricht von ihrem Erscheinen im Bewußtsein der Menschen, vor allem der Christen, erst setzen und festigen müßte.

Am 13. Mai 1917 meldet sie sich in Fatima und liefert Beweise für die fürsorgende Lenkung der Welt durch den Schöpfer. Sie fordert — die furchtbaren Prüfungen vor ihren Augen, die der ganzen Menschheit bevorstehen — Bereitschaft zum Opfer und erinnert an die Grundwahrheiten des Glaubens. 1933, als der Nationalsozialismus sich anschickt, einen Totalanspruch auf den Menschen anzumelden, erscheint sie an den Grenzen zum Deutschen Reich, im belgischen Banneux, der zwölfjährigen Mariette Beco, um, wie sie sagt, „Leid zu lindern". Sie nennt sich ‚Jungfrau der Armen’. Arm sollte tatsächlich bald fast das ganze Europa werden, vom Atlantik bis zum Kaukasus, ein Kontinent der Schlachtfelder, zerstörter Städte, ausgebluteter Völker, gejagter, vertriebener Nationen, vergaster, gequälter Menschen, vergewaltigter Frauen, getretener, geschundener Kinder.

Danach — von nicht anerkannten Erscheinungen abgesehen — wieder eine fast 50jährige Pause. Mag sein, daß spätere Zeiten bei neuer Gewichtung und unter Berücksichtigung heute kirchlich noch nicht bestätigter Ereignisse um die ‚Frau aus der Ewigkeit‘ die Akzente etwas anders setzen werden. Die große Linie dürfte stimmen. Derzeit erweckt ein Überblick über die letzten 150 Jahre den Eindruck, das alles laufe auf Medjugorje hinaus. Es ist Schlußakt und Neuanfang zugleich, wie einst die große Büßergestalt Johannes der Täufer, der noch im Alten Bund verwurzelt war, aber den neuen schon ankündigte.

Schlußakt und Neubeginn

Sehr viel bei der Beurteilung von Medjugorje hängt vom Denkansatz ab, davon, ob man die dortigen Ereignisse unter dem Gesichtspunkt des ‚Endes' oder des ‚Anfangs' betrachtet. Bei der dem Menschen anhaftenden Zukunftsangst — mit verschiedenen Abstufungen hat es sie immer gegeben — neigt er eher zu Katastrophenstimmungen, immer ein Ende mit Schrecken im Sinn. Nach kurzen Phasen historischer Euphorie, des Überschwangs, eines politischen, religiösen, weltanschaulichen Frühlings, folgt meist ein langer Katzenjammer. Unheilpropheten sind stets gefragt, können aufnahmewilliger Zuhörerkreise sicher sein. Angst kann man auch genießen. Mit Angst kann man erpressen. Kinder ihre Eltern, Eltern ihre Kinder, Regierende die Regierten und Regierte die Regierenden. Die angstfreie Gesellschaft gibt es nicht, es hat sie nie gegeben. Mit Angst lassen sich große Geschäfte machen. Als der Paderborner Theologe und Psychologe Eugen Drewermann die Angst zum Ausgangspunkt einiger seiner Überlegungen machte, konnte er mit einem großen Leserkreis rechnen.

Auch rund um Medjugorje mangelt es nicht an Leuten, die den Erscheinungen apokalyptische Aspekte unterstellen möchten. Die Ausführungen selbsternannter Pilger- und Reiseführer liefern dazu hinreichend abschreckendes Material. Auch Druckerzeugnisse in Millionenauflagen, vor allem in den Vereinigten Staaten, schwelgen gern in rätselhaft düsteren Vorahnungen. Eine der von der ‚Gospa' gestellten Bedingungen für die Aufnahme in den großen (Jelena-) Gebetskreis ist jedoch die Bereitschaft, jede Angst abzulegen. Der Himmel flößt nicht Angst ein, er schenkt Zuversicht. Als vor zweitausend Jahren der Bote des Ewigen vor das Mädchen Mirjam trat, sagte er: „Fürchte dich nicht!" Und der Auferstandene überraschte seine Jünger mit der Aufforderung: „Fürchtet euch nicht!" Medjugorje steht im Zeichen eines großen Anfangs, nicht des Endes.

Nicht zu übersehen ist, daß die ‚Selige Jungfrau' im Juni 1981 mit keinem Wort auf ihr Erscheinen in Fatima eingeht. Nach menschlichem Ermessen hätte sie, wie es jeder Pädagoge tun würde, allein um größerer Aufmerksamkeit sicher zu sein, darauf hinweisen können, wie blutig ihre damaligen Warnungen Wirklichkeit geworden sind. Kommunismus und

Staatsatheismus befanden sich auf der Höhe ihres Triumphzuges. Viele Völker stöhnten unter marxistischen Regimen. Aber darüber kein Wort. Der Himmel hat seinen eigenen, ganz anderen Stil. Das Kapitel ist für sie abgeschlossen, obwohl sich äußerlich noch kein Zusammenbruch anbahnt. Sie weiß um ihn. Sie ist auf Zukunft ausgerichtet, auf neue Herausforderungen.

In der Reihe von großen Botschaften, die sie an die Menschheit zu richten hat, ist sie selbst auch eine Botschaft. Das wurde bereits 1830 in der »Rue du Bac« in Paris sichtbar. Indem der Himmel sie der Menschheit präsentiert, zeigt er den Grund für alle Hoffnungen. *„Gott hat mir erlaubt zu kommen"* ist eine mehrfach wiederkehrende Bemerkung. Sie, die geglaubt, gehofft, bedingungslos geliebt hat, ist die ‚endgültig Selige‘, ist verwirklichte Utopie. Als Jelena sie einmal nach den Ursachen ihrer Schönheit fragte, gab sie zur Antwort: *„Weil ich liebe. Wollt ihr schön sein, dann liebt!"* Das läßt sich auf das gesamte menschliche Dasein ausdehnen. Wollt ihr selig sein, wollt ihr eine Welt in Harmonie und Schönheit, dann liebt!

Johannes Paul II. war noch nicht lange im Amt, da nannte man ihn schon den „Papst zum Anfassen". In Medjugorje offenbart sich der Welt eine ‚Madonna zum Anfassen‘. Das ist nicht mehr die ‚schöne Dame‘ von Lourdes, wie sie Bernadette Soubirous nannte, auch nicht die ‚Dame ganz in Weiß‘, die ‚weiße Dame‘ von Fatima. In Medjugorje durften Menschen sie schon in den ersten Tagen tatsächlich berühren. Sie zeigt sich ganz nah als die voll geglückte göttliche Alternative zum ‚Herrenmenschen‘, zum utopischen kommunistischen Menschen von Marx, Engels und Lenin. Sie ist der Mensch nach den Vorstellungen des Schöpfers. Johannes Paul II., Karol Wojtyla, versteht sich als ihr Diener, ohne „Wenn und Aber". „Totus tuus — ganz dein" —, heißt es in seinem Wappen. Besser kann moderner Anschauungsunterricht nicht sein. Es ist ein Bekenntnis zum eigentlichen Humanismus, zum Menschen nach den Träumen Gottes.

Von zeichenhafter Bedeutung ist auch die Tatsache, daß es ein kleines Volk ist, das ausersehen wurde, Sprungbrett für die Erneuerung zu sein, die alle Völker im Auge hat. Knapp fünf Millionen Menschen, weltweit knapp acht Millionen sind es, die sich Kroaten nennen. Ihre Sprache, die den Wohlklang des Italienischen mit dem des Russischen verbindet, gehört zu den schönsten der Welt und ist doch kaum bekannt. Ich lese sie mit großem Genuß, nicht, weil sie mir Zugang zu den Menschen von

Medjugorje ermöglicht hat, sondern um ihrer selbst willen. Wo der Schöpfer zu neuen Etappen der Entwicklung des Heils ansetzt, wählt er immer das Kleine. Hebräer waren es, ein kleiner Wüstenstamm, der berufen wurde, die Grundlagen sittlicher Normen für die ganze Menschheit in Empfang zu nehmen. Auf ein kleines unscheinbares Mädchen in Nazareth fiel die Wahl, der Welt den Gottmenschen zu bringen.

Ein kleines Volk ist es, das kroatische, das nicht einmal einen eigenen Staat besitzt, dazu verurteilt, auf Gedeih und Verderb um ein friedliches Zusammenleben mit anderen Völkern, anderen Kulturen, anderen Religionen zu ringen, ein kleines Volk ist es also, das an der Schwelle zum dritten Jahrtausend zum Ausgangspunkt eines Neubeginns geworden ist. Das Kleine deutet auf die Größe des Auftrags. Vor über einem Jahrtausend kamen sie von den Abhängen der Tatra und siedelten sich an der Adriaküste an. In der Tatra stand auch die Wiege Karol Wojtylas, der einmal als Hirte „aus einem fernen Land" — wie er es kurz nach seiner Wahl vom Balkon des Petersdomes nannte — der ganzen Kirche die ‚Frau unter dem Kreuze' vor Augen stellen, die Augen der Welt wieder auf das Kreuz lenken sollte. Er tat es in der Stunde der Amtseinführung, als er es mit beiden Händen haltend hocherhoben der Welt zeigte. Und er zeigte es der Welt, in einer Blutlache liegend, den Tod vor Augen, selber ein Gegeißelter, ein für das Kreuz Bestimmter. Noch war die Blässe nicht aus seinem Gesicht gewichen, noch die ganze Gestalt vom Leiden gezeichnet, da kam von kroatischer Erde die Bestätigung durch jene ‚Frau', der sein Leben gehört. Weinend stand sie am dritten Tag ihres Eintrittes in unsere Welt in Medjugorje vor dem Kreuze. Auf Schwache fällt die Wahl, auf jene, die am Boden liegen, scheinbar hilflos, um der Menschheit den Weg zu ihrer Befreiung zu weisen.

Das Neue ist es, das sie im Auge hat. Fortschritt gibt es nur unter dem Kreuz. Zum Auftakt der dritten Phase, der Monatsbotschaften, hebt sie es dreimal hervor, dreimal betont sie den Aspekt des Neuen. Einladung zu neuen Ufern. Zuerst am 25. Januar 1987: *„Seht, heute möchte ich euch einladen, daß ihr alle von heute an das neue Leben zu leben beginnt. ... Ich möchte, daß ihr begreift, daß Gott jeden von euch auserwählt hat, um ihn für den großen Erlösungsplan der Menschheit einzusetzen. Ihr könnt nicht erkennen, wie groß eure Bedeutung im Heilsplane Gottes ist. Deshalb betet! ..."* Ein Plan bedeutet immer etwas Neues. Altes plant man nicht, Altes gräbt man aus.

Einen Monat später empfiehlt sie, einen Strich unter die Vergangenheit zu ziehen, was ganz im Gegensatz zur politischen, gesellschaftlichen ‚Vergangenheitsbewältigung' in vielen Ländern steht, eine Bewältigung der Vergangenheit, die zur Sucht ausgeartet ist, weil sie nicht echter Wahrheitsfindung dient, weil sie das Übel menschlicher Fehlentwicklungen nicht an der Wurzel erkennt, sondern Schuld und Versagen auf andere Menschen, auf Sündenböcke abzuladen sucht. Der versagende Mensch von gestern soll ausgelöscht werden. Übermorgen erwartet den Auslöschenden das gleiche Schicksal unter veränderten Vorzeichen. Auf diese Weise hätte im Urchristentum aus Saulus, der zum Mord gegen Stephanus angestiftet hatte, nie ein Paulus werden können. Die ‚Frau von Medjugorje' geht einen anderen Weg: *„... Ich bitte euch, gebt dem Herrn all eure Vergangenheit, all das Böse, das in euren Herzen sich angehäuft hat ... im Gebet werdet ihr den neuen Weg der Freude erkennen ..."* Wahrhaftig, unendlich viel an Bösem hat sich in den letzten Jahrhunderten in den Seelen der Völker angehäuft. Sie sollen den Mut finden, einen Schlußstrich zu ziehen, indem sie es in die Hände des gerechten, aber barmherzigen Gottes legen. *„Übergebt euch Gott",* ermuntert sie am 25. Juni 1988. *„Er wird euch heilen und trösten, all das verzeihen, was in euch ein Hindernis auf dem Weg der Liebe ist."*

Im Mai 1987 folgt ein Hinweis auf die Natur des Neuen: *„... Ich lade euch ein, damit anzufangen, die Liebe Gottes zu leben ..., sich für Gott und gegen Satan zu entscheiden, und zwar ganz bewußt ... Ich möchte, daß jeder von euch (schon) hier auf Erden glücklich sei ..."* Das Neue an der Schwelle zum 21. Jahrhundert besteht darin, nicht Haß (Klassenhaß), nicht Hochmut (Herrenmenschentum), sondern die Liebe zum Grundprinzip des Lebens zu erheben, die »Zivilisation der Liebe« anzupeilen. Es besteht darin, sich für Gott, gegen alle tragischen (satanischen) Utopien zu entscheiden. Wie ein Schwur soll diese Entscheidung sein, „ganz bewußt".

Sie vergißt nicht hinzuzufügen, daß das Auswirkungen nicht erst einst, nicht erst in der Ewigkeit haben soll, sondern hier im Diesseits. Das Glück des Menschen soll hier auf Erden beginnen. Alte Formen zerbrechen, Ideologien haben sich als tödliche Illusionen herausgestellt. Viele Menschen sind der Verzweiflung nahe, haben keinen Halt mehr. Die ‚Selige Jungfrau' will lehren, am Wesentlichen Halt zu suchen, sich am Opfer, am Kreuz zu orientieren, von dort die Maßstäbe des Handelns zu beziehen, nicht an Wahnbildern, nicht an der Vision eines Schlaraffenlandes sinnlicher oder intellektueller Natur, sondern an Gott, an der Liebe, am Schöpfer, der die Liebe ist.

Ein Blick über die Entwicklung von Medjugorje läßt das Abgeschlossene vermissen. Es ist, als sollte der Mensch darauf hingewiesen werden, sich zu öffnen, zur Ewigkeit hin aufgeschlossen zu bleiben. Das haben Kirchen und Christen oft vergessen. Aufgeschlossen gegenüber dem Neuen heißt nicht gegenüber dem Modernen, sondern gegenüber der Unendlichkeit Gottes, die immer wieder auf uns zukommt. Daran zu erinnern, wird die Gospa nicht müde. Am 25. Juli 87 ermutigt sie: *„Ich bitte euch, von heute an auf dem Weg der Heiligkeit voranzuschreiten. ... Richtet die Aufmerksamkeit nicht auf die kleinen Dinge. Strebt nach dem Himmel* (nach der Ewigkeit, nach der Unendlichkeit)." Offen bleiben kann allerdings nur der, der betet. *„Wenn ihr nicht betet, werdet ihr nicht fähig sein, meine Liebe und Gottes Pläne ... kennenzulernen"* (25. November 87).

Korrektur und Ausblick

Die Botschaft von Medjugorje ist nicht nur Gegenposition zu allen Versuchen der Selbsterlösung der Menschheit. Sie greift weiter. Sie ist Abkehr von dem Versuch, Gott zu erklären, ihn der Vernunft ‚schmackhaft' zu machen. Zu den größten Denkern der letzten Jahrhunderte zählt man Georg W. F. Hegel (1770-1831). Er war weder Materialist noch Atheist, er war Idealist. Er suchte nach einem Weg, Gott und die Wirklichkeit auf eine Formel zu bringen. Er fand sie: Der Unendliche ist handelndes Ich! Philosophen sagen es wie immer sehr gelehrt: Der Absolute ist Subjekt! Es klingt einfach und einleuchtend. Gott wird nicht geleugnet, er ist kein Gott, der selig vor sich hindämmert und die Welt sich selbst überläßt. Er handelt. Die Wirklichkeit — so meinte Hegel — ist Selbstentfaltung des Geistes. Heute würde er vielleicht sagen: Selbstverwirklichung des Geistes. Man friert, wenn man es liest. Hegel ergänzte seine Vorstellung von Gott und der Welt mit dem ‚Gesetz der Bewegung'. Alle Wirklichkeit fordert demnach Widerspruch heraus. Daraus, aus beidem, entsteht dann ein Drittes, eine neue Wirklichkeit. Und so fort.

Beide Gedanken griffen die Weltrevolutionäre des 19. und 20. Jahrhunderts auf, um gegen alles und gegen jeden Widerspruch anzumelden. Aber sie schufen nichts Neues, sie bewirkten Verwüstung und Stillstand. An die Stelle des ‚Unendlichen‘ setzte Marx den Menschen, das Selbstbewußtsein. Selbstbewußtsein ist handelndes Ich. Gott war abgesetzt. Und da im Sinne Hegels jeder Wirklichkeit widersprochen werden muß, damit Besseres entstehe, widersprach man allem, was bisher gegolten hat, allen Wertordnungen. Die Ergebnisse dieser Gedankenspiele kennen wir. Rückfall in Wirtschaft, Forschung und Technik. Radikalen Linken in Kambodscha und in Westeuropa schwebte sogar eine Rückkehr in die Steinzeit vor.

Die ‚Frau aus der Zukunft‘ lenkt das Denken auf ganz andere Gleise: *„Ihr könnt euch gar nicht vorstellen, wie mächtig Gott ist",* sagte sie am 3. Februar 84 zu den Jugendlichen. Sie sagte nicht, ‚wie groß‘, sondern ‚wie mächtig‘. Mit anderen Worten, jeder Versuch, ihn in irgendein Schema zu zwingen, wird ihm nicht einmal annähernd gerecht. Laßt davon ab, ihn auf eure Weise zu erklären! Wie immer korrigiert sie nicht nur, sondern eröffnet Ausblicke. Nicht alle Menschen, nicht alle Denker sind in die Irre gegangen.

Durch die Botschaften von Medjugorje wird ein Mann aufgewertet, der bereits zweihundert Jahre vor Hegel den richtigen Weg eingeschlagen hatte: Juan de Yepes (1542-99), später Juan de la Cruz, Johannes vom Kreuz genannt, der spanische Mystiker, ein ‚von Gott Besessener‘. Johannes hat Gott als den ‚ganz Anderen‘ entdeckt, als die ‚Absolute Liebe‘. Weil Hegel diese Erkenntnis versagt blieb, war sein Lebenswerk mit einem Handstrich in den Dienst einer Welt zu stellen, die das Gegenteil von dem verkörperte, was er vertrat. Für Hegel war Gott eine schöpferische Kraft, ein ‚männliches Prinzip‘, für Johannes vom Kreuz ‚die Liebe‘, ein ‚weibliches Prinzip‘. Der Männlichkeitswahn der letzten Jahrhunderte hat blutige Spuren hinterlassen. Gott setzt in Medjugorje einen Punkt: das Mädchen Mirjam, die ‚Frau‘, die Frau aller Frauen. Gott ist nicht nur Vater, er ist auch Mutter. Er führt es der Menschheit vor Augen, an einem Scheideweg der Menschheitsgeschichte läßt er eine fürsorgende ‚Frau‘ in diese Geschichte massiv eingreifen und sie immer wieder sagen: „Gott ist die Liebe, das ‚ewige Mysterium der Liebe‘. Öffnet euch dieser unendlichen Liebe. Laßt sie voll in die Schöpfung, in jeden von euch einfließen. Eure ganze Existenz wird sich in Freude, in tiefes Glück verwandeln, mehr und mehr, eine ganze Ewigkeit hindurch."

Eine bessere, schönere, kompetentere Bestätigung konnte Juan de la Cruz, dem Dichterfürsten Spaniens, nach Jahrhunderten nicht widerfahren.

Erste Nacht

Auf diesem Wege zu einer Welt, die sich nach dem ‚Prinzip Liebe' entwickelt, steht den Christen ein Läuterungsprozeß bevor. Nicht nur Christen, vielleicht der ganzen Menschheit. Um das zu verstehen, ist ein Rückgriff auf Grundgesetze der Mystik notwendig, wie sie gerade Johannes vom Kreuz entdeckt hat. Wer sich bedingungslos für Gott entscheidet, dem stehen zwei schwere Krisen ins Haus. Es sind ‚Entzugskuren'. Juan de Yepes nannte sie ‚Nacht', erst die ‚Nacht der Sinne', anschließend die ‚Nacht des Geistes'. Nacht wohl deshalb, weil der Mensch frustriert wird wie das Auge in schwärzester Dunkelheit. Entziehungskuren sind immer schmerzlich. Alkoholiker, Drogensüchtige, Sexbesessene wissen um die Qualen des Versuchs, von ihren Abhängigkeiten loszukommen. Die leichteste Entziehungskur ist das Fasten, die erträglichste ‚Nacht' für die Neigung des Menschen zum Genuß.

In der Sprache des heutigen Menschen geht es um die Loslösung vom ‚Lustprinzip'. Die gesamte gesellschaftliche Atmosphäre wird von diesem Prinzip, vom ‚Recht auf Lust' bestimmt. In Werbung, Kunst, Politik hat es sich als Forderung eine Spitzenposition erobert, dem sich alles unterzuordnen hat. Der Ruf nach Selbstverwirklichung ist getarnte Sucht nach Lustverwirklichung. Liebe und Lust sind aber miteinander unvereinbar. Liebe setzt Opferbereitschaft voraus, Fähigkeit zum Verzicht, den Reifegrad, sich um des andern willen zu vergessen. In der lustorientierten Gesellschaft muß die Liebe unter die Räder kommen. Zuerst wird sie pervertiert, verformt, schließlich zynisch über Bord geworfen. Je irregeleiteter der Wohlstand, um so mehr werden sich Christen, die Kirchen in einer solchen Gesellschaft entäußern müssen. Wer sich für die Liebe entscheidet, für das ‚Mysterium der Liebe', entscheidet sich gegen das Lustprinzip.

„Ihr seid euch nicht bewußt" — heißt es am 25. März 88 —, *„mit wieviel Liebe Gott euch liebt. Deshalb erlaubt er mir, mit euch zu sein, euch zu belehren und euch zu helfen, den Weg des Friedens zu finden. Aber*

diesen Weg könnt ihr nicht erkennen, wenn ihr nicht betet. Darum löst euch von allem ... Vergeßt nicht, daß euer Leben vergänglich ist wie eine Frühlingsblume, die heute wunderschön ist und von der man morgen nichts weiß. Deshalb betet so, daß euer Gebet und eure Hingabe an Gott wie Wegweiser stehen bleiben ..." Ein Jahr darauf wiederholt sie (25. April 89): „*... Alles, was ihr besitzt, soll in Gottes Händen sein ...*" In Gottes Händen also, nicht in des Menschen Hand. Im Mai 89 fügt sie hinzu: „*... Entscheidet euch ernsthaft für Gott, denn alles andere (z.B. was Lust bereitet — Anm. d. Verf.) ist vergänglich ...*" Die Pädagogik der ‚Gospa‘ verblüfft immer wieder. Stets beginnt sie mit kleinen Schritten. Am Anfang stand das Fasten, die Buße, ein paar Jahre später heißt es: Löst euch von allem!

Mystik hat immer auf die Gesellschaft abgefärbt, auf Politik, Wirtschaft und Kunst. Mystiker wie Bernhard von Clairvaux, Hildegard von Bingen, Teresa von Avila haben sich nicht zurückgehalten, wenn es um handfeste, wirtschaftliche Entscheidungen, um politische und kirchenpolitische Konflikte ging. Sie stehen mit beiden Füßen auf dem Boden der Wirklichkeit. Die Wirklichkeit, jede Wirklichkeit ist für sie Gottes Wirklichkeit. Sollten wir tatsächlich an der Schwelle zu einem neuen Zeitalter der Mystik stehen, wird die politische Landschaft von morgen eine andere sein, Kunst und Wissenschaft dürften vor revolutionären Umbrüchen stehen. Der Lebensstil ganzer Gesellschaften könnte sich verändern. „Es geht nicht nur um die Erneuerung einer Gemeinde, eines Bistums, eines Landes — auch wenn diese im Herzen Europas liegen sollten —", rief Pater Jozo Zovko am 1. Mai 1990 einer Pilgergruppe aus Fulda (Deutschland) zu, „es geht um die Erneuerung der ganzen Menschheit."

Zweite Nacht

Die zweite ‚Nacht‘ in der Mystik, die ‚Nacht des Geistes‘, ist die weitaus qualvollere. Der Geist, das Ich, muß sich entäußern, von Lieblingsideen lösen, die zu fixen Ideen geworden sind, zu Ideologien. Der Mensch muß von sich selbst befreit werden, von geistiger Verkrampfung, von jeder Form pharisäischer Selbsttäuschung. Der Selbstbetrug ist jener innerseelische Mechanismus, den der Mensch bis zur Perfektion entwickelt hat.

In der ‚Nacht des Geistes‘ wird er von den subtilsten Formen der Ichsucht geläutert, die sich als selbstlose Hingabe tarnt. In den Vereinigten Staaten haben tiefenseelische Untersuchungen bei Alkoholentzugskuren entlarvt, daß manche Betreuer ihre Patienten unterschwellig nicht befreien, sondern in ständiger Abhängigkeit erhalten wollen. Machtanspruch wird als Betreuung getarnt. Ein exzellenter Arzt hat nach erreichtem Ruhestand zugegeben, daß ein heimlicher Hang zum Sadismus ihn zum Chirurgen werden ließ. In der ‚Nacht‘ soll der Ringende von aller Sehnsucht nach Anerkennung in dieser Welt freikommen, und sei sie noch so geschickt verschleiert. Darauf zielte die Gospa am 25. Juni 88 ab: „... *Bittet Gott, daß er euch zu Hilfe kommt, aber nicht nach euren Wünschen, sondern seiner Liebe entsprechend ..., so kann Gott euer Leben formen, und ihr werdet in der Liebe wachsen ...*“

Der Kirche steht in der Läuterungskrise die Selbstentäußerung bevor. Ein langer und sehr bitterer Weg, eine lange ‚Nacht des Geistes‘. Sie hat bedeutende Geschichtsphasen, etwa im 16. oder im 19. Jahrhundert, verpaßt, weil sie narzißtisch um sich selbst kreiste. Bis in liturgische Texte hinein gehen bisweilen Spuren der Selbstbespiegelung. Gefragt ist die totale Verfügbarkeit gegenüber Gott und gegenüber dem leidenden Menschen, in leidenden Gesellschaften. Seit den 60er Jahren konnten durch großangelegte Initiativen wie ‚Misereor‘, ‚Adveniat‘ und das Missionswerk steigende Summen aufgebracht, viele Investitionen in der Dritten Welt getätigt werden. Die Gotteshäuser im Geberland dagegen wurden leerer, Ordensgemeinschaften verkümmerten, der Priesternachwuchs ging rapide zurück. Die Anwesenheit bei Sterbenden, die ihre größte Stunde zu bestehen haben, ist eine Seltenheit geworden. Priesterlicher Beistand wird kaum noch in Erwägung gezogen. Das eine verliert ohne das andere seinen Sinn, seine evangelische Ausrichtung. Wer materielle Armut gegen seelische eintauscht — sagte dem Autor einmal eine indische Ordensschwester —, betrügt Gott, die Welt und sich selbst.

Wiederholt sich da nicht jene schreckliche Tragödie der vorreformatorischen Zeit, die schließlich in der Glaubensspaltung endete? Der Werbespot ‚Wenn das Geld im Kasten klingt, die Seele in den Himmel springt‘ wurde Martin Luther zum Ärgernis. Auch in der zweiten Hälfte des 20. Jahrhunderts klang das Geld großzügig in Sammelbüchsen und auf Kollektentellern, nicht — wie damals — um einen zweiten Petersdom hochzuziehen, sondern das soziale Gewissen zu beruhigen, um sich nicht ein, sondern viele Denkmäler in den armen Ländern zu setzen. Die meisten

Einrichtungen sind auch mit der entsprechenden Gedenktafel und mit Dankadressen ausgestattet, an gut sichtbarer Stelle. Das geschah meistens im guten Glauben, einen Beitrag zur Vermenschlichung der Welt zu leisten. Ein übrigens ganz und gar edles Ansinnen. Aber es geht nicht nur darum, das Dasein für alle menschlicher zu machen, es geht darum, der Welt den Hauch des Göttlichen zu vermitteln, und das ist ohne enges Zusammenwirken mit dem Geist Gottes nicht möglich. Zusammenwirken heißt hier Gebet. Man hätte das eine tun und das andere nicht vernachlässigen sollen.

Im sittlichen Bereich war es lange die Sexualität, die zur zentralen fixen Idee geworden war, die alles beherrschte. Inzwischen ist es der Kampf für das ungeborene Leben. Ein über alle Maßen edles Anliegen. Aber es geht um die Wurzel, die der Brutalität gegenüber dem schutzlosen Leben zugrundeliegt. Es geht um die Loslösung vom Urgrund allen Lebens, um die wachsende Todessehnsucht, das Liebäugeln mit dem Nichts, die Weigerung, Gott als Leben zu erfahren. Solange diese Wurzel krank bleibt, wird Leben bedroht sein, auch im Mutterschoß.

Der Anspruch auf ,totale' geistliche Führung durch die Amtskirche wurde abgelöst durch Ansprüche auf intellektuelle Führung durch Theologen, ein Versuch, den Heiligen Geist durch eigene Inspiration zu ersetzen. Seelsorger (Hirten) aller Grade und Theologen sind jeder auf seine Weise nur ,Geburtshelfer', das Leben selber, jedes Leben, gibt Gott. Von daher hätten sie sich immer wieder zu überprüfen — durch Fasten, Buße und Gebet. Abkehr von eigenen hohen Ansprüchen, vor allem den getarnten, nicht eingestandenen, um sich in Gott allen und allem zuzuwenden.

In der überirdisch genial schlichten Sprache der ,Jungfrau' heißt es (25. Februar 90): *„... In dieser Zeit wünsche ich besonders, daß ihr den Dingen widersagt, an die ihr euch gebunden habt ... Gott bietet sich euch in der Vollkommenheit an. Ihr könnt ihn nur im Gebet entdecken."* Als der Vollkommene, in nichts zu Übertreffende, bietet sich Gott an. Anders ausgedrückt, kein menschlicher Gedanke, keine menschliche Vision, kein Anspruch, keine Idee reichen an das heran, was Gott im Menschen zu wirken vermag, wenn dieser sich ihm vorbehaltlos öffnet, seinem äußeren Ich abstirbt, um im Kern der eigenen Persönlichkeit dem Schöpfer gegenüberzustehen.

Wenn Gott in der Kirche wirksam werden soll, muß diese Kirche bemüht sein, ,allen Dingen zu widersagen, an die sie sich gebunden hat'. Was das jeweils ist, vermag sie nur im Gebet zu entdecken und zu erkennen, nur mit Hilfe des Heiligen Geistes, nicht auf Tagungen, Konferenzen, nicht durch Diskussionen. „Die Pharisäer wollten mit Jesus diskutieren", rief Pater Jozo Zovko im Mai 90 deutschen Pilgern zu, „er aber wollte von ihnen Glauben." Die ‚Selige Jungfrau‘ will die Kirche, die Christen, durch eine ‚geschichtliche Nacht‘ führen. Am 25. April 90 erinnerte sie daran: „...*Ich werde für euch beten, ... damit ihr die Größe dieses Geschenkes begreift, das Gott euch gibt, daß ich mit euch sein kann.*" Die einzige Hilfe, Läuterungen zu bestehen, halten weder Philosophie noch Theologie bereit, nicht soziales Engagement, sondern der Glaube.

Gigantisches Drama

Bei genauer Prüfung einiger Mitteilungen der Gospa fällt es schwer, nicht an die deutsche Mystikerin Hildegard von Bingen zu denken. Für die große Frau des Mittelalters war klar, daß auf der Bühne der Menschheitsgeschichte nur Ausschnitte eines weitaus größeren Dramas ablaufen, eine Auseinandersetzung zwischen Gott und seinem Widersacher Luzifer. Ein gewaltiges Ringen jenseits aller Materie, im für uns völlig unvorstellbaren Bereich des Geistes. Zu den folgenschweren Verirrungen der deutschen Theologie gehört die Verneinung der Existenz Satans. Als herausragender Vertreter dieser Richtung gilt der frühere Tübinger Professor Herbert Haag. Er lenkte den Blick auf ‚das Böse‘ als Entscheidungsmöglichkeit menschlicher Freiheit. Erreicht werden sollte damit das nichtchristliche Umfeld. Die Verneinung dieser Existenz galt jedoch immer schon als großer Sieg des Gegenspielers Gottes.

Mit Nachdruck und immer wieder verweist die ‚Gospa‘ in Medjugorje auf das Wirken Satans und mahnt, den ihm gewährten Spielraum nicht zu unterschätzen. Die letzten Hintergründe dieses Ringens übersteigen völlig menschliches Erkenntnisvermögen. Sie bringt dabei kein neues ‚Verkündigungs‘- oder Gedankengut ins Spiel. Schärfer als sie hat Jesus ihn beim Namen genannt und in einem Streitgespräch mit damaligen Theologen die Qualität seines Wesens ausgesprochen „Ihr habt den Teufel zum Vater, und ihr wollt das tun, wonach es euren Vater verlangt. Er war ein Mörder (‚Feind des Lebens‘ Anm. d. Verf.) von Anfang an ... er ist Lügner und ist der Vater der Lüge" (Joh 8, 44). Lüge ist

Täuschung, Störung der Verständigung, Zerstörung der Gemeinschaft. Gott ist das totale Gegenteil: Offenheit und Wahrheit, Offenbarung und Dialog, Intimität und Gemeinschaft.

Wir erkennen die Umrisse eines gigantischen Dramas in einer für uns nicht faßbaren Dimension des Geistes, ein Drama, in das der Mensch mit hineingestellt wurde, dem er sich nicht entziehen kann. Für den Christen gibt es daher keinen Rückzug aus der Geschichte. Er muß sich dem Heilsplan Gottes stellen — durch Zustimmung oder Verweigerung. Das Diesseitsghetto ist ein totes Gleis. Auf Zeit mag es gelingen, sich darin bequem und selbstzufrieden einzurichten, langfristig führt es in die Hoffnungslosigkeit. Daran erinnert die ‚Gospa' (25. November 87): *„Wenn ihr nicht betet, werdet ihr nicht fähig sein, meine Liebe und Gottes Pläne mit dieser Pfarrei und mit jedem von euch kennenzulernen. Betet darum, daß Satan euch nicht mit Stolz und mit falscher Sicherheit versucht."* Stolz und falsche Sicherheit. Das ist es. Stolz und Sicherheit, die auf dem Sand eigener Selbstüberschätzung stehen, Gift für das Leben, das auf ständige Wachsamkeit angewiesen ist. „Seid wachsam und betet", war Lebensmotiv im Urchristentum. Eines wird bei alledem klar: Es ist ein Drama der Liebe, unbegreiflicher, unfaßbarer Liebe, in das wir hineingezogen wurden.

An die Ursünde wird der Mensch gemahnt, an den Versuch, sich an die Stelle Gottes zu setzen, ‚Schöpfer' ohne Schöpfer zu werden. Als ich das erstemal Weihnachten 87 mit anderen in der Kirche von Medjugorje den Erläuterungen zur gerade erst ergangenen Botschaft zuhörte, ließ folgende Aufforderung aufhorchen: *„... Gebt Gott in der Arbeit und in eurem täglichen Leben den ersten Platz!"* Gott zum leuchtenden Licht werden lassen, darauf legt die ‚Gospa' Wert, zum Leitstern, wie es vor Jahrtausenden bereits der jüdische Dichter besungen hat: „Der Herr ist mein Licht und Heil: Vor wem sollte ich mich fürchten? Der Herr ist die Kraft meines Lebens, vor wem sollte mir bangen ... Mein Herz denkt an dein Wort: ‚Sucht mein Angesicht!' Dein Angesicht, Herr, will ich suchen" (PS 27, 1 / 27, 8).

Und wieder und wieder erinnert sie an das eigentliche jenseitige Geschehen, an Gott und seinen Gegenspieler, an das Drama, das von Christen und ihren Schriftgelehrten vergessen, verdrängt wurde, obwohl es richtungweisend bereits auf den ersten Seiten der Bibel zu finden ist, ein Grundakkord: *„Ich wünsche, daß ihr auf mich hört und (daß ihr) Satan nicht erlaubt, euch zu versuchen"* (25. Februar 88). Partner Gottes zu werden, lädt sie ein, kein Spielball mehr dämonischer Kräfte, des ‚Lügners von Anbeginn'. *„Betet, liebe Kinder, daß der Satan euch nicht hin- und herreiße wie Zweige im Winde. Seid stark in Gott"* (25. Mai 88). Nicht um lyrische Dichtung geht es, sondern um blutigen Ernst, um ein Auf und Ab, um ständigen Szenenwechsel in der erbitterten Auseinandersetzung, um den endgültigen Sieg der Liebe: *„Habt keine Angst, denn ich bin mit euch, auch dann, wenn ihr denkt, es gäbe keinen Ausweg, daß Satan die Herrschaft an sich gerissen hätte ..."* (25. Juli 88).

Verniedlichung ist tödliche Gefahr. Die Existenz Luzifers zu leugnen, bedeutet für den ‚großen Lügner' eine gewonnene Schlacht. Kein Zwerg, mit dem die Menschheit es zu tun hat, sondern ein geistiger Gigant: *„... Satan ist stark ...",* betont die Madonna (25. Oktober 90). Vor allem auf der Ebene des Geistes soll der Mensch ihn im Auge behalten, dort liegt sein eigentliches Betätigungsfeld. Satan als Feind Gottes ist ein Trauma in der menschlichen Seele. Im tiefsten Unterbewußtsein weiß der Mensch um den Schaden, der ihm vom gestürzten ‚Engel des Lichtes' zugeführt wurde. Wird dieser aus seinem Bewußtsein verdrängt, schafft er sich Feindbilder auf Erden, unter seinesgleichen. Die Selbstzerfleischung nimmt ihren Lauf, sein größter Sieg über die von ihm verachtete Kreatur, über die verhaßte Menschheit, eine Menschheit, die für ihn unsagbare Demütigung darstellen muß, in deren Erschaffung Gottes Liebe einen Ausdruck gefunden hat, mit der Luzifer sich nicht aussöhnen will. *„Ich wünsche euch vor allem vor dem zu beschützen, was Satan euch anbietet und wodurch er euch zerstören möchte"* (25. März 90).

Was bietet er an? Die Faszination des Diesseits, die Faszination eines angeblich unendlichen Kosmos, in dem der Mensch jedoch Gefangener bleibt, gefangen in Raum und Zeit. *„Erlaubt nicht",* warnt die ‚Jungfrau', *„daß er in euer Leben eintritt durch Dinge, die eurem geistlichen Leben schaden"* (25. Februar 90), Dinge, die euch an die Welt des Materiellen fesseln, die euch vergessen lassen, daß eure Urheimat im Bereich des Geistes liegt, Dinge, die eine letzte Befreiung der Schöpfung vereiteln können. Paulus hat es schon einmal gesagt, damals in den Anfängen, im Brief an die Gemeinde in Rom, im Herzen eines Imperiums, das die Macht anbetete: „Auch die Schöpfung soll von der Sklaverei und Verlorenheit befreit werden zur Freiheit und Herrlichkeit der Kinder Gottes. Denn wir wissen, daß die gesamte Schöpfung bis zum heutigen Tag seufzt und in Geburtswehen liegt. Aber auch wir, obwohl wir als Erstlingsgabe den Geist haben, seufzen in unseren Herzen und warten

darauf, daß wir mit der Erlösung unseres Leibes als Söhne Gottes offen-
bar werden" (Röm 8, 22-23).

Tabor

Um in Medjugorje des katastrophalen Raummangels Herr zu werden,
hatte man zeitweilig gegenüber dem Pfarrhaus ein paar Container zu
provisorischen Büroräumen und Sprechzimmern eingerichtet. Bei einem
solchen Gespräch mit dem Franziskaner Slavko Barbarić wurden wir von
einer Amerikanerin unterbrochen. Slavko hörte ihr zu, unterbrach sie
sanft und sagte: „Sie leiden unter einer seelischen Krankheit, die wir hier
Taboritis nennen." Auf ihre erstaunte Frage nach dem Hintergedanken,
erläuterte er ihr den Bericht aus der Hl. Schrift, in dem die Verklärung
Jesu auf dem Berg (Tabor) dargestellt wird. Petrus, der Jünger, war vom
Anblick des verklärten Herrn derart ergriffen, wohl auch beglückt, daß
er vorschlug, Hütten zu bauen und dort länger zu verweilen. Aber der
Meister beendete das Gestammel und die Wunschträume. Nicht um in
lieblicher Seligkeit auf dem Tabor zu wohnen, war er gekommen, sondern in Jerusalem das blutige Erlösungswerk am Kreuze auf sich zu nehmen. „Für Sie ist Medjugorje zum lieblichen Tabor geworden, liebe
Frau", so der Franziskaner. „Sie können keinen Absprung finden. Fah-
ren Sie heim und stellen Sie sich dort dem grauen Alltag. Darauf kommt
es an."

Mir fiel ein, was Marija Pavlović, die Seherin, mir nach unserer ersten
Begegnung zum Abschied gesagt hatte: „Medjugorje ist nicht hier. Med-
jugorje ist in unserem Herzen." Auf die Umsetzung des Aufrufs in unser
Leben, darauf allein zielt die ‚Frau aus der Ewigkeit' ab, nicht auf einen
Ort der Seligkeit.

Der Zwischenfall war Anstoß, Medjugorje auch unter dem ‚Tabor-
aspekt' zu betrachten. Die Verklärung Jesu vor den Augen der drei Jünger war Ermutigung und Vorbereitung auf den bevorstehenden Karfrei-
tag, an dem die Nacht der Verzweiflung über sie hereinbrechen sollte.
Tabor war Einstieg in die Tragödie von Golgotha. In Medjugorje erleben
viele Menschen die Nähe Gottes, vielen wird Gotteserfahrung zuteil, vor
allem jungen Menschen, die weit in das neue Jahrhundert hinein die
Geschichte der Welt mitgestalten, aber auch miterleiden werden. Die

Irrlehren mehrerer Jahrhunderte sind zusammengebrochen, aber keiner Generation wird etwas geschenkt, jede ist neuen Prüfungen unterworfen, hat sich neu zu bewähren.

Neue Möglichkeiten bergen neue Gefahren. Als der Mensch im Stein ein Werkzeug erkannte, das den Kampf ums Dasein leichter, Leben erträglicher machen konnte, dauerte es nicht lange bis zur Entdeckung, daß damit auch Leben, das Leben seines Bruders, auszulöschen war. Beschleunigt eröffnen sich heute dem Menschen Möglichkeiten, seine Fähigkeiten um vieles zu erweitern und zu vergrößern, ob es um das Leben selber geht, um Technik, Verständigung, um Aufbruch in die Weiten des Kosmos. Um vieles wird sich auch die Fähigkeit vergrößern, Qualen zuzufügen, Leben zu deformieren, zu zerstören. Der Himmel wappnet die Menschheit mit Glaubenserfahrung für Millionen, für weit mehr als jemals zuvor in der Geschichte des Christentums. Auschwitz, die Schlachtfelder des Zweiten Weltkrieges, Kambodscha, der Hungerterror in Sudan und Eritrea, Aids, Drogenmafia sind nicht die letzten Stationen der Menschheit auf dem Weg nach Golgotha. Bei zehn oder zwanzig Milliarden Erdbewohnern könnte es ein Inferno sein, das unsere Phantasie übersteigt. Nicht, weil sie nicht zu ernähren wären, sondern weil Prüfungen die Ausmaße eines Leidensmeeres erreichen könnten.

Aber Gott bleibt immer treu. Ein Zeichen dafür könnte der geistige Aufbruch von Medjugorje sein, der den Menschen durch das Kreuz auf das Geheimnis der Liebe verweist. Wer nicht bereit ist zu verzichten, Opfer zu bringen, Leiden auf sich zu nehmen, fügt anderen Leiden zu. Daran erinnert Medjugorje immer wieder. „Fasten, Verzicht überhaupt", so Fra Jozo Zovko, „befreit zur Liebe hin". Liebe aber hat immer Zukunft. Mirjam von Nazareth, heute verklärte ‚Gospa', ‚Selige Jungfrau', ist die Bestätigung, daß der Aufstieg des Menschen aus der Verstrickung ständigen Versagens, wiederkehrender Selbstverstümmelung, eines Tages doch gelingt.

* * *

IX.

MAUER DER HEILSKULTUR

Im September 1989 veröffentlichte Papst Johannes Paul II. ein Rundschreiben, das Josef, dem Gatten Marias, der Mutter Jesu, gewidmet ist. Es trägt den bezeichnenden Titel „Redemptoris custos" (Beschützer des Erlösers) und ließ mein Herz höher schlagen. Zu dieser Zeit war ich in Medjugorje damit beschäftigt, die Rolle der Franziskaner während der Vorgänge um die ‚Gospa' zu untersuchen und Eindrücke zu vervollständigen. Seit Jahrhunderten betreuen sie zahlreiche Pfarreien in der Herzegowina, u.a. die Gemeinde von Medjugorje. Wie hatten sie reagiert, individuell, als Team, als Gemeinschaft überhaupt? Welche seelische, geistige, theologische Entwicklung hatten sie inzwischen durchlaufen? In unzähligen Gesprächen und Interviews versuchte ich herauszufinden, von welcher Qualität vor allem ihre Beziehungen zu den Sehern waren, beobachtete ihr Verhalten gegenüber den betroffenen Jugendlichen, registrierte auch beifällige Anmerkungen.

Was mir immer wieder auffiel, war der tiefe Respekt, oft so etwas wie stille Ehrfurcht, die sie gegenüber den Sehern verrieten. Da gab es kein Herumkommandieren, Herumschieben, kein Drängen und Belehren. Obwohl sie ständig mit ihnen zu tun haben, mit manchen beinahe täglich, war nicht das geringste Anzeichen an Nonchalance, Kumpanei oder Gewöhnung zu erkennen. Die Beziehung zwischen den Sehern und den sie seelsorgerisch betreuenden Franziskanern ist im Gegenteil von gegenseitiger Hochachtung, aber auch von offener Herzlichkeit gekennzeichnet. Da hat niemand vor niemandem etwas zu verbergen. Das wäre bei der Vielzahl an Querverbindungen zwischen so vielen Personen auch gar nicht möglich. Gemeinsam und vertrauensvoll erträgt man Freud und Leid. Und Leiden blieben beiden Seiten nicht, weder den Sehern noch den Seelsorgern, erspart, weder von den staatlichen Behörden noch — was weitaus schwerer wiegt — von kirchlicher Seite. Eine unbarmherzige Streßsituation über Jahre. Menschlich eigentlich kaum zu verkraften.

Verehrung für Josef

Je tiefer ich in die Materie eindrang, um so größer — das mag den Leser überraschen — wurde meine Verehrung für jenen Mann, der im Neuen Testament nur wenige Male — beinahe nebenher — erwähnt wird, für Josef, den Gatten Mirjams. Was haben die betroffenen Franziskaner von Medjugorje mit dem Mann an der Seite der ‚Seligen Jungfrau' gemeinsam? Einiges. Josef, optisch nur eine Randfigur, war dennoch eine bedeutende Rolle zugefallen. Sieht man in der Menschwerdung Gottes das zentrale Ereignis in der Geschichte überhaupt, und Christen sehen es so, muß die Frage gestellt werden, welch tragisch schnelles Ende hätte wohl die Inkarnation genommen, wenn dieser Mann in einigen entscheidenden Augenblicken versagt hätte.

Da war zunächst das Problem der Schwangerschaft seiner Angetrauten, die ihn in eine schwere Konfliktsituation brachte. Er wollte sich von ihr zurückziehen, da er absolut sicher war, nicht der Vater jenes Kindes zu sein, das sie im Schoße trug. Ein anderer mußte die Braut mißbraucht haben. Hätte er seine Enttäuschung an die große Glocke gehängt, die Folgen für das junge Mädchen in der streng patriarchalisch ausgerichteten jüdischen Gesellschaft wären unabsehbar gewesen. Die öffentliche Steinigung war damals wohl nicht mehr üblich, wenn auch nicht ganz auszuschließen. Sicher gewesen wären jedoch lebenslange Verachtung und ein Dasein auf allerniedrigstem sozialem Niveau. Eine Hölle ohne Ende. Es spricht für den hohen Adel der Seele dieses Mannes, daß er Schweigen vorzog und die ‚Schuld' auf sich nehmen wollte. Zwar hatte er Hemmungen, sie zu sich zu nehmen, er wollte sich absetzen und gewissermaßen als treuloser Mann die Szene räumen. Schlimm genug für die verlassene schwangere Braut, jedoch erträglicher als das Schicksal einer zeitlebens Getretenen. Aber der Himmel klärte Josef auf: „Fürchte dich nicht, Maria als deine Frau zu dir zu nehmen, denn das Kind, das sie erwartet, ist vom Heiligen Geist" (Mt 1, 20). Und Josef glaubte, nahm alles auf sich. Selbstvergessen. Für ein ganzes Leben. Zum Schweigen verurteilt. Um Verzicht gebeten, ohne um den ganzen Hintergrund zu wissen. Immer hellwach, wenn Mutter und Kind in Gefahr waren.

Schließlich der feige Mordanschlag des Königs Herodes des Großen, der seltsame Dinge von einem Neugeborenen in Bethlehem erfahren hatte, Dinge, die ihn, den ewig auf alle möglichen Nachfolger Eifersüchtigen, aufschreckten. Alle Knaben bis zu zwei Jahren im Umfeld von Bethlehem ließ er umbringen. Josef erhielt rechtzeitig ein Zeichen, reagierte auf der Stelle. Hohe Sensibilität kommt hier zum Ausdruck. Bis nach Ägypten setzte er sich ab, um das Kind in Sicherheit zu bringen. Er wollte kein Risiko eingehen, auch das kleinste nicht, wußte, daß ihm zwei ungewöhnliche Menschen anvertraut waren, ihm, dem einfachen Handwerker. Mächtigen in Staat und Tempel mußte er zuvorkommen, um sie zu schützen, er, der kleine Mann aus dem Volke. Er ahnte, was von ihm abhing. Er war für Mirjam eine Mauer, hinter der sie ein Leben in persönlicher Kultur entfalten konnte. Josef war für entscheidende Jahre Garant einer gewissen ‚Heilskultur‘, mit der die Inkarnation umgeben sein sollte, die ansonsten ein ordinär schnelles Ende hätte nehmen können. Seine Verdienste werden der Menschheit erst aufgehen, wenn die Dramatik der Heilsgeschichte endgültig offenliegen dürfte.

Daran mußte ich denken, während ich die Arbeit der Franziskaner in Medjugorje beobachtete. Der Zufall wollte es (oder war es kein Zufall?), daß die Ereignisse auf Persönlichkeiten unter ihnen stießen, bisweilen war es eine ganze Gruppe, die Glaubensinstinkt mit hoher Feinfühligkeit für das Menschliche verbanden, Theologie mit Wissen, Mut mit Vorsicht, Charisma mit einem hohen Grad an Leidensfähigkeit.

»Was brauchen wir Wunder?«

Zuallererst muß der damalige Pfarrer Fra Jozo Zovko herausgestellt werden. Es traf sich gut, daß er zu Beginn der Erscheinungen nicht anwesend war. Das schützte ihn vor dem Verdacht, die Vorgänge inszeniert zu haben. Als er nach einigen Tagen eintraf, befand sich die Gemeinde bereits in hellster Aufregung. Er begegnete den Vorkommnissen jedoch mit Skepsis, zum Teil mit Abneigung. Als frommer Priester rieb er sich daran, daß die Menschenmenge auf den Berg rannte (Podbrdo), vorbei an der Kirche, dem eigentlichen Zentrum christlichen Lebens. „Ich habe täglich im Gebet mit Gott gesprochen. Ich konnte nicht glauben, damals in Medjugorje", so Pater Zovko in einer langen Unterredung mit meiner Frau und mit mir, Ostern 1989. „Die Priester drängten mich in den

Erzbischof Dr. Frane Franić, Split — Verteidiger Medjugorjes

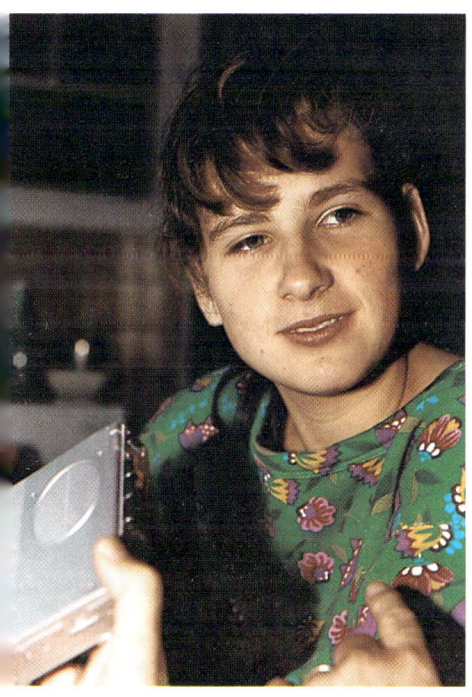

Jelena Vasilj — Wegbereiterin des Geistes

Prof. Dr. L. Rupčić — Bibelwissenschaftler

Ivan Dragičević — früher äußerst schüchtern, wirkt heute souverän

Marija Pavlović — liebt ernste Fragen, links der Autor

ersten Tagen, etwas zu sagen. Aber ich dachte: Was brauchen wir Wunder? In der Eucharistie haben wir doch ein Wunder. ‚Kommt', sagte ich zu ihnen, ‚laßt uns anbeten.' Aber sie liefen auch weg. Sie wollten sehen. Jesus hat gesagt: ‚Ich möchte, daß sie immer bei mir sind'. Das genügt doch. Jesus ist der Weg. Jesus lebt heute schon in mir. Das ist doch die Wahrheit, eine Realität.'"

Weil Jozo Zovko so ausschließlich auf die Wahrheit eingeschworen war, erkannte er sie. Am neunten Tag. Instinktsicher forderte er Himmel und Erde heraus, verlangte den Tausenden von Menschen harte Opfer ab, ein dreitägiges Fasten bei Wasser und Brot, Aussöhnung zwischen verfeindeten Familien, gegenseitige Vergebung. Unmögliches forderte er ihnen ab, gegen uralte Vorurteile ging er an. Aber er wollte es wissen. War hier eine höhere Kraft am Werk, oder waren es menschliche Machenschaften? Inszenierungen hätten diese Härteproben nicht bestanden. Die härteste Prüfung jedoch sollte er selbst bestehen.

In der Frühe des 17. August 1981 verhafteten ihn Beamte des SUP (Sekretariat für innere Angelegenheiten). Zum Anlaß nahm man eine Predigt, in der er die vierzigjährige Wanderschaft des Isrealiten durch die Wüste erwähnt hatte, was man als Anspielung auf die vierzigjährige Herrschaft der kommunistischen Partei verstand. Am 22. Oktober 1981 wurde er zu dreieinhalb Jahren Gefängnis verurteilt. Die zwei mit ihm verhafteten Redakteure der Zeitschrift ‚Nǎsa Ognjišta', der zweiundsechzigjährige Ferdo Vlašić, erhielt acht Jahre, Jozo Knižić (31) fünf Jahre. Man legte ihnen eine eher positive Notiz zu den Ereignissen in Medjugorje zur Last. Ein überaus brutales Urteil.

Nach achtzehn Monaten sah man sich gezwungen — wohl wegen des internationalen Echos —, Pater Jozo Zovko zu entlassen. Ein im Feuerofen Gottes geläuterter Mann verließ das Gefängnis, ein Märtyrer des Glaubens, ein Bekenner. Es sollte nicht die letzte Prüfung für ihn sein. Nach Medjugorje durfte er jedenfalls nicht mehr zurück. Er übernahm dagegen die dreißig Kilometer entfernte kleine Gemeinde Tihaljina, die daraufhin sehr bald ihr Antlitz veränderte, äußerlich wie innerlich. Die Pfarrei wurde zum Zielort zahlreicher Pilger. Bedrückte, bedrängte Menschen aus aller Welt suchten ihn auf, den Bekenner, um aus der Hand des einst geschundenen Priesters den Segen zu erbitten.

Von Gott spricht er ihnen, von der Eucharistie, von der Kirche, in der sie Heimat suchen sollen, von der Hl. Schrift, ein Anliegen der ‚Gospa', und von der Liebe. Vor allem von der Liebe. Meine jüngste Tochter sagte einmal, nachdem sie ihn einen halben Tag beobachtet hatte: „Man muß heute nicht Abenteurer werden, um etwas zu erleben. Heiliger muß man sein, dann lernt man die ganze Welt kennen. Von überallher trifft man hier Menschen." Kinder sehen die Wahrheit oft besser als ihre Eltern.

An einem sonnigen Spätvormittag im Herbst 1988 betrat ich mit meiner Familie das Gotteshaus von Tihaljina. Viele Italiener warteten noch auf den Segen des Geistlichen. Am Schluß traten auch wir vor den Altar. Ich übergab ihm ein druckfrisches Exemplar meines Jesus-Thomas-Buches. Fra Zovko nahm es lächelnd in die Hand und fragte: „Haben Sie über den ungläubigen Thomas geschrieben oder . . ." Ich unterbrach ihn: „Oder über den liebenden, — das wollten Sie doch fragen?" Er nickte. „Über den liebenden Thomas habe ich geschrieben", sagte ich bewegt. Der Franziskaner schaute mir sanft in die Augen: „Das ist gut so, denn er war ein Liebender. Jetzt aber bricht für Sie eine große Zeit an, jetzt gilt es zu leben, was Sie so schön zu Papier gebracht haben. Bleiben Sie kein Schriftsteller für den Tag. Geben Sie weiter, was Sie empfangen haben, und lernen Sie, mit dem Herzen zu beten." Dann bat er zu warten, er hatte noch einige italienische Gruppen zu verabschieden. Wir setzten uns zwischen Pfarrhaus und Gotteshaus in der Nähe der Marienstatue in die Sonne. Eine Tochter machte Schnappschüsse. Als wir sie daheim betrachteten, nahm meine alte Mutter sie in die Hand, schaute auf meine Frau und sagte: „Noch nie habe ich dich so glücklich gesehen wie auf diesem Bild."

Es war in der Tat ein sehr glücklicher Tag für uns geworden. Der Gedankenaustausch im Pfarrhaus wurde Auftakt zu einer Serie von Gesprächen in den folgenden achtzehn Monaten, in denen wir etwas von der begnadeten Reife dieses Mannes zu spüren bekamen. Auf die Kirche angesprochen, schloß er die Augen. Dann artikulierte er langsam: „Die Kirche darf man nicht mit den eigenen Augen sehen. Dann wären wir wie Politiker, die äußere Strukturen ordnen. Man muß die Kirche mit den Augen des Heiligen Geistes betrachten. Dann sieht man, wie sie reift. Zweitausend Jahre schon, ein Continuum, etwas, was sich fortsetzt. Thomas, über den Sie geschrieben haben, kannte sie so nicht. Er stand erst am Anfang. Geschichte ist nicht tot, Kirche ist nicht tot. Wir müssen sie mit den Augen Jesu sehen, sonst sehen wir sie nicht." Er griff nach der Hand meiner Frau, legte sie in die seine: „Die Kirche lebt in dir, in mir. Der Weinstock ist ewig, der gleiche Saft für alle Generationen."

Meine Frau ist Historikerin. In Anspielung darauf fuhr er fort: „Offenbarung ist wichtig, Geschichte ist auch Offenbarung. Geschichte ist wie ein Sakrament. Etwas Zeichenhaftes, hinter dem verborgen die Gnade wirkt. Jeder lebt vom Vergangenen. Alle Generationen von der einzigen Quelle, vom selben Wasser die vielen Früchte. Jede Gnade ist neu. Nichts ist wiederholbar. Alles ist immer wieder neu.“ Was Zovko sagte, kam aus einem Herzen, das voll war vom Heiligen Geist. Er hat meine Fragen vorher nie gekannt, war auf sie nie vorbereitet, konnte sich nichts zurechtlegen. Es kam aus dem Innern, wie bei Mystikern.

Nach seinem Gottesbild fragten wir, nach den Beziehungen zum Menschen vor dem Hintergrund der vielen Jahre voller Leiden, der Erscheinungen, die sich nun schon so lange hinzogen. „Es ist eines der großen Irrtümer zu meinen“, so Zovko, „Gott könne man durch ein intensives Studium besser verstehen. Es genügt nicht zu sagen ‚Gott existiert‘, das ist zu wenig, das können Atheisten unter Umständen auch — oder Pharisäer, das verwandelt das Leben nicht. Gott lernen wir nur im Gebet kennen, denn es ist der Heilige Geist, der in uns betet. Er ist es, der sagt ‚Abba‘ — ‚Vater‘! Im Gebet spüre ich, Gott ist mein Vater, im Gebet bekommen wir Licht. Studieren kann man, ohne zu glauben. Das kann behilflich sein, aber Jesus kennenlernen kann man nur im Gebet. Im Gebet bekommen wir die Gnade zu erkennen. Wir sind wie Kinder. Je älter wir werden, um so mehr entdecken wir im Gesicht unserer Mutter. Jede Falte erzählt von Liebe, von Selbstaufopferung, vom Leben.“ So ähnlich würden wir in der Erkenntnis Gottes voranschreiten.

„Kommunizieren, Eucharistie, Gotteserfahrung“, so Fra Jozo, „sind entscheidend. Das ist der erste Schritt, ein Fundament. Wenn jemand Ihnen sagt: ‚Ich habe keine Zeit für das Gebet‘, dann heißt das vor allem, er hat keine Zeit für die Eucharistie. Er ist wie ein Paralytiker. Viele kommen in die Gotteshäuser ohne Glauben, ohne Gnade. Sie sind sich selber Ballast. Während der täglichen Messe dagegen wird man reifer. Eucharistie ist kein Ritus, sie ist ein Geheimnis, Leben, Brot des Lebens, die Geschichte unseres Heils.“ Ein Bischof, der mit ihm die hl. Messe gefeiert hat, habe hinterher gemeint, zum ersten Mal hätte er ganz stark das Geheimnis der Eucharistie gespürt.

Etwas ganz Besonderes für den ehemaligen Pfarrer von Medjugorje ist das Beten mit anderen, das Katechisieren. Immer würde man Jesus spüren. Wir könnten Jesus sehen, er sei sichtbar. Die Menschen seien früher für ihn eine Menge, Last gewesen. „Heute sind die Menschen, wenn sie kommen, ein Geschenk, eine Gnade, jeder kommt wie ein

Zeichen, wie ein Prophet. Wer krank ist, wer ein Sünder ist, sucht etwas. ‚Ich war hungrig.‘ Man sieht, wie Jesus kommt. Das ist spürbare Wahrheit, durch Medjugorje Realität geworden.“ Gott kommt demnach — laut Zovko — real im Mitmenschen zu uns, in jedem Menschen. „In Deutschland sagt man: Ich kann eine Spende geben für die Notleidenden in der Welt. Das kann man. Aber ich schaue Jesus dann nicht ins Gesicht. Das ist zu wenig. Ich muß den Herrn sehen — im Menschen. Ohne Gebet, ohne Glauben, ist der Mensch nicht zu verstehen.“

„Unsere Generation ist müde“, meint Fra Jozo. „In den Familien können wir nicht mehr lieben, das Opfer hat keinen Platz mehr in ihnen. Deshalb kein Verständnis für das Kreuz. Das ist eine Tragödie. Wenn wir nicht lieben, nicht opfern, leben wir nicht. Die ‚Gospa‘ erzieht in Medjugorje zum Opfer, dadurch zur Liebe. Sie setzt kleine Schritte. Mit dem Fasten hat es begonnen. Die ‚Selige Jungfrau‘ weiß, was Opfer bedeutet, was Eucharistie bedeutet. Sie weiß es aus eigener Erfahrung. Uns fehlt das Fundament, aufeinander zu bauen. Was Jesus in Medjugorje sagt, was Maria sagt, das ist nicht klein, nicht unwichtig. Wenn wir lieben, sind wir gerufen. Wenn ich liebe, kann Jesus durch mich wirken.“

Einen engen Zusammenhang sieht der jetzige Seelsorger von Tihaljina zwischen dem Zweiten Vatikanischen Konzil und den Erscheinungen von Medjugorje. „Das Konzil war eine Gnade, aber es ist nach dem Aufbruch wie ein Wagen in einer Spalte steckengeblieben. Es kommt nicht darauf an, Analysen zu geben.“ Nach dem Konzil habe er an vielen Tagungen, Konferenzen teilgenommen, Programme seien erarbeitet worden von klugen Doktoren und Professoren, wie Fahrpläne. Aber es wäre nichts passiert. „Wir haben gedacht, die Welt sei ohne uns zu verändern“. Er selber hätte sich immer nur auf das Konzil berufen. Man habe geredet, aber nicht gelebt. Diskutiert. Z.B. wie man die hl. Kommunion empfangen könne und wer. „Wir müssen uns aus der Keimzelle erneuern. Die Erneuerung beginnt aus dem Sakrament. Organisationen gehen vorbei, die Kirche bleibt. Das Vatikanische Konzil ist durch Medjugorje lebendig geworden. Diese Erscheinungen sind mehr als Reformen, mehr als Bücher, Predigten, Propheten. Es ist persönliche Begegnung mit einer Kraft von oben.“

Diese Kraft von oben hat ihn ganz erfaßt, durchdrungen, die Grenze zwischen Himmel und Erde aufgehoben. „Ich lebe Jesus. Zu uns ist das Leben gekommen. Der Tod verändert nur. Wir haben vor dieser Erde keine Angst. Im Gegenteil. Wir haben Freude an der Erde. Wir kultivieren sie, säen, wir bereiten vor, erwarten neue Frucht." Wann er diese Einheit zum ersten Mal erfahren habe. „Während eines Gebetes vor der Eucharistie. Wenn wir vor Jesus und seinem Geheimnis schweigen, nur die Einheit spüren: Vater, Sohn, Heiliger Geist. Der Geist lebt in uns, bewirkt Einheit. Wie Franziskus von Assisi können wir ihn in der ganzen Natur sehen. Alles spricht seinen Namen. Alles sagt: Ich liebe meine Schöpfung. So haben es die Heiligen gesehen, empfunden. Sie haben die Ewigkeit erlebt. Das gilt für jede Generation. Immer gibt es Heilige unter uns."

Pater Zovko steht in einem engen Verhältnis zur ‚Seligen Jungfrau'. Man spürt es, wenn er über sie spricht: Auch er hat sie gesehen. Was sie ihm bedeute, wie sie sein Leben in den letzten Jahren geprägt, was er von ihr gelernt habe, das wollte ich erfahren. „Was Sie alles wissen wollen", bemerkte er lächelnd. „Ich weiß nichts. Was soll ich Ihnen sagen." Er schwieg. Dann begann er zu sprechen. Zunächst mehr zu sich selbst als zu uns. Das ist das Wunderbare an diesen Menschen in Medjugorje, die hineingezogen wurden in ein großes Drama. Allesamt sind sie nicht schlagfertig. Sie schweigen oft, überlegen, glauben sich durch die Fragen überfordert. Aber dann bricht es durch, still, behutsam, demütig, wie eine Blume, die unter den warmen Strahlen der Sonne die Farbenpracht ihrer Blüte öffnet.

„Durch Maria sehe ich vor allem Jesus in einem anderen Licht. Seine ganz einfache Sprache, mit der er Geheimnisse erläuterte. Ganz einfach. Er hat es von seiner Mutter gelernt. Die ‚Gospa' spricht schlicht und direkt wie jede Mutter. Ihre Worte sind immer klar, sie sind tief. Nehmen Sie die Bergpredigt — sie bleibt verständlich für jede Kultur, für jede Generation. Sie ist mehr als eine Zusammenfassung von Regeln. Sie vermittelt Sicherheit, Einfachheit, Liebe. Geheimnisse sind immer einfach. Ein Bedürfnis, das immer bleibt, ist das Einfache.

Von ihr hat er das Beten gelernt, in der Familie. Sie hat dem Kind die ersten Gebete vermittelt. Wer denn sonst? Ein Kind ist in den Zügen den Eltern ähnlich. Wieviel mehr, wenn an seinem Erbgut nur ein Elternteil teilhat. Die Schrift erzählt wenig über Maria. Wenn wir sie kennenlernen wollen, müssen wir Jesus studieren, untersuchen. Dann wissen wir bald, wie sie war. Ein Leben, auf das Gott zählen, aufbauen konnte. Darin sollen wir ihr ähnlich werden, ähnlich in dem, was Gott in ihr gezeigt und durch sie gegeben hat. Der erste, der von ihrer Geisteshaltung angesteckt wurde, war Josef, ihr Verlobter, später ihr Gatte. Sein Leben war dienen und lieben. Das ist Freiheit: dienen und lieben."

Immer habe es sich als tragischer Irrtum herausgestellt, wenn man Maria entfernen wollte. Sie sei Ausgangspunkt zu Jesus, Brücke. „Wir haben alle Mütter verloren, als wir Maria aufgaben" — so Zovko. Ein von Maria abgekoppeltes Frauenbild wende sich gegen die Natur, das Leben, die Liebe. Weltweite Abtreibungen großen Stils haben es gezeigt. Maria verkörpere wahre menschliche Natur. Maria ähnlich sein wollen, wäre normal, sie sei eben nachahmenswert. „Die Heilige, der Heilige sind normal. Alle anderen sind krank. Normal ist heilig. Wir andern sind geschädigt, gelähmt." Jozo Zovko lehnte sich in seinem Stuhl zurück, lächelte. „Aber die ‚Gospa' bedeutet Heilung, mit dem ersten Schritt schon, mit der Umkehr!"

Gegen Ende einer Katechese vor deutschen Besuchern nahm der Franziskaner ein großes Kreuz in die Hand, erläuterte einen alten Brauch in Kroatien. Bei kirchlichen Trauungen überreicht die Braut dem Bräutigam ein Kruzifix, der nimmt es entgegen und küßt es. „Nimm die Braut, nimm die Frau, nimm das Kreuz, umarme sie, umarme Eva, umarme das Kreuz, umarme die Liebe!"

Im Sommer 1981 hat sich Jozo Zovko innerlich zunächst gegen die Erscheinungen aufgelehnt. Dann trat ein Wandel bei ihm ein. Er wurde in Medjugorje wohl der erste Mensch, der die geheimnisvolle Botschaft der geheimnisvollen Frau ins Leben umsetzte. Sie wurde für ihn Wegweiser zum Kreuz, zum Geheimnis des Opfers, wie sie es am dritten Tag auf erschütternde Art gegenüber Marija Pavlović zum Ausdruck brachte. Das war möglich, weil er bereits von der Eucharistie gefangen war. Das Geheimnis der Eucharistie wurde zum Geheimnis seines Lebens. Das Opfer blieb ihm nicht erspart. Es kam sehr bald auf ihn zu. Die Demütigungen und Qualen des Kerkers. Zugang zur Liebe bekommt der Mensch nur über das Kreuz. Zovko wußte darum.

»Antwort steht aus«

Nach der Verhaftung des Pfarrers übernahm Tomislav Vlašić die Gemeinde. Ein Mann von ganz anderem Temperament. Zovko ist eher extrovertiert, seine wachen Augen erwecken manchmal den Eindruck, als könnte ihnen nichts entgehen. Auch während des konzentrierten Gebetes vermag er Vorgänge zu registrieren, die parallel ablaufen. Ganz anders der introvertierte Vlašić. Er scheint immer geistesabwesend, der Blick nach oben oder in die Ferne gerichtet. Zovko ist temperamentvoll, Vlašić wirkt schwermütig, beide tief. Zovko formuliert wärmer, Vlašić nüchterner, manchmal glasklar. Bei beiden diktiert das Herz den Fluß des Gedankens. 1988 hatte er sich mit einer Gruppe junger Menschen für kurze Zeit nach Italien zurückgezogen.

In Medjugorje traf ich ihn während der Feiern zum achten Jahrestag der Erscheinungen. Um uns herum Gesänge in verschiedenen Sprachen, betende Pilger. Wir nahmen auf einer Bank Platz, den Blick auf den Podbrdo gerichtet. Die Strahlen der langsam sinkenden Sonne beleuchteten das Gesicht des Paters.

Ich hätte den Eindruck, leitete ich ein, als ob die eigentliche, die tiefere Dimension der Botschaften von Medjugorje von vielen noch gar nicht erkannt sei. Das Stichwort war gefallen. Es war Pater Tomislav und seinem Denken wie ‚auf den Leib zugeschnitten‘.

„Sie haben recht", griff er auf. „Der Aufruf der Madonna hier ist der Aufruf in eine große Zukunft, die Gott für den Menschen vorgesehen hat. Aus den Erfahrungen, die ich gemacht habe, ist zu schließen, daß es große Pläne sind. Aber bis heute" — in den Ton der Worte kam so etwas wie Bedauern — „steht die Antwort noch aus. Vor allem zu einigen Punkten." — „Meinen Sie die Kirche?" — „Die Kirche, den Menschen, uns alle hier. Die ‚Gospa‘ will mehr von uns (als wir wahrhaben wollen). So, wie Medjugorje sich überraschend in der Welt verbreitet hat, so sollte es jetzt in die Tiefe gehen, in die Tiefe der Seelen, um zu manifestieren, was Gott der Menschheit anbietet. Die Madonna ist selber wie ein Zeichen, sie ist in ihrer Person, in ihrer persönlichen Geschichte auch ein Aufruf. Als der Aufruf an sie erging, das neue Leben zu empfangen, durch den Heiligen Geist, war sie vorbereitet. Sehen Sie hier Parallelen. Wir sind auf den Weg der Madonna gerufen — durch die Allmacht Gottes. Gott möchte in jedem seine Allmacht manifestieren, um so der Welt neues Leben zu geben. Die Zukunft, die für uns vorgesehen ist, wird dem Grad unserer Bereitschaft entsprechen, sich zu öffnen. So, wie es heute aussieht, ist es damit nicht gut bestellt. Der Aufruf der Madonna ist spiritueller Natur, ein Aufruf, Gott als Herrn anzuerkennen, d.h. vor allem, vollkommen offen für ihn zu sein. Das größte Problem scheint mir, daß wir damit zögern, wir sind zu sehr ins eigene Kalkül verstrickt. Die

‚Gospa' will, daß wir Gott anbeten. Von unserer Antwort hängt die Zukunft ab".

Wie er sich die Umrisse dieser Zukunft vorstelle, war die nächste Frage. „Darüber kann ich nicht phantasieren. Es ist immer alles offen. Aber der Glaube sagt mir, daß Gott große Dinge vorbereitet, größere, als wir uns vorstellen können. Nach meinem Empfinden wird ein großes Pfingsten über die Welt hereinbrechen. Unsere Tage sind Vorläufer wie bei den Aposteln. Wir durchlaufen dunkle Tage der Reinigung im Glauben, in der Hoffnung, in der Liebe. Ich habe aus der ganzen Welt von Menschen gehört, die in ihrem Innern vorausgeahnt haben, was die Madonna hier proklamiert hat. Das läßt den Schluß zu, daß der Aufruf ein Aufruf an die ganze Menschheit ist, ein Plan, der nicht nur einzelne einbezieht, sondern die ganze Menschheit. Von allen Kontinenten kommen Nachrichten über inspirierte Personen, die in diesem Appell einen Weg in die Zukunft sehen."

Mit besonderem Nachdruck fügt Tomislav Vlašić hinzu: „Dies ist ein Aufruf, in die Tiefe zu gehen, ich betone: in die Tiefe zu gehen. Über den Heiligen Geist erhalten wir das notwendige Licht zu erkennen, was Gott im Augenblick von uns erwartet. Die ‚Selige Jungfrau' ist ein Zeichen, ein Aufruf, keine endgültige Wirklichkeit. Sie bereitet uns vor, wir sollen Impulse annehmen wie seinerzeit die Apostel auch, annehmen die Gaben des Heiligen Geistes, um das neue Leben zu leben."

Mit Sorge erfüllt Pater Vlašić ein Mißverständnis, das er bei manchen Pilgern (einschließlich Priestern) festgestellt haben will. „Sie sehen ihr Ziel erreicht", erläutert er, „wenn sie hier zu Füßen der Madonna angekommen sind. Es ist eine Tragödie, nur bis zum Wort zu kommen. Denn das Evangelium sagt, das Wort soll wie Samen im Herzen sein, ein Same, der hundertfache Frucht bringen will. Ein Wort allein bringt nichts hervor. Die Arbeit, um die es geht, ist die Arbeit in uns, annehmen, was die ‚Gospa' im Namen Gottes in uns sät. Wir sollen wachsen, zu Zeugen werden des neuen Lebens, berührt vom Heiligen Geist."

Der sehr ernst wirkende Priester warnt beschwörend davor, die Madonna zu einem Ersatz für die eigene Spiritualität zu machen. „Sie ruft, wir sollen annehmen, wachsen durch den Heiligen Geist. So kann die neue Kirche, die neue Welt wachsen." Und nochmals hebt er sein Herzensanliegen hervor: „Ich unterstreiche: Viele kommen und haben doch nichts verstanden. Man kann sich der Madonna nicht mit einer egoistischen Grundhaltung nähern. ‚Gib mir dies und vermittle mir jenes!'

Die Grundbitte muß vielmehr anders lauten: ‚Gib mir Gott, gib mir das neue Leben! Dafür biete ich mich selbst an, meine Bereitschaft, mich zu öffnen, meine Sehnsucht, Gott zu haben, mein Gebet. So beginnt neues Leben.'

In Medjugorje sei ein großes Erwachen des Glaubens festzustellen. Der Himmel biete besondere Gaben an. Was nach Meinung von Tomislav Vlašić fehle, das seien Strukturen, in denen Menschen mit Glaubenserfahrung, die ihnen zuteil wurden, weiterschreiten könnten zu noch tieferen Erfahrungen. Viele Menschen seien berührt, erwacht, sie halten Ausschau nach Führung. Einen Schwerpunkt müßten seiner Meinung nach Gemeinschaften (Orden?) setzen, die Bekehrung leben. Was man angefangen habe, müsse weitergegeben werden an Menschen, die vorangehen wollen, die erwacht sind und nicht wissen, wie es weitergehen soll. Es würden traditionelle Strukturen existieren, die statisches Leben begünstigen, die Menschen daran hindern, weiterzukommen. Erfahrungen, die in Medjugorje geboren wurden, in Gebetskreisen etwa, müßten weitere Schritte folgen in Richtung auf Gemeinschaft. Gemeinschaften wären der letzte Schritt, Gemeinschaften, die zu Oasen würden, in denen suchende Menschen Zeugnis finden könnten. Eine neue Spiritualität erfordere neue Strukturen. „Für die ‚Gospa' ", so Vlašić, „ist die ‚Einfachheit vor Gott' entscheidend."

Es gelte nicht, menschliche Formen zu suchen, sondern dem neuen Geist Weite zu lassen, damit der Mensch ‚auferstehen' kann, denn der ‚Auferstandene' will wachsen. Die passenden Strukturen werde er finden, wie die ‚Gospa' versichert habe. Dazu lade sie ein. Auf allen Ebenen der menschlichen Geschichte sieht Vlašić die Transformation, die Umgestaltung von Strukturen. Oft wären es wenige gewesen — siehe Abraham, Mose —, die gereinigt wurden für die Brüder. Die Geschichte müsse verändert werden, dabei dürfe man sich nicht so sehr mit den andern beschäftigen, sondern eher daran interessiert sein, Gott unsererseits alles anzubieten — für die Brüder. Das sei das Geheimnis der Inkarnation, heute das Geheimnis der Kirche.

Der Gedanke an neue Formen für ein neues Denken, für neuen geistigen Reichtum, läßt Pater Tomislav nicht zur Ruhe kommen. Er ist von dieser Vorstellung fasziniert. Derart, daß sie ihn zuweilen in Gegensatz zu seinen Mitbrüdern, vielleicht zur ganzen Ordensgemeinschaft bringt. Es wäre nicht das erstemal in der Geschichte der Kirche und ihrer Gemeinschaften. Der Ausgang bleibt offen. Neues Leben wird unter

Schmerzen geboren, für beide Seiten. In Medjugorje ist es nicht anders. Der Mensch ist aufgerufen, handeln muß er selbst, und das Ringen um den richtigen Weg wird ihm keinesfalls abgenommen — auch nicht das Risiko von Fehlentscheidungen.

»Die Welt hatte Angst«

Im Samostan (Kloster) in Mostar, Sitz der franziskanischen Provinzleitung, trafen wir ihn kurz nach seiner Ablösung. Dr. Tomislav Pervan, auch er einige Jahre verantwortlicher Seelsorger in Medjugorje, Nachfolger von Pater Tomislav Vlašić. Ohne Begeisterung war er seinerzeit angetreten, gegen schweren inneren Widerstand. Erst sein Vater konnte ihn überzeugen, sich der Aufgabe nicht zu verweigern. Als Exeget (Bibelwissenschaftler) besaß er das notwendige intellektuelle Instrumentarium, alle Vorgänge auf ihre Übereinstimmung mit dem Offenbarungsgut der Bibel abzuklopfen. Ein ausgeglichener, eher zurückhaltend wirkender Mann.

Wehmut klang durch, als er in fließendem Deutsch von der ‚ersten großen Liebe' erzählte, von den ersten zwei Jahren der Erscheinungen, als die Gemeinde durch Fasten und intensives Gebet um ihre neue Identität rang: „Es waren schöne Jahre! Aber dann kamen mit den Pilgerströmen die Reiseunternehmen, erste Händler, Grundstücksspekulanten, der Staat entdeckte den ‚Devisenkuchen' und ging von der offenen Verfolgung zur Tolerierung über. Wo man mit dem Mammon liebäugelt, ist es mit Gott meistens vorbei." In seinen Worten klang Bitterkeit durch. Es war die Pfarrgemeinde, an die er offensichtlich dachte. „Heute sind die Pilger aus allen Teilen der Welt entscheidend."

Um eine spontane Zusammenfassung seiner Medjugorjejahre gebeten, antwortete er ohne Zögern: „Der Mensch ist unheilbar religiös. Er muß etwas anbeten. Wenn man ihm Gott nimmt, betet er Götzen an. In Medjugorje werden wir an die zwei großen Geheimnisse unseres Glaubens erinnert, auf dem Erscheinungsberg an die Menschwerdung, auf dem Križevac an die Erlösung. Wir schmecken Seligkeit (Podbrdo), um den Kelch zu trinken (Kreuzberg)."

In Medjugorje fand sich nie Zeit, ausführlich mit ihm zu sprechen. Um so mehr nutzte ich einen Aufenthalt Pervans im Herbst 1989 in Deutschland, die gemeinsame Hin- und Rückfahrt zu einer Fachtagung in Paderborn. Er hatte eines von mehreren Referaten übernommen, um ‚aus erster Hand' zu unterrichten. „Der Mensch", so Pater Pervan, „ist auf der Erde im wesentlichen heimatlos. Er will in die Heimat zurück, zurück zu Gott. Vögel werden auf der Nordhalbkugel unserer Erde geboren, aber sie kennen den Weg in den Süden. So auch der Pilger. Wallfahren gehört zum Wesen menschlichen Lebens. Wallfahren ist nicht in die Ferne wandern, sondern Rückkehr in die Heimat."

Medjugorje habe allen Widersprüchen und Experimenten widerstanden, es sei wie eine aufgeschlagene Bibel. Den Menschen unserer Zeit sieht Pervan in höchster Versklavung und Verzweiflung. Ohne Gott zu leben, sei eine Qual, ohne Gott laufe alles auf die Frage hinaus: ‚Wer von uns zweien ist der Stärkere?' Das habe sich in der Geschichte als destruktiv herausgestellt. Vieles, was der Mensch schaffe, sei ein Ersatz für Gott. „Der Mensch ist unglücklich, nur Mensch zu sein. Aber statt Fortschritt hat er nur Angst vor der Zukunft erzeugt."

Medjugorje sei für viele die Rückkehr zur eigenen Mitte geworden, dort hätten sie die heilende Kraft des Glaubens erfahren. Jesus habe die Welt als Brutstätte von Krankheiten entlarvt. In unserem Jahrhundert seien über siebzig Jahre Kommunismus ein Weg ins Nichts gewesen. Ohne Gott wäre der Mensch nicht imstande, human zu leben. „In Medjugorje erleben wir, wie der Mensch erst frei wird, wenn er Gott findet. Jeder möchte ganz Mensch, ganz heil sein. Die Welt kann nur gerettet werden durch jene, die ganz in Harmonie sind mit sich selbst. Ohne Gott lebt der Mensch am Rande des Weltalls, aber das Weltall ist taub".

Pervan erinnert an die Aussage der ‚Seligen Jungfrau': „Ich bin gekommen, um den Menschen zu sagen, daß Gott existiert." Medjugorje ist für ihn das konkrete Angebot eines neuen Menschen, Maria Ausdruck des heilen Menschen, übersetzte Gottes- und Menschenliebe. In Medjugorje ist er mit der Furcht des Menschen in Berührung gekommen, sein Leben zu verfehlen, dort hat er den Menschen als Menschen erfahren. In diesem Tal erlebte er den Dialog zwischen Gott und Mensch, dort muß sich der einzelne stellen, im Angesichte Gottes kommt er zu sich selbst, Personalisierung findet statt.

Ohne Verantwortung und Freiheit des einzelnen — so die Bilanz mehrerer Jahre — ist alles nur ein Hirngespinst. In Medjugorje kann man erleben, wie der Mensch erst frei wird, wenn er Gott findet. Gott verdankt er sein Wesen, keiner ist Kopie des andern. In der reinen Luft der Herzegowina, die von den Bergen weht, entdeckt man Menschen, die auf der Suche nach dem Heiligen sind, in allen lebt das Unbewußte der Heiligen. Hätte der Mensch eine Ahnung vom Guten, er würde nicht so sehr am Bösen leiden. Vor zweitausend Jahren hat Jesus der Welt gesagt, daß sie verdorben ist. Er verkündete die Botschaft vom neuen Menschen. Aber die Welt hatte Angst vor dem neuen Menschen. In Medjugorje geht es um den Versuch, die Welt im Geiste Jesu zu vermenschlichen, seine Verkündigung neu zu beleben. Wir sind stets versucht, von falschen Menschen das Falsche zu lernen. Insofern öffnet sich in Medjugorje das Buch der Gegenwart, offenbart sich das Heute. Nicht die Menschheit existiert (die man unentwegt ins Glück führen wollte), sondern Menschen. Maria ist Anwältin dieser vergessenen Wahrheiten geworden.

Immer wieder fragt man sich zwischen den Hügeln dieses Tales, was es denn wohl für eine Macht sein kann, auf deren Impuls hin der Mensch in die Freiheit seines eigenen Geistes will. Pilger sprechen in Medjugorje von einer ‚Aura'. Das griechische Wort für Mensch lautet ‚anthropos'. Damit war ursprünglich jener gemeint, ‚der hinaufschaut'. Maria ist diese geglückte Existenz, die geglückte Beziehung zu Gott, im Namen Jesu, der vom Himmel kam. Dem Skeptiker — so Pervan zum Ausklang in Paderborn — ist Medjugorje ein großes Rätsel.

Es war bereits dunkel, als ich ihn nach einem Besuch der Barockstadt Fulda in sein Quartier nach Blankenau im Vogelsberg fuhr. Von einer harten Kindheit erzählte er, von Nächten, in denen er aufbrechen mußte von Čitluk, um einen Handkarren voller Weintrauben nach Mostar zu ziehen, dreißig Kilometer, barfuß. Von Schulkameraden berichtete er, die er als Pfarrer von Medjugorje in kommunistischen Behörden wiedertraf, als Widersacher, Mitläufer; von seinen ersten Pilgerwegen nach Medjugorje, zu Fuß, vom Kloster Humac aus, fünfzehn Kilometer. Er selber ein Pilger, ein Gottsucher, für den sich dann der Himmel öffnete, um ihn in die Entscheidung zu zwingen — ‚für Sein oder Nichtsein', an einem Ort, wo sich die Menschen, wie er mehrere Jahre aus nächster Nähe sehen konnte, durch Blicke, einen Händedruck, befreiendes Schluchzen, Weinen, Lächeln oder Seufzer näherkamen. Etwas von der klaren Dichtung der Mystik klingt manchmal in seinen Worten an, bei aller Nüchternheit des Denkens.

Als wir am Ziel in den geräumigen alten Stiftshof einfuhren, wechselte er überraschend den Gedankenfluß. „Was ich vor allem schätzen gelernt habe, ist das Gebet alter Menschen. Es ist wie die Heizung im Keller. Man sieht sie nicht, man zeigt sie nicht, man erwähnt sie nicht, aber wehe, wenn sie zur kalten Jahreszeit ausfällt. Dann frieren alle." Wir schwiegen einen Augenblick. „Wahrheit ist einfach und heilig", hatte er in Paderborn gesagt. „In der Bekehrung nimmt der Mensch das Leben an, die Liebe zu leben. Mehr Liebe heißt immer mehr Frieden." Er reichte mir die Hand zum Abschied. Ich dankte für die gemeinsamen Stunden. Tomislav Pervan hat in Medjugorje erfahren, was wahres Leben ist. Ein Hauch davon ist in allen seinen Worten zu spüren. Von ‚betender Einfachheit' sprach er einmal. Er verkörpert sie auch.

»Nicht bekehren, sondern umkehren«

Im Herbst 1988 kam es in der Franziskanerprovinz der Herzegowina zu großen Umbesetzungen. Eine neue Provinzleitung wurde gewählt. Personelle Veränderungen erfolgten auch in Medjugorje. Tomislav Pervan und einige Mitarbeiter bedurften der Ruhepause. Körperliche und seelische Strapazen hatten sie erschöpft. Man sah es ihnen an. Ein für Außenstehende unvorstellbarer Einsatz hatte ihnen alles abgefordert. Aus Deutschland wurde Dr. Leonhard Oreć zurückgerufen. Über elf Jahre war er in Blankenau bei Fulda mit drei Mitbrüdern tätig gewesen, um vier verwaiste Pfarreien zu betreuen. Vom damaligen Bischof Prof. Dr. Eduard Schick waren sie ins Land gerufen worden, um dem katastrophalen Priestermangel abzuhelfen. Das Dr. Oreć angeborene Organisationstalent wurde in Deutschland durch praktische Erfahrungen und Kontakte auf diesem Gebiet angereichert. Die Vorgänge in Medjugorje gingen in das achte Jahr. Es kam ihm zugute, was er in der Ferne dazulernen konnte.

Die Gemeinde stand im Blickfeld der ganzen katholischen Kirche, aber auch der Weltöffentlichkeit. Die Pilgerströme schwollen täglich an. Aber der äußere Rahmen — Gottes- und bescheidenes Pfarrhaus — waren unverändert geblieben. Die hygienischen Verhältnisse erreichten katastrophale Ausmaße. Für die manchmal über hundert Priester am Altar standen weder Umkleide- noch Waschräume zur Verfügung.

Örtliche Seelsorger hatten Notunterkünfte in einem der beiden Kirchtürme bezogen. Spartanische Enge. Im Winter gefror das Wasser im Becken, und wegen des penetranten Durchzuges mußte man sich nachts die Decke über den Kopf ziehen. Unbeschreiblichen Opfergeist mußten die Ordensschwestern aufbringen. Stickige Luft im Sommer. Eisige Kälte im Winter. Jeder trat jedem auf den Fuß. Verwaltungs- und kirchlicher Druck verhinderten jeden Ausbau. Das tägliche Miteinander auf engstem Raum forderte Verzicht und Rücksicht bis zum Heroismus. Dr. Oreć, von seinem Naturell mehr Preuße denn Kroate, wollte und sollte wohl auch die Verhältnisse ändern. In der politischen Atmosphäre bahnten sich Veränderungen an. Mit ungeahnter Energie ging der 62jährige seine Aufgabe an.

Zunächst ließ er hinter der Kirche einen großen, angehobenen, überdeckten Altarraum errichten, um Möglichkeit zu schaffen, in den heißen Sommermonaten die Gottesdienste bei großem Ansturm der Gläubigen ins Freie zu verlegen. Mitte 1990 konnte man an gewöhnlichen Tagen abends bis zu 5000 Gottesdienstbesucher zählen. Oft weit mehr. Bis dahin wurden die hl. Messen in solchen Fällen auf einem provisorischen, brüchigen Holzgerüst zelebriert. Unter dem neuen Altarraum fanden Räume zum Wechseln der liturgischen Gewänder für die zahlreichen Geistlichen aus aller Welt Platz. Auf dem Platz neben der Kirche wurde der Boden entsprechend hergerichtet, um Bänke für fast tausend Menschen aufzustellen, denen somit Gelegenheit gegeben wurde, den Gottesdiensten mit Würde beizuwohnen. Längs dieses Platzes tauchten geschmackvolle, überdachte Beichtstühle auf, die persönliche und Beichtgespräche ermöglichen. In den ersten acht Jahren konnten sie nur im Freien stattfinden, eine schwere gesundheitliche Belastung für Priester und Ratsuchende. Einen Steinwurf vom Pfarrhaus entfernt erwarb man eine kleine Pension, in der nach entsprechendem Umbau die betreuenden Ortsgeistlichen nach Jahren halbwegs menschenwürdig unterkamen. Danach erwarb man ein benachbartes Grundstück, auf dem ein Längsbau entstand. In ihm befinden sich inzwischen mehrere Versammlungs- und Vortragsräume, Konferenz- und Sprechzimmer, eine Anbetungskapelle, im ersten Stock Unterkünfte für etwa zehn Ordensschwestern. Auch dies eine brennend überfällige Maßnahme. Architekten aus Italien und Jugoslawien setzten erste Besprechungen über Raumordnungsplanung durch, um nicht wiedergutzumachenden Schaden bei der entstandenen hektischen Bautätigkeit für Medjugorje und Umgebung abzufangen. Oreć wohnte ihnen bei.

Für seinen Baueifer, unter dem Druck sich zuspitzender skandalöser Raumverhältnisse erwacht, mußte Pater Leonhard bald einen bitteren Preis bezahlen. Im September 1989 setzte ihn der örtliche Bischof von Mostar, Pavao Žanić, nach knapp elf Monaten Tätigkeit unter fadenscheinigem Vorwand abrupt ab. Oreć appellierte an die zuständigen Instanzen in Rom, weltweit unterstützt von Bischöfen, Priestern und angesehenen Laien, und konnte die Entfernung aus dem Amt erst einmal hinausschieben. Keinem Seelsorger in Medjugorje blieben Prüfungen und das Kreuz erspart.

Auf engstem Raum, Schlaf-, Arbeits- und Empfangszimmer in einem, saßen wir uns zwischen zwei Terminen gegenüber. Fast zwei Jahre waren vergangen, seit er die Zelte im Raum Fulda abbrechen mußte, um eine Aufgabe zu übernehmen, zu der sich niemand drängte. „Wir werden in unseren Reihen bald keinen mehr finden", sagte mir damals ein junger, befreundeter Franziskaner, „der bereit sein wird, Pfarrer in Medjugorje zu werden. Wer ein solches Amt übernimmt, muß zur Aufgabe seiner selbst bereit sein. Er wird zerrieben." Oreć war nicht älter geworden, wohl aber sanfter. Das mußte bei der Fülle von Problemen, die über ihn hereingebrochen waren, überraschen. Auf den Wandel in seinem Denken kam die Sprache.

„Immer mehr steht mir die Barmherzigkeit Gottes vor Augen", sagte er verhalten. „Ich spüre, daß die Menschen, die hierher kommen, durch uns diese Barmherzigkeit erfahren sollten. Wenn sie sich schon auf den Weg gemacht haben, nicht selten von weither, schwer beladen mit Problemen, eigenem Versagen, Fehlentscheidungen der Vergangenheit, dann wäre es eine Sünde, sie ohne Trost wegzuschicken. Vor allem in der Beichte. Manch einem muß man — im Sinne heutiger Kirchenpraxis — die Absolution versagen. Gott jedoch findet Wege des Heils, die seine Kirche heute noch nicht kennt. Nicht, als ob sie ihr nicht anvertraut wären. Aber zu manchen hat sie sich im Laufe der Jahrhunderte noch nicht durchringen können. Es ist wichtig, daran zu denken. Das Kanonische (Kirchen-) Recht hat seine Berechtigung, es muß respektiert werden, aber der Mensch, seine Sehnsucht und seine Sünde, ist größer als jedes Recht. Auch seine Konflikte.

Ich habe in Medjugorje gelernt, mich als Werkzeug Gottes zu betrachten, sich weniger wichtig zu nehmen, nicht dem eigenen Willen, eigenen Plänen, eigenen Vorstellungen zu vertrauen, die Haltung Mariens annehmen, der Magd. ‚Ecce ancilla Domini'. Hier kann man nicht organisieren, hier muß man für die Menschen da sein, einfach da sein, offen. Die notwendigen Kräfte wachsen einem zu."

Kummer bereiten ihm abstoßende Nebenerscheinungen, das Gebaren der Händler, Krimineller, die sich im vorausgegangenen Winter von der Adria abgesetzt und in Medjugorje einen Ersatz gesucht hatten. Die Sicherheitskräfte konnten durchgreifen. Oreć vermerkt es mit Respekt. Auch die eigenwillige Deutung der Botschaft von Medjugorje durch Organisatoren und Pilgerleiter bedrückt ihn. Jeder erlebt die Vorgänge auf eigene Weise, zwängt sie in sein Denkschema, paßt sie seinen Bedürfnissen, Nöten, Lieblingsvorstellungen oder apokalyptischen Lieblingsängsten an. „Die Botschaft kann entarten." Unter dubiosen Umständen werden in der Welt Statuen angeboten, die angeblich von der ‚Seligen Jungfrau' gesegnet seien u.ä. Mitteilungsblätter und periodische Schriften geben sich als kompetente Informanten aus, deuten vieles eigenmächtig, berichten überschwenglich. Dem werde man eines Tages entschieden begegnen müssen. Vorerst vertraut Oreć auf den Heiligen Geist, der ‚über Gesundheit und Wahrheit wacht.'

Sein Rat an Besucher, Pilger, Anhänger, Enthusiasten, an alle, die den Weg der Umkehr eingeschlagen haben, betrifft drei Bereiche: 1. Die Quellen beachten. Das bezieht sich in der Kirche allgemein auf die Verkündigung, in Medjugorje auf die Botschaften und die sie begleitenden Impulse. Legendenbildungen schaden, verzerren, belasten den Kern des Anliegens. Die reine Wirklichkeit ist erhaben. 2. Einfach bleiben. Das Einfache ist Grundstil in den Abläufen von Medjugorje, die Einfachheit des Denkens, des Betens, des Glaubens, der Sprache, der Weitergabe, des Lebens insgesamt. 3. Frieden leben. Zu leben gilt es, nicht nur zu hören, nicht nur zu verkünden. Den Frieden, der einem zuteil wurde, weitergeben, nicht unverbindlich, sondern konkret, zunächst an jene, denen man begegnet, denen man verbunden ist in Familie und Gesellschaft, im eigenen Milieu, Frieden vor allem unter jenen, die sich der Versöhnung verpflichtet haben. „Sich selbst und Gott vergeben können, wenn man sich überfordert glaubt. Medjugorje will nicht abgrenzen, sondern das Evangelium bewußt machen." Mit einem Lächeln schließt Dr. Leonhard Oreć: „Nicht bekehren, sondern umkehren!" Es klingt barmherzig, weil die Umkehr in ihm selber ihren Niederschlag gefunden hat.

Dr. Tomislav Pervan — Neutestamentler

Dr. Ivan Dragičević — Neutestamentler

Fra Jozo Zovko — mit Gefängnis bestraft

Dr. Slavko Barbarić — Psychoanalytiker

Statue der Madonna vor der Pfarrkirche in Medjugorje

»Vergessene Wahrheiten«

Den verantwortlichen Pfarrern standen sehr bald fähige Mitbrüder zur
Seite. Zu nennen sind da in erster Linie Prof. Dr. Ljudevit Rupčić,
Dr. Ivan Dugandžić, Dr. Slavko Barbarić. Die beiden ersten — wie Dr.
T. Pervan — Exegeten, Barbarić Psychologe und Pastoraltheologe. Ein
in seiner Zusammensetzung gelungenes Team. Von der wissenschaftlichen Ausstattung her hochkarätig gebildete Männer. Mehr als ihre Bildung habe ich stets ihre Demut bewundert, ihren Humanismus, ihre
Selbstlosigkeit und Liebenswürdigkeit. Die Franziskanerprovinz der
Herzegowina ist die kleinste Provinz des Ordens in Jugoslawien. Auch
in diesem Fall fiel die Wahl des Himmels auf das Kleine. Jedem einzelnen von ihnen sieht man an, daß die Jahre der Erscheinungen sie tief
geprägt, wenn nicht verwandelt haben.

Pater Ljudevit Rupčić ist selbst Verfasser zweier Bücher über Medjugorje. Bekannt ist der ehemalige Professor an den Theologischen Fakultäten in Zagreb und Sarajewo u.a. durch seine Neuübersetzung des
Neuen Testamentes ins Kroatische. In ihr weist er sich nicht nur als
gediegener Wissenschaftler, sondern auch als Sprachtalent aus. Sein
‚Novi Zavjet‘ wurde für mich zur täglichen Lektüre und damit zur Schule des Kroatischen. Ihm verdanke ich u.a. meine Liebe zu seiner Mutter-
sprache. Antworten aus seinem Munde pflegen nie professoral zu sein.
Ihre schlichte Tiefe paßt in die geistige Landschaft von Medjugorje.

„Welche Absicht verfolgt Gott in Medjugorje?" lautete die erste Frage
an ihn. Die Erwiderung kam prompt: „Gott bleibt immer Gott. Menschen ändern sich. Geschichte verläuft auf und ab. Gott ist immer treu.
Immer bleibt er ‚der Heiland‘. In Medjugorje will er die Menschheit aus
einer Sackgasse herausführen. Über die ‚Gospa‘ ergreift er die Initiative
des Heils." Der erfahrene Professor war anfangs dagegen. Drei Monate
hat es gedauert, bis sich eine positive Einstellung bei ihm durchsetzte.
„Ich wollte die Wurzeln von Medjugorje finden. Unter diesem Aspekt
habe ich beobachtet, geforscht, geprüft. Ich fand sie schließlich, ich fand
sie in der Hl. Schrift. In den Inhalten der Botschaften fällt nichts Neues
auf. Aber eine neue Betonung der grundsätzlichen Wahrheiten des Heils,
der vergessenen Wahrheiten, ist nicht zu überhören. Auch von neuen
Prioritäten kann man sprechen, aber die Substanz ist die Substanz des
Evangeliums".

Die Krankheit des Christentums bestehe, so Rupčić, im Zwiespalt zwischen Theorie und Praxis. Er erinnert an die Worte Mahatma Gandhis: „Das Evangelium ist gut, aber die Christen sind schlecht." Das Christentum, zum Fossil verkümmert, habe sich auf die kulturelle Form zurückgezogen, sei seit langem tot. Der Geist lebe nicht mehr. „Eine Sehnsucht nach Glaubenserfahrung ist aufgebrochen. Das Evangelium leben ist Glaubenserfahrung. Die Kenntnis des Evangeliums war lange im Theoretischen steckengeblieben. Glaubenserfahrung in Medjugorje — von der man spricht — ist Leben, das Evangelium leben." Nach der Vorstellung des Franziskaners muß das Evangelium so gelebt werden, daß es, sollten Bücher und Texte verlorengehen, jederzeit wieder rekonstruierbar wäre, und zwar am Leben der Christen. Evangelium als Wirklichkeit im Menschen. Erinnert wird an Mohammed, den Religionsstifter, der dem Christentum im Zerrspiegel untereinander zerstrittener Sekten begegnet ist. Ob es jemals zur Entstehung des Islam gekommen wäre, hätte der Mann aus Mekka Gelegenheit gehabt, gelebtes Christentum zu erfahren, diese Frage dürfe man sich stellen. Marxismus konnte nur auf dem Boden des Christentums entstehen. Kommunismus stelle pervertierte Strukturen des Christentums dar.

Für Rupčić ist Medjugorje Zeichen für die Kirche, Zeichen der Anwesenheit Gottes in der Welt, aber auch Ausdruck der Kirche, Ausdruck der Gegenwart Christi in dieser Welt, eine Gegenwart, die in Medjugorje bestätigt wird. Die Betrachtung eines Gemäldes liefert Parallelen. Das innere Sehen sei entscheidend, nicht die äußere Form. So müsse Medjugorje betrachtet werden. Ein Medikament verabreicht man oft nicht in seiner reinen Form, sondern verdünnt, in Flüssigkeit aufgelöst. Als Exeget weiß er an die Phänomene heranzugehen. Ohne Glauben kann man kein großer Bibelwissenschaftler sein. „Ein Exeget, der nicht betet, ist ‚nur' Professor." Bei der Erforschung der Hl. Schrift entscheidet nicht nur das Wissen, sondern der Glauben. Große Theologen waren immer große Gläubige. Wie eine behutsame Mahnung klangen Worte, die er bei diesen Gedankengängen einschiebt: „Für ein Buch bedarf es des richtigen Geistes. Ohne richtigen Geist kann man nicht richtig schreiben."

Dann folgt ein aufschlußreicher Ausflug in sein Fachbereich. Auf Lukas 1, 28 kommt er zu sprechen. Die bekannte Verkündigungsszene. Der Engel Gabriel tritt in Nazareth vor das junge Mädchen Maria und grüßt sie: „Sei gegrüßt, du Begnadete!" In anderen Übersetzungen heißt es: „Sei gegrüßt voll der Gnade!" Beide Formulierungen sind keine korrekte Übersetzung des griechischen Urtextes. In der deutschen Sprache ist eine solche schwer möglich. Genau müßte es heißen: „Sie gegrüßt, Gnadene!" Gnadene, das heißt, alles ist Gnade — alles ist Gold, Goldene, nicht vergoldet. Gott ist Gnade. Maria ist ein Stück dieser reinen Gnade, nicht Gott, sondern Geschöpf, dennoch Gnadene, ein Mysterium des Glaubens, reine Gnade. Keine Sünde, keine Folgen der Sünde. Im Hebräischen bedeutet Name Definition — Wesensbeschreibung. Im Kroatischen war eine sinngetreue Übertragung möglich. ‚Milosna' steht im Novi Zavjet, ‚Gnadene', ‚Raduj se, Milosna!' In einem Referat am Rande des großen ökumenischen Ökokongresses in Basel im Jahre 1989 hat Prof. Rupčić diesen Passus auch vor evangelischen Theologen durchgesprochen.

„Lukas war ein feinfühliger, wunderbarer Mann", bemerkte ich. „Gott ist wunderbar, Gott war der Schriftsteller", antwortete der Professor. „Gott hat sie so genannt. Als Theologe gehe ich weiter. Maria ist Kern der Kirche. Wir nennen die Kirche trotz vieler Unzuträglichkeiten, Verirrungen, trotz der inneren Kämpfe, Zerrissenheit, heilig. Berechtigt, denn der Kern ist heilig, der Kern ist ohne Makel. Daher soll sie Zeichen für alle Menschen sein. Sie stellt den vollkommenen Menschen dar, sie stellt aber auch die Kirche dar." Der angesehene Theologe macht eine Pause, schließlich fügt er hinzu: „Ohne Seher keine Zeichen! Man stößt sich gelegentlich an der Länge der Erscheinungen, ein paar Jahre, kurz oder lang, das ist doch nebensächlich. Entscheidend ist die Erscheinung als solche. Sollte die heutige Generation bereit sein, die Botschaft (das Evangelium) zu leben, kann der Baum des Lebens wachsen, reiche Früchte bringen, Zukunft verbreiten, vorbereiten."

Nach langen Beobachtungen, vor dem Hintergrund der ganzen Menschheitsgeschichte, meint Rupčić in Medjugorje ein tiefes Eingreifen des Schöpfers zu erkennen, der in einer kritischen Stunde der dramatischen Beziehungen zwischen Gott und Schöpfung neue Perspektiven aufzeigt. Diesem Menschen sieht sich auch Rupčić verpflichtet, oft unterwegs, ein im In- und Ausland gefragter Referent, ansonsten in Medjugorje präsent. Jederzeit zur Verfügung, zu einem Gespräch, einer Information, zu einem Rat bereit. Ein Mann am Pulsschlag der Gnade.

Auf die Kritik angesprochen, die er vereinzelt ausgelöst hat, weil er in seinem letzten Buch über Medjugorje mehrmals den umstrittenen deutschen Theologen Eugen Drewermann erwähnt hat, sagt Prof. Ljudevit Rupčić: „Wahrheit bleibt Wahrheit, auch wenn sie von einem in anderen

Bereichen irrenden Menschen zitiert wird. Das war immer die Größe des Christentums, die Wahrheit auch dort zu entdecken, wo man sie verschüttet glaubte." Ein innerlich freier, ein wahrhaft großer Theologe, nicht auf menschliche Maßstäbe fixiert, sondern auf die Ewige Wahrheit.

Entscheidendes Kriterium

Dr. Ivan Dugandžić hat drei Jahre in Medjugorje gewirkt. Beim großen Revirement, dem schon erwähnten Stellenwechsel 1988, wurde er in die Provinzleitung nach Mostar berufen. Er war der erste Priester, mit dem ich Weihnachten 1987 ausführlich sprechen konnte, während unseres ersten Besuches. Seitdem habe ich bei keinem Aufenthalt versäumt, ihn aufzusuchen. Dugandžić spricht ein makelloses, gepflegtes Deutsch, ist Exeget, hat in Würzburg bei Professor R. Schnackenburg, bekannter Neutestamentler, studiert. Obwohl er die ersten Jahre nicht direkt in Medjugorje eingesetzt war, hat er die Anfänge vom benachbarten Humac aus verfolgt. Seinen Predigten zuzuhören, ist ein Gewinn. Er verbindet klare Sprache mit gediegener Bibelkenntnis. Seine Vergleiche sind lebensnah. Haften geblieben ist mir eine Rede über König David und den Propheten Nathan. Der Hirte, der zum Schöpfer Großisraels wurde, wollte sich in Jerusalem mit dem Bau eines gewaltigen Tempels ein Denkmal für alle Zeiten setzen. Aber Nathan verbot es ihm, versprach ein anderes Denkmal. Aus seinem Geschlecht, aus seinem Volke sollte in ferner Zukunft der Erlöser hervorgehen. Wichtiger als ein Bauwerk bleibt das geistige Erbe, das geistige Fundament eines Volkes. Diese Mahnung Nathans sei — so Ivan Dugandžić — unzählige Male bestätigt worden. Menschen bauen gewaltige Kathedralen, mit großem Aufwand, und wenn sie fertiggestellt sind in ihrer äußeren Pracht, ziehen sie aus. Verfallender Glaube treibt sie hinaus.

Eigene Erlebnisse standen mir vor Augen. In den sechziger Jahren habe ich an Filmarbeiten in Frankreich mitgewirkt, die zweckentfremdete, herrliche gotische Kirchen zum Thema hatten. Markthallen waren aus ihnen geworden oder Abstellräume. Ein vorausgegangener Bericht für das US-Fernsehen hatte die Öffentlichkeit aufgebracht. Wir versuchten es ein zweites Mal und mußten vor der Polizei fliehen. Auch in

Spanien habe ich wunderschöne romanische Kirchen angetroffen, in denen Autos repariert wurden. Leere Hülsen ohne Seele.

Diese Linie durchzieht das Denken des Exegeten Dugandžić: Nicht auf das Äußere, auf das Gelebte kommt es an. Er ist Studien- und Kurskollege von Jozo Zovko. Als die Nachricht von den Erscheinungen als Überraschung auch in Humac ‚einschlug', nahm man sie skeptisch auf. Aber man wollte Zovko nicht im Regen stehen lassen. Mit Tomislav Pervan fand er sich am sechsten Tag gegen zehn Uhr ein, befragte die jugendlichen Seher, einzeln. War wenig beeindruckt. „Wir haben in den ersten Tagen im Kloster Humac viel gelacht. Jozo tat uns leid. Wir waren gespannt, wie er die ganze Sache bereinigen würde, wollten ihm helfen, um eine peinliche öffentliche Diskreditierung zu vermeiden."

Dann mußte Pater Ivan öfter aushelfen, hatte Gelegenheit, Seher, Pilger zu beobachten, die Botschaften der Gospa zu analysieren. Vor allem die Mitteilungen weckten sein Interesse. „Es waren immer nüchterne, biblische Botschaften, direkte Aussagen, nichts Sensationelles haftete ihnen an, nichts für Neugierige." Er gewann Sicherheit.

„Wir gingen die Sache existentiell an," erinnerte er sich. „In Zagreb mußte ich einen Theologen korrigieren, der salopp meinte, ‚in Medjugorje ist nichts los'. " Sicher gibt es offene Fragen, aber eine viel größere ist doch die Frage, woher Menschen, Theologen die Kühnheit nehmen, aus der Entfernung, von vornherein zu sagen: da ist nichts! Ein Wissenschaftler muß demütig sein. Theologen sind nicht mehr demütig." Leichte Irritation in seinen Worten war zu spüren.

Ein weiteres Beispiel folgte. In den Anfängen hat ein Priester die ‚Gospa' über die Seher um eine Mitteilung für seinen Stand gebeten. Die Antwort ist bekannt. Sie war einfach: „Sie sollen glauben und über den Glauben der Menschen wachen." Die Empfehlung hat viele Priester frustriert, sie reagierten ungehalten. Es sei ihnen, das beklagten sie, etwas Selbstverständliches mitgeteilt worden. „Aber es geht nicht um das bloße Wissen, es geht um die Situation. Wer den Glauben existentiell begreift, der muß Konsequenzen daraus ziehen. Das war von Anfang an die Ausgangsbasis unserer Beobachtungen: das Existentielle. Nehmen Sie die Botschaften vom Frieden. Die sind nichts Neues. Wirklich nicht? Wer ist bereit, für den Frieden Opfer und Erniedrigung auf sich zu nehmen? Die Seher waren es. Sofort, bereits in den ersten Tagen. Ein entscheidendes Kriterium. Aber die vielen Christen in der Welt? Die Theologen von heute, die keinen Glauben mehr haben, können das Zeichenhafte von Medjugorje nicht verstehen."

Dugandžić spürt in allem die Führung Gottes. An die Schwerfälligkeit der Jünger Jesu wird erinnert, die sich seinerzeit scheuten, Jerusalem zu verlassen, trotz des Auftrages, ‚bis an die Grenzen der Erde zu gehen‘. Verfolgungen mußten eintreten, um sie zu zerstreuen — in alle Winde —, mit ihnen ging das Evangelium, die Botschaft von der Wiedergeburt, vom neuen Menschen, von der Erlösung. Die ständigen erzwungenen personellen Veränderungen in der Pfarrei von Medjugorje, durch staatliche und kirchliche Behörden, zwangen die Patres, ins Ausland auszuweichen. Mit ihnen gingen die authentischen Informationen über die Grenzen Jugoslawiens, z.B. nach Wien. Die Gottesmutter — erinnert mein Gesprächspartner — hat es auf ihre Weise kommentiert: *„Ich begleite euch auf dem Weg der Heiligkeit.“*

Auch ihn bedrückten Bauboom und wirtschaftliche Interessen, die am Ort zu beobachten sind: „Glauben Sie mir“, betont er, „es kommt die Zeit, in der wir Medjugorje vor den ersten Zeugen werden verteidigen müssen. Die Zeit ist schon da. Schauen Sie nur hin. Die Frühzeit des Christentums gibt Aufschluß. Seine Wiege (Palästina) ist nicht christlich. Die gleiche Erfahrung könnten wir in Medjugorje machen. Es ist ein Prozeß. Wie viele Menschen sind bereit, dem Aufruf, das Evangelium zu leben, zu folgen? Was über die Gemeinde hereingebrochen ist, ist auch zur großen Versuchung geworden, eine Prüfung, der manche nicht gewachsen sind. Geld hat eine furchtbare Macht. Dieser Macht war man selbst in der Kirche oft unterlegen. Vor ein paar Jahren mußten wir Angriffe der kommunistischen Verwaltung abwehren, dann die der kirchlichen Behörden, heute ist es die Faszination des Profits, die über die Landschaft hereinschneit. Wir müssen uns schützend vor das eigentliche Anliegen stellen, vor die Botschaft an Kirche und Menschheit.“

Dennoch wertet Dugandžić die zu beobachtenden negativen Begleitsymptome nur als ‚Pubertätserscheinungen‘. „Die Menschen werden eines Tages in sich gehen. Von Anfang an gab es Leute, die aus Stolz oder Hochmut eine ablehnende Haltung eingenommen haben. Die Motive bedürfen der Läuterung. Es ist wie bei einem Wolkenbruch. Das Wasser reißt erst einmal alles mit, später reinigt sich der Bach. Die Zeit wird auch in Medjugorje eine Auslese treffen. Am Ende wird alles durchsichtig und klar.“

Was er selber gelernt habe, für sich, in den Jahren? „Wir sind immer auf dem Weg, die Menschheit, der einzelne, aber Gott ist immer da. Am nächsten ist er uns, wenn es durch die Wüste geht. In Medjugorje wird die Selbstoffenbarung Gottes, wie sie in der Hl. Schrift zu finden ist, erlebbar: ‚Der ich für euch da bin‘. " Mit Skepsis ist Ivan Dugandžić am Anfang den Ereignissen begegnet, hat sie dann einige Jahre aus allernächster Nähe begleitet, beobachtet sie heute wieder aus der Ferne. Wenn man nach den Beziehungen seines Gemütes zu Medjugorje fragt, wird seine Stimme leiser, stockend, der Blick schweift ab. Medjugorje, seine Vision, die Zukunft, die es verheißt, sind zum Traum seines Lebens geworden. Übrigens, nicht nur für ihn.

»Je größer Worte sind …«

Die Nachricht von der Erscheinung der ‚Madonna‘ erreichte ihn am dritten Tag in Freiburg im Breisgau. Nur neun Kilometer von Medjugorje entfernt, wurde Dr. Slavko Barbarić geboren. Seine Mutter pflegte noch mit fast achtzig Jahren den Weg dorthin zu Fuß zurückzulegen. Mit wem immer er in jenen Tagen in der Heimat telefonieren wollte, stets schlug es ihm aufgeregt aus der Hörmuschel entgegen: „Die ‚Gospa‘ erscheint in Medjugorje!. " Noch nach Jahren erzählt er es mit sichtlichem Vergnügen. Barbarić ist Psychologe und Pastoraltheologe. Zu einem ersten, unmittelbaren Kontakt kam es allerdings erst am 9. Juni 1982. Seitdem begleitet er den Ablauf ständig. Er ist ‚dienstältester‘ Theologe am Ort. Noch im Herbst desselben Jahres veröffentlichte er eine psychoanalytische Studie über die Seherkinder. Kaum jemand dürfte die betroffenen Jugendlichen besser kennen als er, ihre charakterlichen Stärken und Schwächen, aber auch den inzwischen von ihnen zurückgelegten Weg zu reifen Persönlichkeiten. Um so aufschlußreicher der Weg, den er selber hinter sich gebracht hat. Er mündet in der Gesamtproblematik des Friedens, die ihn beschäftigt.

Der Psychologe gibt zu, daß es eher Neugier war, die ihn zurück in seine Heimat zog. Nach mehreren Jahren brachte er seine Erkenntnisse auf folgende Formel: „Die tiefste Sehnsucht des Menschen ist die Sehnsucht nach Frieden. Die Frage, die sich stellt, ist die, warum der Mensch sich so leicht für die falschen Mittel entscheidet, dem Frieden näher zu kommen. Haß, Eifersucht, Egoismus, Kriege sind falsche Wege zum Frieden." Die Frau eines afrikanischen Staatspräsidenten habe ihn nach einer Predigt einmal bewegt gefragt: „Warum sind wir nicht so, wie wir zu sein wünschen?"

„Die Verneinung des Friedens kann sehr tief sein. Aber auch Aggression ist nur ein Schrei nach Frieden. Wird der Mensch erst unruhig, dann ist er zu allem fähig, wie die Gaskammern in unserem Jahrhundert gezeigt haben. Das Leben der Völker zeigt Ähnlichkeiten mit der Organisation des individuellen Körpers. Wie man einen Leib verletzen kann, so kann man auch ein Volk verwunden. Wer gegen den andern ist, verletzt den Frieden. Bleibt der Schrei des Menschen nach Frieden ohne Antwort, beginnt die Zerstörung. Im Grunde gibt es nur die Alternativen: Frieden oder Zerstörung. In bezug auf Frieden kann der Mensch nicht im Leeren stehenbleiben. Um Frieden zu leben, ist Umkehr notwendig. Die Hürde besteht darin, fähig zu werden, jede Aggression mit Frieden zu beantworten, dazu fähig werden, wozu Jesus fähig war. Selbstbetrug war in den letzten Jahrzehnten das Gerede vom ‚kalten Krieg'. Jeder Krieg ist ein heißer, der nur zerstört. Lebensangst kommt aus dem Unfrieden. Der kalte Krieg hat Lebensangst erzeugt."

Unter Christen sei viel die Rede vom Kreuz, das man auferlegt bekomme. Dabei hätten wir jedoch vergessen, daß wir selbst auch ein Kreuz sind. Und wenn ich allein auf der Welt wäre, wäre ich ein Kreuz, wäre ich Leiden für mich selbst, durch eben jene tiefste Sehnsucht in uns, die uns übersteigt. Daß es größere Wünsche in uns gibt, als zu erfüllen sind, läßt nur einen Schluß zu. Jede Schwalbe findet über 10 000 Kilometer den Weg vom Norden in den Süden, sie findet den Frühling. Warum sollte gerade der Mensch in seiner tiefsten Sehnsucht nach Frieden betrogen werden. Gott, der sich unserer Wahrnehmung entzieht, sei die Antwort auf unsere Sehnsucht. Akzeptiere man Leiden in Liebe, wende sich menschliches Dasein zum Guten, versuche jedoch der Mensch Leiden abzuschütteln, werde er zum Leiden für andere. Der gescheiterte Sozialismus biete sich als erschütterndes Beispiel an: „Wir verändern die Umstände, dann kommt das Paradies." Ein Meer von Leiden hat diese Zielvorstellung nach sich gezogen. Wer dagegen das Kreuz annehme, finde Frieden.

Slavko berichtet zur Illustration über den inneren Wandel einer Pilgerin. Sie war gekommen, um Heilung von ihrem Leiden zu erflehen. Vergeblich. Aber zurückgekehrt, stellte sie fest, daß sich etwas in ihr verändere. Sie sah ihr Leiden plötzlich in einem anderen Licht, sah Menschen, die mehr litten als sie, war auf einmal bereit, ihre Kräfte solchen Kranken zu opfern, ihr eigenes hörte auf, ein Problem für sie zu sein. Im

168

Gegenteil, sie lernte im Leiden dazu. Kreuz, Leiden, ein Weg zur Befreiung, zum inneren Frieden, zum Frieden mit anderen.

Beeindruckt hört man zu, wenn er laut über die Kirche nachdenkt, über die Kirche in der Welt, die Kirche in unserer Zeit. Medjugorje hat sein Bild von der Kirche tief beeinflußt. Vor der Erscheinung hat er — wie so viele Priester in der Welt in den sechziger und den siebziger Jahren — eine Art von Krise durchlaufen. Man predigte, aber man mußte sich fragen: Sie hören, sie gehen, und sie leben weiter, wie sie gelebt haben. ‚Ich rede Luft und Wasser‘, habe sich manch einer gesagt. Man wußte nicht, wo anzusetzen sei. Das hätte sich geändert.

„Heute weiß ich, daß mein Leben als Priester einen tiefen Sinn hat. Diese Erfahrung, diese Veränderung möchte ich weitergeben. Wenn Pilger kommen und sich über ihre Priester beklagen, erlaube ich ihnen nicht, Kritik zu üben, vielmehr sage ich: Sie wollten doch nicht so sein. Sie sind unter anderen Vorzeichen angetreten. Ich auch habe eine Zeit erlebt, in der ich keinen Sinn mehr in meiner Arbeit erkennen, keinen Frieden finden konnte — weil ich nicht mit mir selbst ausgesöhnt war. Jetzt sehe ich, daß Menschen, die zu mir kommen, den Frieden suchen. Und ich frage mich, was tun wir, jetzt, ihnen diesen Frieden zu bringen. Viele Christen in der Welt, die kein Bedürfnis mehr haben, am Meßopfer teilzunehmen, haben nicht auf den Frieden verzichtet, sondern auf die Gemeinschaft mit uns, weil diese Gemeinschaft nicht mehr lebt, nicht mehr das gibt, was sie von ihr erwartet haben. Meine Erfahrungen hier in Medjugorje lassen sich so wiedergeben: Je größer Worte sind, die gesprochen werden, um so gefährlicher werden sie, wenn sie nicht gelebt werden, denn tief ist dann der Betrug.“

Konflikte in der Kirche würden nach Pater Slavko auf der Ebene der Form, der Aussage ausgetragen, auf der Ebene des Zweitrangigen. Alles andere bleibe unausgesprochen, „weil wir die Tiefe nicht entdeckt haben.“ Haß und Konflikte in der Kirche seien Symptome, daß man innerlich leer geworden ist. Christen hätten mehr gelernt, was sie nicht tun dürften, weniger, was sie tun sollten. Die Pädagogik der ‚Seligen Jungfrau‘ setze diesbezüglich Alternativen. Sie setze immer beim Positiven an. In den Botschaften finde man keine Kritik, obwohl diese ihren Aufrufen innewohne, denn die Aufforderung zur Umkehr bedeute: Dein Weg ist total falsch, du mußt umkehren. Alle Ermahnungen wären dennoch eingebettet in Zärtlichkeit, in Mütterlichkeit. Slavko Barbarić, der fließend mehrere Sprachen spricht, ist temperamentvoll, kann aufbrausend sein, kämpferisch. Gerade nach einem solchen Ausbruch kann man die durch Gnade in ihm gebändigte Aggression bewundern. Er wirkt dann milde, beinahe zärtlich, so, als wolle er alle um Verzeihung bitten. Er hat die Seher nicht nur beobachtet. Auch er scheint an ihrer Seite durch die Schule der ‚Gospa‘ gegangen.

„Früher war mein Verhalten gegen die Kirche aggressiv", bekennt er. „Heute sehe ich sie wie ein großes Haus. Früher habe ich die Wände gesehen, bin gegen die Wände angerannt, heute sehe ich den Raum, in dem ich arbeiten darf. Viele Priester, Theologen und Gläubige kämpfen mit den Wänden in der Kirche. Dafür habe ich keine Zeit mehr. Die Kirche ist der Raum, in dem ich auch beschützt sein kann, wenn ich arbeite."

Dieser Wandel hat ihn dennoch nicht sehbehindert gegenüber den Schwächen der Institution gemacht. Er kennt sie sehr wohl und leidet an der Kirche. „Noch sehe ich die Kirche nicht als Mutter, aber sie sollte es sein." Vieles sei noch zu oberflächlich, dem Äußeren zugewandt. „Was für eine Mutter", klagt er, und die Erfahrungen und Begegnungen mit Menschen aus aller Welt klingen durch, „die jene im Stich läßt, jene ihrer Kinder, die sie am meisten brauchen." Es klingt in seinem Munde wie ein Aufschrei. Er nennt als Beispiel die Geschiedenen, eines unter mehreren. Jede Scheidung sei ein schlimmer Unfall. Allzu lange habe die Kirche sich von den in der Ehe Verunglückten und Gestrandeten abgekapselt. Sie sei zu sehr mit der Bewahrung des Hergebrachten beschäftigt, mit dem Neuen tue sie sich schwer. Dem Bischof von Mostar, zuständig für Medjugorje, habe er einmal dargelegt, daß ihn sein Verhalten an einen Gärtner erinnere. Dieser freue sich, wenn alles blühe, aber er habe Angst vor dem Unkraut. Um Unkraut zu vernichten, sei dieser bereit, auch blühendes Leben zu gefährden. Angst ‚vor Betrug‘ lasse ihn das Gute nicht sehen. Das klingt bitter. Pater Slavko empfindet dennoch keine Bitterkeit: „Das ist die bekannte Mentalität. Wir sind Kinder unserer Erziehung."

Als die Bischöfe Italiens in den Jahren 1984/85 ihre Gläubigen von Pilgerfahrten nach Medjugorje abhalten wollten, rief Pater Slavko Barbarić den Pilgern zu: „Grüßen Sie Ihre Oberhirten und fragen Sie diese bitte, ob sie durch die zunehmende Nacktkultur an italienischen Stränden und die offensichtlich zerfallenden sittlichen Ideale, ob sie durch die zunehmende Zahl der Drogentoten nicht eher beunruhigt sein sollten als über Menschen, die hier durch Gebet und Buße den Frieden finden."

170

Barbarić beklagt den Verlust persönlicher Verantwortung in der Kirche. Es sei billig zu sagen: „Wenn es von Gott ist, wird es sich schon durchsetzen." So dürfe kein Getaufter reden, so habe der Gelehrte Gamaliel gesprochen, ein Jude in den ersten Tagen des frühen Christentums, so könnten Atheisten sprechen, so dürfe kein Christ denken. Bei Christen sei aktive Mitarbeit gefragt. Wie viele edle Entwicklungen wären mit ‚gutem Gewissen' im Laufe der Jahrhunderte zerstört worden. In Jugoslawien sei es für die ‚Gospa' leichter gewesen, sechs Jugendliche zu finden als sechs zum Glauben bereite Priester.

Äußere Formen dürften nicht so stark werden, daß der Glaube nicht mehr wachsen kann. Starke Formen haben in der Geschichte viele Menschen abgestoßen. Das war das Schicksal mancher Charismatiker. Wenn Glaube nicht nach neuen Ausdrucksformen suche, sei er bereits gestorben, finde er neue, würde er sogar die alten neu entdecken, sie stören dann nicht mehr. Pater Slavko erinnert an die Entstehungsgeschichte von Sekten und Irrlehren. Sie haben ihren Anfang in einem gewissen Unbehagen, in zuweilen berechtigtem Unbehagen. Das müsse man unterscheiden. Der lebendige Glaube, der in Medjugorje geweckt werde, sei Impuls, und jeder lebe ihn auf seine Weise aus.

„Gegen die Finsternis kämpft man nicht direkt, sondern mit dem Licht. Wir sind aufgefordert, Licht zu werden. Die ‚Gospa' spricht nicht über die Sünde, sondern über die Früchte. ‚Ihr werdet das Leben haben', sagt sie." Barbarić schließt mit einer Frage: „Was aber, wenn wir uns nicht öffnen?" Wie stark dieser Mann von dem durchdrungen ist, was er in Medjugorje erlebt hat, das wird man gewahr, wenn man sein Gebetbuch ‚Molite srcem' (Gebetbuch für Pilger) in die Hand nimmt. Auch in der deutschen Übersetzung entgeht dem Beter nicht die schlichte Tiefe, obwohl sie die ganze Schönheit des kroatischen Originals nicht wiederzugeben vermag. Wer so betet und schreibt, ist mit Leib und Seele in der Welt Gottes beheimatet.

»Unbegreiflich«

»Olympisches Feuer« — »Heil und Heilung« — »Du bist mein«

Pater Petar Ljubičić verbindet mit Barbarić der gleiche Jahrgang (1946). Nach drei Studienjahren in Königstein im Taunus spricht auch er fließend deutsch. Anfangs nur sporadisch in Medjugorje tätig, ist er dort seit 1984 ständig anzutreffen. Der ‚lächelnde Priester' wird er von manchen genannt, in Anspielung an den ‚lächelnden Papst' Johannes Paul I. Von heiterem, bescheidenem Wesen, offen und warmherzig. Für ihn ist das, was sich im Talkessel abspielt, unfaßbar. „Noch nie hat es das in der Geschichte des Christentums gegeben." Man spürte, als er das sagte, daß eine vollends ergriffene Persönlichkeit hinter den Worten stand. „Wissen Sie, was das heißt — so viele Jahre den Himmel auf der Erde zu wissen? Das ist unbegreiflich. In alle Ewigkeit werden wir es nicht fassen, diese Gnade, in dieser Zeit! Alles war wichtig in der bisherigen Geschichte, aber diese Gnade, dieses Leben, diese Augenblicke, die wir hier erleben dürfen. Das ist nicht zu vergessen, das gilt es umzusetzen für die Rettung aller."

Wir alle seien eingeladen, den Menschen zu helfen. In Medjugorje ist ihm aufgegangen, wie verletzt unsere Natur ist. Das wecke große Liebe zum Menschen. Heute seien diese Verletzungen überdies tiefer. Dabei wollten doch alle glücklich sein, „das ist unsere Natur." Auf dieses Urbedürfnis gehe die ‚Gospa' ein, verweise auf ihren Sohn, auf den Gottmenschen. Nur die vollkommene Hingabe an ihn bedeute Erfüllung. Frucht dieser Hingabe sei die Freude. Nun, im Gesicht von Petar Ljubičić spiegelt sie sich ständig wider.

Neben den vorgestellten wäre eine Menge anderer Namen zu nennen, Franziskaner, die von weit und nah immer wieder anreisen, um ihren Mitbrüdern behilflich zu sein. Unmöglich, sie alle zu skizzieren. Ein paar nur, jene, die mir immer wieder über den Weg gelaufen sind, sind zu erwähnen. Zum Beispiel Pater Vinko Dragičević. Seit Jahren kommt er mehrmals in der Woche aus Humac, um bei der Beichte auszuhelfen. Ihn beeindruckt vor allem der Fortschritt in der Seele junger Menschen aus der näheren und ferneren Umgebung. „Wie mit einem Zahnstocher könnte man im Gewissen zahlreicher Jugendlicher herumsuchen, es läßt sich keine Sünde feststellen. Nicht etwa, weil — wie bei Ihnen im deutschsprachigen Raum — kein Sündenbewußtsein mehr vorhanden wäre, sondern weil tatsächlich keine da ist. Sie wollen ohne Sünde leben."

Er hat den Eindruck, durch die kleine Öffnung eines umgekehrten Trichters zu schauen. Man blickt hinein, das Sehfeld weitet sich. „Ich sehe Zukunft heute besser als einst, das Fenster wird immer größer. Alles, was hier geschieht, zielt auf ein tieferes Menschsein." Viele Phänomene weiß er sich noch nicht zu erklären. Dennoch wagt er einen Vergleich — das olympische Feuer. Es kommt aus Griechenland, man trägt es in die ganze Welt. „Ein geistiges Olympia, das ist für mich Medjugorje." Der nicht mehr ganz so junge Priester schließt nicht aus, daß es einmal viele solcher Brennpunkte geben wird, Orte, an denen das Feuer möglicherweise heller brennen wird. „Ich sehe die Zukunft als Licht der Zukunft."

Der früher erwähnte Film von Hans Schotte, ‚Eingeladen in die Freiheit' klingt mit einem Interview aus, das Vicka Ivanković dem Franziskaner Viktor Nuić zum Thema ‚Leiden' gegeben hat. Ein ebenso schlichtes wie eindrucksvolles Gespräch. Diesmal war der Pater selbst der Interviewte. Auf dem weiten Platz zwischen Kirche und Križevac gingen wir auf und ab. Mehrere Jahre war er in Posuśje tätig, etwa siebzig Kilometer in Richtung Nordwest. Von dort kam er wöchentlich, manchmal häufiger nach Medjugorje, um Beichten abzunehmen. Sie fesselten ihn immer wieder. In seiner Gemeinde war sie normale Praxis. „Aber das hier", sagte er und legte beide Hände an seine Brust, „dies hier ist etwas anderes. Hier werden die Beichten zu Höhepunkten des Lebens. Immer wieder Zeuge zu werden eines Neuanfangs aus seelischen Katastrophen, aus Ruinen, aus der Hilflosigkeit und Verlorenheit, zu sehen, wie vor den Augen gewissermaßen neues Leben erwacht, das ist mit Worten nicht wiederzugeben. Anders als anderswo. Ist die Kirche sich in manchen Ländern überhaupt bewußt, was ihr und den Menschen verlorengegangen ist, als sie sich auf den allgemeinen Verzicht auf dieses Wunder der Gnade einließ? In allen vorausgegangenen Priesterjahren ist mir in solchem Ausmaß nicht klar gewesen, was mir hier bewußt wurde: Das Sakrament der Beichte — heute in manchen Kirchen verpönt — bedeutet Heil und Heilung, Erlösung von Last und Schuld, Wiege der Wiedergeburt." Noch etwas, was wert wäre, festgehalten zu werden? fragte ich. „Nein. Das ist alles, was ich von mir aus zu sagen hätte, aber ich glaube, es ist sehr viel."

Als er in einem Arbeitszimmer des Pfarrhauses mit mir sprach, wurde er innerlich von Magenkrämpfen geschüttelt. Ich erfuhr es erst im nachhinein. Seine Selbstbeherrschung war beispielhaft. Pater Ivan Landeka war erst achtzehn Monate in der Gemeinde tätig. Von der Gemeinde Humac hatte man ihn bei der Neubesetzung nach Medjugorje beordert. „Ich mußte mich hier vollkommen umstellen", gestand der hochgewachsene, schlanke, hagere und sportbegeisterte Mann. „Was mir hier sehr bald aufging, das war der Totaleinsatz, der einem abverlangt wird. Hier muß man von jeder Freizeit Abschied nehmen, vom Sport ganz zu schweigen." In einer normalen Gemeinde — aus einer solchen kam er — würde man jeden kennen. In Kroatien begrüßten Seelsorger ihre Mitglieder oft per Handschlag. Ein vertrauliches Verhältnis. In Medjugorje sah er sich Menschen aus aller Welt gegenüber, immer wieder mit neuen Gesichtern konfrontiert. Er mußte lernen, daß jeder anonyme Pilger ‚aller Liebe wert ist', die dieser suche. „So bin ich Gott näher gekommen als jemals zuvor. In Medjugorje habe ich mitbekommen, wie Menschen sich ihrer Einmaligkeit bewußt werden, auch ihrer Freiheit. Hier geht dem Menschen auf, daß er von Gott angesprochen wird, in vollkommener Freiheit: ‚Du bist mein, du bist frei. Weil du mein bist, bist du frei'. "

»Geschenk des Himmels«

Im Kloster Duvno, Heimatland des großen Kirchenlehrers Sophronius Eusebius Hieronymus (340-419 n.Chr.), Schöpfer der berühmten lateinischen Bibelübersetzung (Vulgata), auf dem Wege von den Plitvitzer Seen nach Mostar, traf ich Ferdo Vlašić und Jozo Knîzić, jene zwei Franziskaner, die zusammen mit Pater Zovko verhaftet und zynisch zu langen Gefängnisstrafen verurteilt worden waren. Nichts könnte den jugoslawischen Tito-Kommunismus besser charakterisieren als diese Urteile, die jedem rechtsstaatlichen Denken Hohn sprechen. Eine kleine Zeitungsnotiz in ihrem Monatsblatt zu den Vorfällen in Medjugorje, die auf die kurze Formel zu bringen war: ‚abwarten und beten' genügte, um sie wie Schwerverbrecher hinter Gitter zu bringen, wobei man gar nicht wagte, Medjugorje für die Urteilsbegründung heranzuziehen. Vielmehr wurden die Lebensbiographien beider Priester durchstöbert, um Ansätze für eine Verurteilung zu finden. Bei Knîzić war es eine Predigt vor Exilkroaten in Kanada, die einige Jahre zurücklag, bei Vlašić die Erwähnung eines im Ausland herausgegebenen Buchtitels in dem von ihm geführten Blatt. Fünf und acht Jahre — ein Urteil nicht aus der Stalinzeit, sondern aus den achtziger Jahren!

Beide wehrten zunächst ab, als die Sprache auf ihre Haftzeit kam. Schließlich beugten sie sich behutsamem Drängen. Der jüngere, Jozo Knîzić, inzwischen vierzig, blieb dennoch wortkarg. „Es waren die schönsten Jahre meines Lebens", sagte er wie nebenher. Ob das wörtlich zu nehmen sei? „So ist es. Es war für mich eine Zeit der Gnade. Ich möchte sie nicht missen." Vor allem die Möglichkeit, Mitgefangenen zu helfen, sie seelisch aufzurichten, Trost zu spenden, bleibe kostbare Erinnerung. Ein Leidensgenosse habe einmal ausgerufen: „Ich danke Gott, daß sie dich eingelocht haben. Dein Schicksal wurde meine Chance, wurde für mich Gnade."

Als Ferdo Vlašić mit zweiundsechzig zu acht Jahren verurteilt wurde, hatte er acht bereits hinter sich, von 1952 bis 1960. Wie in den achtziger Jahren aus nichtigstem Anlaß. Beinahe Ironie ist es, daß er in den ersten Tagen von den Erscheinungen nichts hielt. Der Zufall wollte es, daß er nach sechs Wochen in Medjugorje die Urlaubsvertretung für den Kaplan übernehmen mußte und so — ausgerüstet mit Kamera und Schreibmaschine — zum unmittelbaren Zeugen und Chronisten der Anfänge wurde. Wie sein jüngerer Mitbruder sieht auch er in der Haftzeit ein Geschenk des Himmels. „Ich war zuvor eingespannt zwischen Seelsorge und Redaktionsarbeit, Vertretungen und Vorträgen. Jetzt hatte ich endlich Zeit für das Gebet, die Meditation. Mit den Gefangenen konnte ich heimlich das Meßopfer feiern, Beichten abnehmen. Vor den Sonntagen schrieb ich Predigten, die von Hand zu Hand gingen. Eine Zeit intensiver Glaubensverkündigung."

Was er aber besonders lernen konnte, war, ‚den Feind zu lieben'. Die ihn knechteten, verfolgten, verhöhnten, quälten waren Feinde. Sie kannten weder Nachsicht noch Mitleid. Er lernte, sie zu lieben. Und erhielt ein Vielfaches zurück. „Den Feind zu lieben, ist die letzte eigene Befreiung", sagte er milde. Die Worte Jesu am Kreuze fielen mir ein: „Vater vergib ihnen, denn sie wissen nicht, was sie tun." Ich musterte das Gesicht dieses reifen Priesters. Die Güte steht ihm ins Antlitz geschrieben.

* * *

In den sechziger Jahren habe ich angebliche Erscheinungen in Nordspanien verfolgt und über sie berichtet. Wir wurden damals das unangenehme Gefühl nicht los, daß Seelsorge und Amtskirche vor Ort in entscheidenden Augenblicken versagt haben. Das gilt auch für den Fall einer negativen Schlußfolgerung zum Phänomen selbst. Auch gegenüber Irrenden und Getäuschten, gegenüber Opfern und Verführten besteht die Verpflichtung zu begleitender Fürsorge. Immer nur auf den letzten Wagen eines abfahrenden Zuges zu springen, der sicher geworden ist, wird den Herausforderungen und dem Verkündigungsauftrag nicht gerecht.

Medjugorje war für den Himmel ein ‚Glücksfall'. Eine hellhörige, durchaus nicht rückständige Bevölkerung — wie es eine überregionale Tageszeitung in Deutschland zu suggerieren suchte, die Medjugorje geographisch sogar in die Nähe der albanischen Grenze zu rücken versuchte, als Inbegriff politischer und kultureller Isolation und Unwissenheit. Wenige Kilometer entfernt liegen Weltbäder wie Dubrovnik und Makarska, Kulturstätten ersten Ranges wie Split. Fast in jeder Familie arbeiteten ein oder mehrere Mitglieder in Westeuropa und hielten engsten Kontakt mit der Heimat. Vom ersten Tag an waren modernste Fotoapparate, Filmkameras und Tonbänder in Reichweite. Man lebte im Tal eben nicht am Ende der Welt, es sei denn, man sieht in einer kargen Landschaft, mühsamer Arbeit und tiefer Glaubensverwurzelung Ausdruck von Unterentwicklung.

Hinzu kam eine Ordensgemeinschaft, deren vor allem jüngere Mitglieder theologische Studien auf höchstem Niveau in Westeuropa, vor allem in Deutschland, absolviert hatten und eher der kritischen, denn einer fundamentalistischen Theologie zuneigten. Der zuständige Bischof, Pavao Žanić, hat einmal geäußert, die ‚Gospa' hätte sich ‚in der Adresse geirrt'. Wäre sie in einer von Weltpriestern und nicht von Franziskanern betreuten Gemeinde aufgetaucht, viele Probleme hätten sich nicht gestellt. Vom Gegenteil darf ausgegangen werden. Die Herausforderung ist zu groß. Die Gemeinschaft der Franziskaner ist der Sache nur unter allergrößten Opfern gewachsen, obwohl sie über mehrere Dutzend bestausgebildeter Theologen verfügt.

Sie waren in der Lage, gestützt auf gediegene Theologie, kritische Erfahrung, Welt- und Menschenkenntnis, einen Schutzwall um die Vorgänge zu errichten, hinter dem sowohl distanzierte Untersuchung als auch gesunde Entfaltung der Ereignisse selber möglich waren. Die skizzierten Kurzporträts geben Aufschluß über die Qualität der geistigen Steinquadern, aus denen die Mauer der Heilskultur entstand, an der gutgemeinte und bösartige Angriffe aufgefangen wurden. Sie verhinderten Fanatismus und Bigotterie, das Einsickern von Aberglauben und fingen Spontaneität in würdige liturgische Rahmen ein. Sie korrigierten und ergänzten einander. Sie kamen damit der großen Verantwortung nach, zu der das Amt gegenüber dem Charisma verpflichtet ist und dem es in der langen Geschichte des Christentums oft nicht gerecht wurde.

* * *

Auf dem Podbrdo — Nachdenklichkeit und Sammlung

Alle Ausdrucksformen des Glaubens sind anzutreffen

Auf dem Križevac — vom ‚Mysterium des Kreuzes' gefangen

Jugend der Welt beherrscht das Bild rund um Medjugorje

X.

Schule der Demut

Auf schicksalhafte, zum Teil tragische Art wurden in das Geschehen von Medjugorje zwei Bischöfe hineingezogen. Zunächst der zuständige Ortsbischof Pavao Žanić, der im nahen Mostar residiert. Nach anfänglich positiven Reaktionen ging er bald zu erbittertem Widerstand über, der sich von Jahr zu Jahr verschärfte. Mehr darüber auf nachfolgenden Seiten.

Wo einst Diokletian residierte

Der zweite war Prof. Dr. Frane Franić, Erzbischof von Split und Makarska, Oberhirte des benachbarten Bistums an der Küste (inzwischen im Ruhestand). Franić wurde auf Medjugorje nicht aufgrund seines Amtes aufmerksam, sondern durch Menschen seiner Diözese, die nach Besuchen in Medjugorje ein vertieftes Glaubensbewußtsein an den Tag legten. Als Mann des wissenschaftlichen Denkens tauchte er anonym im Ort auf und beobachtete — lange unerkannt — die Vorgänge. Nach längerer Zeit konnte sich der eher kritisch Orientierte für die Sache erwärmen. Er wurde darin von Theologen und Medizinern bestärkt, die, aus Italien kommend, oft über Split einreisten und ihn vor und nach einem Besuch in der Herzegowina besuchten. Schützend stellte er sich, gestützt auf sein Ansehen als ernsthafter Theologe und Oberhirte, bei Angriffen vor die jugendlichen Seher. „Diese jungen Menschen täuschen nicht", erklärte er gegen manchen verbissenen Widerstand aus Kirchenkreisen selber.

Persönlich hatte ich Gelegenheit, ihm 1988 bei einem Fachkongreß in der Nähe von Koblenz einige Male gegenüberzusitzen. Da man jedoch während einer Tagung, an der viele kompetente Leute teilnehmen und auf der jeder mit jedem Gedanken austauscht, nicht zu einem langen Gespräch kommt, lud er mich ein, ihn anläßlich einer ohnehin anstehenden Reise nach Dalmatien mit meiner Familie zu besuchen. Das ließ ich mir nicht zweimal sagen.

Jedem Adrialiebhaber ist Split ein Begriff. Berühmt vor allem wegen des Stadtkerns, der innerhalb der Mauern eines riesigen Palastes liegt, den sich einer der letzten großen römischen Kaiser, Gaius Diokletian (284-305 n.Chr.) — auch einer der letzten großen Christenverfolger des Imperiums — als Regierungs- und Alterssitz errichtet hat. Heute bedeutende Hafen- und Universitätsstadt. Die bischöfliche Residenz fanden wir nur ein paar Minuten vom Stadtzentrum entfernt neben einer neuen, zeltförmig erbauten Kathedrale. Da der Bischof gerade von einem italienischen Journalisten belegt war, unterhielt und bewirtete uns eine Ordensschwester. Eine gute Gelegenheit, etwas über den heutigen Lebensstil des Bischofs zu erfahren. „Er ist die Liebe in Person", sagte die freundliche Ordensfrau, „und empfängt heute Besucher aus der ganzen Welt. Aber mehr noch ist er ein heiliger Mann. Jede freie Minute verbringt er betend in der Kapelle vor dem in der Monstranz ausgesetzten Allerheiligsten." In einem Bericht über die Koblenzer Tagung, die mir später in die Hand fiel, schrieb der Autor übrigens: „Spät abends traf ich in der Hauskapelle des Tagungshauses einen Mann, der den Rosenkranz betete. Er betete noch immer, als ich den meinigen längst beendet hatte. Es war Erzbischof Frane Franić aus Split."

Ob wir das Heiligtum der Residenz einmal sehen dürften, baten wir die Ordensschwester. Wir durften. Auf dem Altar stand die Monstranz. Davor drei betende Frauen mittleren Alters. Die eine, so erfuhren wir später, eine ehemalige Ingenieurin, die zwei anderen Ökonomen. Erstere hatte sich aus dem Berufsleben zurückgezogen, um nunmehr — in großer Bescheidenheit lebend — ihr Dasein dem Gebet zu widmen. Die beiden anderen leisteten ihr über Stunden Gesellschaft. Drei Frauen (keine Schwestern), in den besten Jahren, in tiefer Andacht versunken. Beklommen verließen wir den Raum.

Dann betrat der Erzbischof das Empfangszimmer. Mit ausgebreiteten Armen kam er auf uns zu: „Es ist schön, daß Sie Wort gehalten haben", sagte er und ließ sich über jeden von uns einzeln berichten. Auf die Vorgänge in Medjugorje angesprochen, was mir unter den Nägeln brannte, gab er freimütig Auskunft. Ein Mann nüchterner Vernunft sei er in jungen Jahren gewesen und habe sein Leben der Forschung weihen wollen. Experimentieren, das sei sein großer Traum gewesen. Dreißig Jahre habe er sich als Professor vom Intellekt leiten lassen. Die Versuchung des Menschen sei es, mit Gewalt alles verstehen zu wollen. Aber wahres Verstehen bleibe ein Geschenk Gottes, Gnade, die wir gratis empfangen.

Forschen sei notwendig, auch Organisation, aber der Mensch bestehe nicht nur aus Verstand, sondern habe auch ein Herz. Die Weisheit des Herzens sei es, auf die es ankomme, auf das Gleichgewicht zwischen Vernunft und Liebe. Gelungene Reformbewegungen seien nicht von Tatmenschen ausgegangen, sondern von großen Mystikern, von Betern. Als Beispiel nannte er Franz von Assisi.

Von Dr. Franić wird erzählt, er habe anläßlich eines Besuches in Medjugorje die ‚Madonna' über die Seher um eine persönliche Mitteilung gebeten. Die Antwort muß ihn sehr überascht haben. Er möge — so ließ die ‚Frau aus der Ewigkeit' ihm ausrichten — seinen bischöflichen Hochmut bekämpfen. Im Kroatischen gibt es für Stolz und Hochmut zwei Ausdrucksmöglichkeiten: ‚ponos' und ‚oholost'. ‚Oholost' ist die negativere Form. Die aber war gemeint. Und der stolze Bischof, Professor der Theologie, Vorsitzender der Glaubenskommission der jugoslawischen Bischofskonferenz, hochstudiert und sehr gebildet, nahm sie sich sehr zu Herzen. Er ist mittlerweile ein sehr demütiger, sehr bescheidener Mann geworden, von nur noch einem Wunsch beseelt: die selbst erfahrene Liebe weiterzuverschenken. Die Kirche, die Christen müßten Zeichen der Liebe in der Welt werden. Das sei wichtiger als Erscheinungen und Untersuchungen.

Als Professor Dr. Frane Franić diese Liebe auch auf Gegner ausdehnen wollte, auf Kommunisten und auf Moslems, setzte sogar innerhalb der eigenen Reihen eine Verleumdungskampagne gegen ihn ein. Ein Kirchenblatt meinte, er sei zu den Marxisten übergelaufen. Über zwei Stunden haben wir in seinem Hause etwas von der Atmosphäre gespürt, von der er getragen wird. An diesem Haß ist er gereift und zu einem Symbol der Versöhnung, aber auch der Standfestigkeit geworden.

Beim Abschied nahm der alte Herr meine beiden indischen Töchter in den Arm, küßte sie väterlich und sagte: „Vergeßt eure indische Seele nicht. Mehr als andere Völker hat diese Seele die Gabe erhalten, Gott im Gebet zu finden." Wir wollten ihm die Hand geben, er nahm uns am Arm und begleitete uns bis zum Wagen — in Hauspantoffeln, wollte behilflich sein, gab ein paar Ratschläge auf den Weg. Im Wagen sitzend, ließ ich das Fenster herunter. Er stützte sich mit beiden Händen am Dach des Autos ab. Lächelte uns noch einmal zu. Langsam gab ich Gas, drehte eine kleine Runde, glitt an ihm vorbei und wußte: „Wir hatten der Liebe ins Antlitz geschaut."

Verhängnisvoller Denkansatz

Eine ganz andere Entwicklung nahm der für Medjugorje zuständige Bischof von Mostar-Duvno Pavao Žanić. Für ihn wurden die Ereignisse zu einem persönlichen, ja kirchenhistorischen Drama. Dabei hatte er in den ersten Wochen eine nicht nur aufgeschlossene, sondern offensichtlich zustimmende Haltung eingenommen. Entschieden trat er Angriffen der gesteuerten kommunistischen Medien gegen Gemeinde und die betroffenen Jugendlichen entgegen. Dann aber trat ein überraschender Wandel ein. Um ihn zu verstehen, ist es notwendig, in wenigen Sätzen auf den Hintergrund der seit vielen Jahren gestörten Beziehungen zwischen Bischof und Franziskanern in dieser Region einzugehen.

Jahrhunderte befand sich die Herzegowina unter türkischer Herrschaft. Eine schwere Zeit für Kirche und Kroaten dieser Landschaft. Die muslimische Verwaltung war wenig an einer funktionierenden christlichen Seelsorge interessiert. Priester mußten das Land verlassen. Einzig Franziskaner, als Bettelorden an ein entsagungsvolles Leben gewöhnt, blieben im Lande und betreuten die katholische Bevölkerung, oft unter mißlichen, bisweilen lebensgefährlichen Umständen. Der gemeinsame Leidensweg hat Volk und Franziskaner zusammengeschmiedet. Das Bild dieses Ordensmannes in der Landschaft ist ein Stück kroatischer Identität in der Herzegowina.

Als die türkische Oberhoheit aufhörte, versuchte Rom, wie in solchen Fällen üblich, eine normale Kirchenverwaltung einzurichten. Das erwies sich schwieriger als geplant. Zum einen hing die Bevölkerung überaus stark an den Franziskanern, die sie als ,Väter' bezeichnet, zum anderen standen oft gar nicht ausreichend Diözesan-, d.h. Weltpriester, zur Verfügung, um die Gemeinden zu übernehmen. Zusätzlich fürchteten die Ordensmänner um ausreichenden Nachwuchs, der wegen der fehlenden Vorbildfunktion meist nachließ, sobald sie eine Gemeinde räumten. 1975 versuchte der Vatikan schließlich, den sich über Jahrzehnte hinziehenden Konflikt mit einem Dekret zu beenden, das den Franziskanern zur Auflage machte, bestimmte Pfarreien endgültig abzutreten. Die Übergabe zog sich dennoch hin, verlief stockend. Auch größte Hochachtung für die in zurückliegenden Zeiten erbrachten schweren Opfer und

Verständnis für die Bedenken der Franziskaner können nicht darüber hinwegtäuschen, daß die Verschleppung der Neuregelung keine helle Seite in der ansonsten so großartigen Geschichte der dortigen Franziskaner darstellt.

Zu Beginn der Erscheinungen gab sich Bischof Žanić der Hoffnung hin, damit würden sich auch die Probleme des Rückzuges des Ordens aus bestimmten Gebieten seines Bistums lösen. Darin sah er sich getäuscht, wohl auch deshalb, weil ein kleiner, aber einflußreicher Teil der Ordensprovinz (wie bei einer Gemeinschaft von über hundert Mitgliedern nicht anders zu erwarten) den Ereignissen von Medjugorje mit Abstand gegenüberstand und deshalb keinen Grund sah, im alten Streit mit dem Bischof übermäßig einzulenken. Der Oberhirte wiederum verrannte sich in einem verhängnisvollen Denkansatz. Die Auseinandersetzungen um die Gemeinden ist ein lokal und zeitlich begrenztes administratives Problem. Die Erscheinungen hingegen besitzen eine — wenn man sie ernst nimmt — heilsgeschichtliche Dimension für die ganze Menschheit. Ein begnadeter Prälat hätte die Dinge auseinanderhalten können. Ein gewissenhafter Verwalter war überfordert. Der Bischof von Mostar wollte eine übersinnliche, unbegreifliche Dimension in den Dienst ‚kleinbürgerlicher Erbstreitigkeiten‘ stellen. Das mußte ihm den Blick für die Größe des Anliegens nehmen. Als junge Franziskaner bei einer örtlichen Auseinandersetzung in ihrem Widerstand — es handelte sich um die Teilung einer Pfarrei — über das Ziel hinausschossen, ging der Prälat mit einer Härte gegen sie vor, die in Westeuropa und Amerika wohl nicht mehr möglich wäre. In Deutschland legen Bischöfe nach dem Zweiten Vatikanischen Konzil bei Konflikten mit Priestern meist ein Ausmaß an Zurückhaltung, ja Demut an den Tag, die manchmal der Selbstverleugnung gleichkommen. Der Verfasser weiß von einem Bischof, der in einem Konflikt mit einem Theologen seelisch zermürbt wurde, weil er Unversöhnlichkeit und Rechthaberei nicht mit gleicher Münze beantworten wollte.

Die ‚Gospa‘, von den Sehern auf Bitten Beteiligter über das harte Vorgehen des Oberhirten befragt, soll geantwortet haben, der Bischof müßte in diesem Fall mehr Geduld zeigen. Das hätte die ‚Frau aus der Ewigkeit‘ nicht sagen sollen. Im Unterschied zu Erzbischof Frane Franić in Split, der eine Aufforderung zu mehr Demut sehr ernst nahm, ging Žanić davon aus, daß eine Madonna, die einen Bischof tadelt, die ‚Madonna‘ nicht sein könne. Das offenbart ein merkwürdiges Selbst- und Kirchenverständnis, weiß man doch, daß Bischöfe in der Kirche mehr als einmal verhängnisvolle Rollen gespielt haben bis hin zu Glaubensspaltungen. Erinnert sei nur an Nestorius (428/431 n.Chr.), Patriarch von Konstantinopel, der im Jahre 431 vom Konzil in Ephesus verurteilt und verbannt wurde, übrigens in einer eminent mariologischen Frage. Gegenüber dem Bischof von Mostar läßt sich der Spieß auch umdrehen. Eine Madonna, die Mißstände in der Kirche, Härte und unversöhnliches Gebaren ihrer Hirten gutheißen würde, könnte die ‚Madonna' noch weniger sein. Sie verkörpert Güte und Weite des Herzens, mütterliche Fürsorge (Bischöfen obliegt die Pflicht väterlicher Fürsorge) und Nachsicht gegenüber Schwachen. Mit ihrer Antwort wollte sie möglicherweise auch Zeichen für die Kirche von morgen setzen, aus der Obrigkeitsdenken restlos verschwinden muß, wenn sie sich gegenüber einer emanzipierten Menschheit Gehör verschaffen will.

Die von Bischof Žanić eingesetzte Untersuchungskommission schloß sich seinem Urteil an. Nicht so der Vatikan. Der hob die Prüfung auf eine höhere Ebene und empfahl die Einberufung einer Kommission unter Federführung des jugoslawischen Episkopates. Ihr gehören profilierte Theologen und Fachleute an. Und sie ließ sich vor allem Zeit. Jahre. Da unterlief Bischof Žanić ein zweites Mißgeschick. Irritiert über die gewissenhafte Arbeit des Ausschusses, trat er im Frühjahr 1990 über eine italienische Nachrichtenagentur mit einem sechzehnseitigen Dokument an die Weltöffentlichkeit. Er gab der Aktion optisch den Anschein einer offiziellen Stellungnahme und bezeichnete die Vorgänge in Medjugorje als unecht. Das Papier wirkte peinlich. In manchen Presseorganen wurde es als Pamphlet bezeichnet. Es ist methodisch, theologisch und menschlich eines bischöflichen Dokumentes (wenn er es später in einem Zeitungsinterview auch als private Verlautbarung bezeichnet hat) unwürdig. Bereits in den ersten Sätzen wirft er der Kommission ‚langsame Arbeit, Trägheit und Schweigen' vor. Man gewinnt bei der Lektüre eher den Eindruck, die Klatschchronik eines kleinen Balkanpotentaten in Händen zu halten als das Schriftstück einer höheren kirchlichen Ebene. Es strotzt außerdem von Lieblosigkeit gegen zitierte Personen, tritt einfachste Menschenrechte mit Füßen. Sollte sich die Kirche auf einen solchen Stil einlassen, es würde sie um Jahrhunderte zurückwerfen. Es geht bei jeder Wahrheitsfindung nicht nur um die Inhalte, es geht auch um die Form. Eine Wahrheit, der man mit Folter, physischer oder seelischer, Scheiterhaufen, Nötigung, mit unversöhnlicher Gewalt zum Durchbruch verhelfen wollte, müßte sich selbst in Frage stellen.

Leiden des P. J. Kentenich

Im September 1989 stattete ich mit einer Gruppe aus Deutschland Pater Jozo Zovko in Tihaljina einen Besuch ab. Nach Gebet und Katechese lud er mich ins Pfarrhaus ein und zeigte mir ein Schreiben von Bischof Žanić, mit dem dieser ihn — ohne Angabe von Gründen — seines Amtes enthob und ihn praktisch zum Verbannten machen wollte. Er sollte kirchenrechtlich als Person ausgelöscht werden. Selten hat mich ein Brief so tief erschüttert. Sofort stand mir eine der größten Priestergestalten unseres Jahrhunderts in Deutschland (und nicht nur in Deutschland) vor Augen: Josef Kentenich. Die Parallelen zu seinem Schicksal, aber auch zwischen seinem Lebenswerk und Medjugorje, drängten sich zwingend auf. Es scheint angebracht, sie an dieser Stelle zu erwähnen, weil sie eine gewisse Gesetzmäßigkeit in den Reaktionen offenlegen.

Der 1885 in Gymnich bei Köln Geborene hat in jungen Jahren mit genialer Intuition die gewaltigen Umbrüche unseres Jahrhunderts vorausgesehen und ihre Analyse erstaunlich exakt vorweggenommen. Der Krise in Kirche und Welt wollte er mit einer ‚erleuchteten' Marienverehrung begegnen und somit das Fundament zu einer umfassenden katholischen Glaubensbewegung legen. In der sich abzeichnenden Enteuropäisierung des Christentums sah er die Kirche vor die Entscheidung gestellt, zum ersten Mal im Vollsinne Weltkirche zu werden. Sie sollte auf materielle irdische Stützen verzichten und in der fundamentalen Umbruchsituation aus letzten Prinzipien heraus eine neue Welt, aus letzten Triebkräften neue Formen schaffen. Ein neuer Menschentyp schwebte ihm vor, willens und fähig, die Kirche hineinzuretten in andere Zeiten. Aus dieser Sicht hielt er die Unfähigkeit des modernen Menschen, Gott und den Willen Gottes aus dem Gang des eigenen Lebens und aus den Zeichen der Zeit herauszulesen, für das unheilvollste Manko. In diesem Zusammenhang ist aufschlußreich die Botschaft der ‚Gospa' in Medjugorje vom 25. Juni 90 (eine unter mehreren zu diesem Komplex), in der es u.a. heißt: „... *Ich rufe euch auf ..., daß ihr von Tag zu Tag seinen (Gottes) Willen im Gebet entdeckt ...*"

Im zwanzigsten Jahrhundert, so seine Überzeugung, würden Weichen für die geistige Entwicklung der nächsten Jahrhunderte gestellt. Das von ihm 1914 begründete und zwischen den beiden Weltkriegen entwickelte

,Schönstattwerk' sollte weltweiter Impuls im Sinne christlicher Neuevangelisierung werden. Es würde zu weit führen und den gegebenen Rahmen sprengen, ausführliche Vergleiche mit Medjugorje zu wagen. Außerdem handelt es sich um zwei verschiedene Spiritualitäten, die zu verwechseln nicht unbedingt hilfreich wäre. Das Ziel bei beiden ist gleich: Vorbereitung der Christen auf gewaltige Aufgaben, die auf die Menschheit zukommen und sie zu großen Entscheidungen herausfordern werden.

Die Rückendeckung in der eigenen Gemeinschaft (Pallottiner) war anfangs gering. Bald meldeten sich auch Stimmen aus der sogenannten Amtskirche (seinerzeit ein noch wenig gebrauchter Ausdruck) und warfen ihm unkatholische, unkirchliche ,Sonderideen' vor. Der Theologe A.M. Landgraf, Weihbischof in Bamberg, wollte ihn in Rom vor das Hl. Offizium bringen, eine ebenso gefürchtete wie mächtige Institution, die inzwischen umgestaltet und deren positive Funktionen von der Glaubenskongregation übernommen wurden.

Mehr noch als Vertreter der Kirche fürchteten Kentenich die Machthaber des nationalsozialistischen Terrorregimes. 1941 legte man Hand an ihn, es folgten Gefängnis, Dunkelhaft und schließlich das Konzentrationslager Dachau, aus dem er erst 1945 kurz nach Kriegsende entlassen wurde. Sieben Jahre blieben ihm, sein Werk international auszubauen. 1952 jedoch traf ihn endgültig die Ungnade des Hl. Offiziums. Er wurde von seinem Lebenswerk getrennt und sechsundsechzigjährig nach Milwaukee in die USA verbannt. Erst während des Zweiten Vatikanums rehabilitierte Papst Paul VI. den inzwischen achtzigjährigen und bestätigte sein Werk. Er starb 1968. Als blutjunger Mann hatte ich Pfingsten 1945 die begeisterte Rückkehr Kentenichs aus dem KZ in Schönstatt miterlebt und ein paar Tage später ein ausführliches Gespräch mit ihm gehabt. Insofern waren er und sein Werk mir nicht fremd.

Mit Schaudern dachte ich im Herbst 1989 in Tihaljina, an Pater Jozo Zovko könnte sich eine zweite Kentenichtragödie in unserem Jahrhundert wiederholen und das auch noch unter einem marianischen Papst. Dazu kam es jedoch nicht. Zovko appellierte — wie Dr. Leonard Oreć in Medjugorje — an Rom. Aber der ganze Vorgang zeigt doch, wie schnell Verantwortliche in der Kirche ,guten Glaubens' und ,reinen Gewissens' in eine Situation geraten, in der sie ihrer Verpflichtung nicht gerecht werden, weil sie noch nicht durch das läuternde Feuer der ,Nacht des Geistes' der Mystiker gegangen sind, in der die Loslösung von allen persönlichen fixen Ideen erfolgt, die absolute Hinwendung auf den Geist Gottes und nur auf ihn allein.

Nach sorgfältiger Prüfung fällt es schwer, den verantwortlichen Bischof in Mostar, sowohl was den Stil seines Vorgehens, als auch seinen kritischen Sinn angeht, zu verstehen. Sein bischöfliches Selbstverständnis hinkt dem Geist des Zweiten Vatikanischen Konzils hinterher, mehr noch hinter dem aufgeklärten Denken unserer Zeit. Und dennoch kann man nicht umhin, ihm als Person, seiner Rolle, einen positiven Aspekt abzugewinnen, der von ihm so nicht beabsichtigt war. Innerhalb seines Bistums einer geschlossenen Gemeinschaft von so großer traditioneller Verwurzelung im Volke gegenüberzustehen, schwächt psychologisch ohnehin die eigene Position. Hinzu kommt das geballte theologische Wissen dieser Gruppe (der Bischof selbst ist kein promovierter Theologe). Inzwischen ist mehr daraus geworden: Eine Gemeinschaft, die von vielen heiligmäßigen Persönlichkeiten geprägt wird. Das verunsichert jeden zusätzlich, der sich mit ihr auseinanderzusetzen hat. Es erklärt Überreaktionen, wenn es sie auch nicht entschuldigt.

Seine positive Rolle lag vor allem darin, den Franziskanern immer wieder die Grenzen ihrer menschlichen Möglichkeiten aufzuzeigen, ihnen vor Augen zu halten, daß nicht sie es sind, die wirken, sondern eine höhere Kraft, daß sie auswechselbar bleiben. Sein Vorgehen forderte ihnen ununterbrochen größte Selbstüberwindung und Demut ab. Sie waren zu intelligent, theologisch zu sensibel, um nicht sehr bald die ungeheure Weite der Vorgänge von Medjugorje wenigstens zu erahnen. Eine solche Erkenntnis kann als gefährlichen Nebeneffekt Selbstüberschätzung, im schlimmsten Fall schleichenden Hochmut zur Folge haben, Herzlosigkeit ‚um der Sache willen'. Besonders letzteres. Davor war, ist und bleibt im Christentum niemand gefeit. Die erbitterten Schläge sorgten für die richtige Einordnung der eigenen Aufgabe und Berufung in dieser Schule Gottes. Das ist gewöhnlich der Preis, den der Himmel jenen abfordert, denen aufgetragen wurde, Schutzschild seines Wirkens zu sein.

* * *

Unerträgliche Spannung lag am 9. Juni 1990, es war ein Samstag, über der Gemeinde von Medjugorje. Um 11 Uhr sollten um die hundert Pfarrkinder das Sakrament der Firmung erhalten. Um 10.45 Uhr verließ der Bischof mit Hirtenstab das Pfarrhaus, um sich in die Kirche zu begeben, ihm voran die Firmlinge. Keine Hand erhob sich zum Gruß,

186

niemand winkte, niemand lächelte. Das Gesicht des Bischofs wirkte gequält. Auch er grüßte niemanden, schien niemanden zu kennen. Allen stand die vorausgegangene Firmfeier vor Augen, sie lag zwei Jahre zurück, die Bischof Žanić zum Anlaß genommen hatte, sich nach der Meßfeier vor der versammelten Gemeinde in aggressiver Form, die er dazu noch in ein Gebet kleidete, ‚gegen' die Erscheinungen auszusprechen. Die Menschen waren damals gelähmt vor Entsetzen. Jetzt befürchtete man eine Wiederholung, und manche Priester vermuteten, die Gemeinde könnte ein zweites Mal nicht jenes Maß an Selbstbeherrschung aufbringen, zu dem sie das erste Mal noch fähig war.

Zur großen Überraschung für alle verliefen hl. Messe und Firmung reibungslos. In der Predigt fehlte jede Anspielung auf das, was die Gemeinde bewegte. Zum Ausklang des Gottesdienstes trat der Chansonsänger Tomislav Ivić, Komponist eines Liedes von den Erscheinungen, ans Mikrophon und sang ein beliebtes Marienlied. Im Kirchenschiff herrschte lautlose Stille. Würde Žanić das hinnehmen, fragte sich jeder. Nach dem Lied brausender Beifall. Der Bischof streckte die Hand aus und dankte dem Sänger. Ein Mädchen trug ein Gedicht vor, der Oberhirte reichte ihm einen Rosenkranz. Ein Aufatmen ging durch die Versammelten.

Nach dem Gottesdienst verließ der Bischof die Kirche durch die Sakristei. Draußen erwartete und beachtete ihn niemand. Noch nie in meinem Leben, in keinem Land der Welt, bin ich einer so abgekühlten Atmosphäre zwischen einem Bischof und seinen Gläubigen begegnet. Ein amerikanisches Paar, das Mädchen erweckte den Eindruck, sehr krank zu sein — bat um seinen Segen. Meine Tochter machte unentwegt Fotos. Kurz vor dem Pfarrhaus trat sie ihm in den Weg. Er hielt an. „Bist du Italienerin?" fragte er. „Nein, Inderin". „Was willst du?" — „Ich möchte um Ihren Segen bitten." Ein Lächeln ging über sein Gesicht. Er hob die Hand und segnete sie freundlich. Ich stand daneben. Lächelte ihm zu. In diesem Augenblick empfanden wir für diesen Mann nichts als Liebe. Eine befreundete Dame aus Deutschland hielt es im Bild fest. „Ich habe auch für ihn gebetet", flüsterte sie mir zu.

Welch eine Tragödie. Dieser Mann könnte über Nacht der wohl beliebteste Bischof der Welt werden. Viele Pilger aus aller Welt würden es sich nicht nehmen lassen, auch ihm einen Besuch abzustatten, könnte er das, was sie können: an den Einbruch der Ewigkeit in die Landschaft seines Bistums glauben. So aber bleibt er einsam, vereinsamt seine Kathedrale, die wir einmal besuchen wollten, aber nur verschlossene Türen vorfanden, während im nahen Medjugorje den ganzen Tag hindurch Menschenmassen in das Gotteshaus drängten. Gnade läßt sich nicht manipulieren, sie bleibt ein Geschenk.

* * *

XI.

MASS DES MENSCHEN

Daran erinnert Eucharistie

Die Frage nach Gott bewegt den Menschen, seit er Mensch ist, seit er — so sagt es das christliche Glaubensverständnis — in den Anfängen auf tragische Weise aus der engen Bindung an den Schöpfer herausgefallen ist. Diese Erfahrung ist sein Trauma. „Gott, der seiner nicht spotten läßt." Die Allmacht wurde beherrschend für sein Gottesbild, der Herr über Leben und Tod, der rächt und belohnt, dem der Kosmos das Sein verdankt. Dieser Vorstellung blieb im wesentlichen — der Frohen Botschaft zum Trotz — auch das Christentum verhaftet. Der aufgeklärte Mensch allerdings versucht von diesem Gottesbild loszukommen. Die Gefahr, dabei immer wieder von neuem in die Irre zu gehen, liegt nahe. Gott ist ohne Gott nicht zu finden.

Etwas müde saß mir Maria Pavlović gegenüber. Nur langsam erholte sie sich von der schweren Nierenoperation, der sie sich unterzogen hatte, um ihrem Bruder das Leben zu retten. Dennoch empfing sie Pilgergruppen — über Stunden. Aber sie wollte ihr Wort halten und stand zu einem Gespräch bereit, nicht ohne mir vorher eine Tasse Kaffee anzubieten. Sie meidet, bei allem Ernst, trockene Dialoge. „Viele Menschen haben eigene Ideen von Gott, Ideen, die ihren Wünschen entsprechen. Wir sollten den umgekehrten Weg gehen, dazu lädt die ‚Gospa' unentwegt ein: Gott zum Mittelpunkt unseres Lebens machen. Wenn wir uns für ihn entscheiden, dann erkennen wir die Erhabenheit Gottes." Ivan, der Seher, ergänzte sie aus anderem Anlaß mit den Worten: „Wenn wir ihre (der Gospa) Anregungen (Botschaften) ernst nehmen, bleibt uns die Gottesbegegnung nicht versagt." Auf diese Weise rücken sie, ohne belehrend zu wirken, falsche Gottesbilder des Menschen zurecht und weisen taktvoll neue Wege.

Živko Kustić, Chefredakteur von ‚Glas koncila', versuchte diesen behutsamen Stil einmal zu artikulieren: „Sie sprechen über Glaubenswahrheiten mit außergewöhnlicher Einfachheit, aber mit großer Tiefe. Ein Zeichen, daß hier Gott am Werke ist. Ihre Antworten erwecken manchmal den Eindruck von Poesie. Glaube für morgen, für den neuen Menschen, der keine rationalistische Diskussion sucht, wird spürbar. In Medjugorje lernt der Mensch, in der Weltkirche, in der er sich eigentlich verloren fühlen könnte, in personale Beziehung zu Gott einzutreten.

Gott enthüllt sich nicht als Verkörperung von Macht, sondern als Frieden." Tomislav Vlašić, ehemaliger Seelsorger in Medjugorje, gibt die Meinung vieler Theologen wieder, die vor allem die Barmherzigkeit Gottes herausstellen. Als der barmherzige Gott, nicht als der richtende, strafende, würde er sich in den Herzen unzähliger Menschen zu erkennen geben. Auch Pater Petar Ljubičić meint, daß der strenge Gott dem barmherzigen weiche, fügt aber hinzu, daß er sich vor allem als Liebe offenbare. Das vor allem. Es wurde bereits ausführlich dargelegt.

Auffallend ist eine weitere Veränderung des Gottesbildes im Bewußtsein der Menschen. Das Mädchen Jelena hat es auszudrücken gewußt: „Gott ist ständig anwesend, er ist ständig unter uns. Seine Anwesenheit ist in jedem Menschen zu erkennen, in jeder Situation. Gott ist jederzeit alles für uns." Und die italienische Professorin Dr. Marisa Baldessari, häufig Gast in Medjugorje, weiß Gott ständig im Menschen am Werk: „Wir haben nichts bewirkt, sondern Gott in uns. Gott muß man erfahren. Der Weg ist lang, denn Gott ist unendlich. Es ist ein lebendiger, ein abenteuerlicher Weg. Aber im Gebet bleibt Gott erfahrbar."

Biblisch-plastisch sagt es der Exeget Dr. Ivan Dugandžić: „Der ich für euch da bin — das haben hier unzählige Menschen als Realität erfahren. Gott ist da, anwesend. Geschichte, unser Dasein sind ein Weg durch die Wüste, aber gerade da in der Einsamkeit, in der Verlorenheit der Weite, in der Einöde, unter der glühenden Sonne des Leidens, ausgetrocknet das Herz, die Seele dem Verdursten nahe, immer von Illusionen bedroht, in der Wüste, da ist Gott — auf diesem Weg —, immer da." „Ein Leben ohne Gott ist für mich unvorstellbar", gestand mir Marija Dugandžić, die junge Frau, und verriet somit, ohne es zu wollen, wie sehr die Anwesenheit Gottes für sie Wirklichkeit ist. Eine Anwesenheit, die Jesus zugesichert hat, mehrmals, besonders in der Stunde des Abschieds. Nicht allein gelassen, sicher, daß Gott da ist, nicht Belastung, sondern Befreiung, Orientierung und Frieden. So sollen Christen heute, an der Schwelle zu einer neuen Zeit, ein Gespür für die Sendung des Messias in kommenden Jahrhunderten entwickeln, seinem Rat folgen, sein Werk in die Zukunft hinein sichern, wie es Josef Kentenich schon zu Anfang des zwanzigsten Jahrhunderts gesehen und gefordert hat.

Und dennoch ist das nicht die größte Erfahrung. Diese stellt alles in den Schatten und steht in enger Verbindung mit dem ‚Mysterium der Liebe'. Als ‚Opfer' erfahren ihn nämlich Menschen, als den, ‚der Opfer seiner Liebe geworden ist', der in totaler Hingabe an seine Schöpfung sich selbst opfert, um allen das Leben zu geben. In der ganzen Schöpfung lassen sich Spiegelungen und Spuren dieser Hingabe erkennen. Hier stoßen wir wahrscheinlich an das tiefste, intimste Geheimnis, das Gott mit seiner Schöpfung verbindet.

Nach langen Jahren traf ich an einem Winterabend in einer gemütlichen Runde einen alten Freund. Er war gereift, sein Gesicht von seelischen Leiden gezeichnet. Schwermut war die Grundstimmung seiner Existenz geworden. „Wie kann man Glück empfinden in einer Welt, in der uns nur Todesangst, Todesschreie der Natur umgeben. ‚Fressen und gefressen werden‘, ‚töten und getötet werden‘, das ist doch das eiserne Gesetz, unter dem alles steht, auch wenn wir nicht jedes Stöhnen der Kreatur hören, aber es ist da." Hatte er nicht recht? Muß nicht das eine sterben, damit das andere leben kann, auf Zeit, bis es selber zum Opfer wird, und so fort, immer, ohne Unterbrechung. Tod der Preis des Lebens. Ist das nicht eine Kette sinnloser Leiden, auf das sich Leben stützt? Gewiß, so mag es scheinen. Aber das ist die Sicht aus der Enge von Raum und Zeit, menschliche Sicht der Dinge, weil der Mensch das Ganze nicht kennt, weil seinem Erkennen und Begreifen Grenzen gesetzt sind, weil er alles nur beobachten, verfolgen kann bis zu jener Barriere, hinter der eine andere Perspektive, die eigentliche, sich eröffnet, das eigentliche Sein.

Wenn ein Neugeborenes den Leib der Gebärenden verläßt, fügt es Schmerzen zu, manchmal große Schmerzen. Hält die Mutter dann aber das Kind in den Armen, ist alles vergessen, alles verwandelt sich in Glück. Opfer ist Geschenk. Viele Opfer im Kreislauf des Lebens scheinen erzwungen. Entscheidend für alle bleibt die Endbilanz, die wir nicht kennen. Im Sichaufopfern wird der Widerhall innergöttlichen Lebens erkennbar, ewige Seligkeit. Darauf soll der Mensch vertrauen. Gott, der Opfer seiner Liebe geworden ist, läßt Opfer nicht sinnlos bleiben, in ihm selbst finden sie ihren letzten Sinn, im ewigen ‚Mysterium der Liebe‘. Daran erinnert Eucharistie, vor der die großen Heiligen erschaudernd in die Knie sanken. Das ist das ‚Geheimnis der Eucharistie‘, ein Sakrament des Opfers, des Sichaufopferns, Sakrament der Liebe, täglich für den Menschen erfahrbar, rund um den Erdball, eine Flamme der Liebe, die unseren Planeten umzüngelt. Wenn dieser es doch nur wahrhaben wollte.

Auf der Westseite der Kirche von Medjugorje setzten wir uns auf eine wackelige Bank. Wir kannten uns seit langem, waren uns in der Erscheinungskapelle begegnet, neben dem Hauptaltar. Sie kam aus dem Rheinland, ein reifer Mensch, hatte an diesem Ort endgültig zu sich selbst

Vicka Ivanković — hat sich geduldig Millionen gestellt

Dr. Leonard Oreć — seit 1988 Pfarrer von Medjugorje, immer gefragt

Pavao Žanić — Bischof von Mostar, kann nicht glauben

Ein weltweites Echo verändert die einst idyllische Landschaft

gefunden. „Früher war Gott für mich ein abstrakter Begriff, heute die größte, die letzte Wirklichkeit, jemand, der mich den ganzen Tag hindurch begleitet, mit dem ich in ständigem Zwiegespräch stehe. Ich bin mir seiner Anwesenheit immer bewußt." Sie schwieg. Über die Lautsprecher konnten wir die englischsprachige Messe mitverfolgen. „Mir ist klar, daß Gott etwas unvorstellbar Großes ist und uns in einer Art liebt, die wir nie begreifen werden." Sie schwieg abermals. In der Kirche stimmte man ein Lied an. Ich dachte über ihre Worte nach. Ist ein sich aufopfernder Gott begreifbar? Ist diese seine Liebe begreifbar? „Wenn ich darüber nachdenke", fuhr sie fort, „muß ich weinen, weil wir diese Liebe nie zurückzahlen können, so sehr wir es auch möchten." Sie schaute zur Seite. Trotz wacher Augen, eines frisch wirkenden Gesichtes, kam sie mir eher wie eine erlöschende Kerze vor. Ihre Seele verbrannte, im Schatten der Kirchtürme von Medjugorje, verbrannte aus Liebe. Neun Monate später hörte ich, sie sei schwer erkrankt. Man brachte sie noch einmal in die Herzegowina, trug sie auf den Podbrdo. Ihr letzter Wunsch. Dann starb sie. Man hätte es ahnen können, zwölf Monate zuvor. „Ich freue mich darauf, Gott zu sehen", hatte sie gesagt. „Tod ist Eingang in ein schöneres Leben. Begegnung mit dem Vater. Augenblicke, die ich hier erlebe, in Medjugorje, sind wie der Anfang, weil man den Frieden erfährt, der einem hier geschenkt wird." Ihre Worte klangen wie ein Vermächtnis. Ich gebe es weiter, an meine Leser. Das Bekenntnis zum Vater.

In Gott den barmherzigen Gott erkennen, ist Befreiung. Ihm als dem ‚Mysterium der Liebe' begegnen, ist weit mehr. Ihn als jenen erfahren, der Opfer seiner Liebe zum Menschen geworden ist, muß — wie eben gesagt — bis in die Wurzeln erschüttern, um den Weg frei zu machen für ein unbegreifliches Glück.

Unersetzbar für alle Zeit

Die Ostertage waren vorbei. Der Besucherstrom nach Medjugorje ließ etwas nach. Über dem Tal und den Bergen ringsum strahlte eine milde Sonne, als wir den Podbrdo bestiegen. Wir hatten es geschafft, mit allen Töchtern zu kommen. Ein gemeinsames Gebet auf dem Erscheinungsberg sollte Auftakt des achttägigen Besuches sein. Der Weg führte vorbei am Haus der Vicka Ivanković, die mich seinerzeit mit der Bemerkung irritiert hatte, sie würde für alle Menschen beten. Für alle, das ist gleichbedeutend für keinen, war damals meine Meinung. Das Haus umlagert von einer Menschentraube. Liebenswert lächelnd winkte sie uns von weitem zu. Eine unserer Töchter, ansonsten eher bedächtig, schien von einer inneren Unruhe erfaßt, löste sich von uns und eilte voraus. Oben, vor den verschiedenen Kreuzen, die dort errichtet worden waren, beteten Menschen, einzeln oder in Gruppen. Jeder von uns versank in Schweigen. Eine wunderbare Stille, in der die Menschen, über den Berg verstreut, wie Blumen wirkten. Jeder eine Blüte, dachte ich, für die Ewigkeit bestimmt.

Ich schloß die Augen, etwas zwang mich in die Knie. Im Geiste zogen alle Menschen an mir vorüber. Jene aus fernster Zeit und jene, die einmal geboren werden in ferner Zukunft. Jeder ein einmaliger Gedanke Gottes, unersetzbar, für alle Zeit. Ob groß oder klein, alt oder jung. Plötzlich erschrak ich, und es erschütterte mich tief. Ich erschrak bei dem Gedanken, auch nur ein einziger Mensch könnte seine ewige Bestimmung verfehlen. Auf einmal konnte ich das, was ich mein ganzes Leben nicht gekonnt hatte: für alle Menschen beten, für alle, in dem Bewußtsein, für jeden einzelnen zu beten. Ich verstand nach mehr als zwei Jahren, was Vicka, die Seherin, mir am Anfang hat sagen wollen. Wer erlöst sein will, muß die Erlösung auch jedes anderen Menschen im Auge haben, muß um sie bitten können.

Nicht als ob mir die Menschen oder die Menschheit früher gleichgültig gewesen wären. Schließlich hat mein ganzes Leben im Zeichen des sozialen Engagements gestanden, für den Mitmenschen, war auf den Mitmenschen ausgerichtet gewesen. Studien der Theologie, der Psychologie, der Politik, die Arbeit im Bildungswesen und in der Seelsorge. Dann die kategorische Entscheidung für den Journalismus, um nicht wenigen, sondern vielen, Millionen, allen zu helfen. Der Verzicht auf jedes Vermögen, auf Eigentum, auf ein Eigenheim, um freie Hand zu haben, zu helfen. Aber das jetzt war etwas ganz anderes, ein Schmerzensschrei aus der Tiefe des Herzens zum Schöpfer, keiner, nicht ein einziger möge verlorengehen. Wir gehören doch zusammen, alle. Ich hob die Hände zum Himmel, um der ‚Gospa' und über die ‚Gospa' der ‚Ewigen Liebe' alle ans Herz zu legen und für jeden zu danken, der einmal das Licht der Welt erblickt hat und noch erblicken wird.

Mit dem neuen Gottesbild schält sich in Medjugorje auch ein neues Menschenbild heraus. Sie bedingen einander. Gott ist im anderen Menschen zu finden. „In jedem kann Gott zu mir sprechen" (Slavica Vasilj). „Wenn jemand sagt: Ich liebe Gott, aber seinen Bruder haßt, ist er ein Lügner ... Wer Gott liebt, soll auch seinen Bruder lieben", schreibt Johannes in seinem ersten Brief (4, 20-21). In der Spiritualität von Medjugorje wird ein weiterer Schritt getan. „Wenn du Gott finden willst, suche ihn in deinem Nächsten." Die Forderung Jesu wird konsequent zu Ende gedacht. Der Mitmensch wird von Gott geliebt, wie ich glaube von ihm geliebt zu sein. Gott lebt im Menschen neben mir, wie in mir. Wenn jeder in jedem Gott sehen, jeder in jedem Gott verehren, jeder in jedem Gott in Ehrfurcht begegnen könnte, wäre das ein gewaltiger Schritt in Richtung auf ‚Vergöttlichung' der ganzen Menschheit. Gott alles in allen. *„Ich liebe euch alle mit der gleichen Liebe",* sagte die ‚Madonna'. Die große Versuchung jedes Menschen ist der unterschwellige Wunsch, Macht über andere zu gewinnen. Gott aber ist Opfer, nicht Macht. Je weniger machtanfällig gegenüber dem andern, je opferbereiter gegenüber dem Mitmenschen, um so gottähnlicher. Gott bleibt Maß des Menschen, nicht eine Idee, keine Utopie, nicht die Erde und nicht das All, weder Engel noch Dämonen, sondern Gott, der sich ‚in seiner Vollkommenheit' anbietet (opfert).

Der einzelne Mensch erstrahlt in einem neuen Licht, nicht als Wert in sich, was ihn zum Egoisten macht, sondern in seiner Beziehung zu Gott und zum andern. Nur in diesem ‚Dreiecksverhältnis' bekommt jedes menschliche Dasein einen Wert, der durch nichts anderes aufzuwiegen ist. Jeder eine Welt für sich, unschätzbar, unwiederholbar, nicht kopierbar, Abglanz innergöttlichen Lebens, jeder auf seine Art, jeder ein unauswechselbarer Stein im Mosaik einer Menschheit (wie es die ‚Gospa' einmal ausgedrückt hat), in der sich das Antlitz Gottes widerspiegelt. *„Ich möchte, daß ihr begreift, daß Gott jeden von euch auserwählt hat",* sagte sie in ihrer ersten Monatsbotschaft (25. Januar 87). Nicht um eine Masse geht es, sondern um den einzelnen Menschen, der einzelne zählt, Milliarden einzelner. „Das Gespür dafür fehlte in der Kirche" (Dr. I.D.).

Es fällt auf, daß vor allem Ivan, der Seher, Wert und Bedeutung der Familie betont, in dieser besonders die Einheit der Eltern. Das wurde ihm aufgetragen. Einheit der Eltern heißt Einheit der Ehe, Voraussetzung für neues Leben in Geborgenheit, Ehe, in der der Mensch seine Natur als Mann und Frau voll auslebt, voll ausleben soll. Nur Gott vermag den Ehepartner zu ersetzen und menschliches Sein zur vollen Blüte zu führen. Im ‚Mysterium der Ehe‘ schimmert das ‚Mysterium Gottes‘ durch, das ‚Mysterium der Dreifaltigkeit‘. Die totale Hingabe einer göttlichen Person (die wir Vater nennen) an die andere (die wir als Sohn bezeichnen und die eben nicht der Vater ist) wird zur dritten (zum Geist). Ein Feuerherd der Liebe, ewig schöpferischer Liebe. So die christliche Glaubenslehre, die sich menschlicher Begriffe bedienen muß, weshalb man davon ausgehen kann, daß sie nur ganz schwach und schattenhaft die göttliche Wirklichkeit wiederzugeben vermag.

Ein Anschlag auf die Ehe, ein Anschlag auf die Doppelgeschlechtlichkeit ist ein Anschlag auf das ‚Mysterium der Dreifaltigkeit‘, ist Verhöhnung der Dreifaltigkeit, ist Verhöhnung der menschlichen Natur, ist der Versuch, das Bild Gottes im Menschen zu pervertieren, eigentlich auszulöschen. Das ist Absicht, gewollt. Zum Ausdruck kommt es in der stillen oder demonstrativen Verherrlichung gleichgeschlechtlicher ‚Liebe‘ wie Homosexualität oder lesbischer Liebe, was offen in der Kunst, vor allem im Film, zu erkennen ist. Sie werden der ehelichen nicht gleichgestellt, sondern höher angesiedelt, wie es in der Antike mit der Päderastie (Zuneigung zu Knaben) der Fall war, die einen höheren Stellenwert besaß als die Liebe zwischen Ehepartnern. Das läuft auf die Verneinung der Trinität hinaus und von allem, was in der Schöpfung, in erster Linie beim Menschen, auf sie hinweist. Gott will im Menschen nicht verfälscht werden. Aus dem Menschenbild dieser Spiritualität ein neues Partnerschaftsbild herauszufiltern, daran werden übrigens Jahrhunderte noch zu arbeiten haben.

„Der andere ist die Hölle“, verkündeten die Verneiner des neunzehnten und zwanzigsten Jahrhunderts. Eine Sackgasse für alle. Nicht die Hölle ist er. In ihm begegne ich vielmehr dem gequälten, leidenden, dem geknebelten, dem geblendeten Gott, dem lebendigen Echo einer sich selbst verschenkenden göttlichen Liebe.

Ewigkeit ist gegenwärtig

Auffallend in der Spiritualität von Medjugorje ist die Auflösung der Grenze zwischen dem Diesseits umd dem Jenseits, zwischen Zeit und Ewigkeit, zwischen Gegenwart und Zukunft. Die Angst vor dem Tode hat keinen Platz mehr. Auch Zukunftsangst, beherrschend für die Stimmung in den Gesellschaften des auslaufenden Jahrhunderts, ist gewichen.

Ewigkeit ist schon angebrochen. Man lebt in ihr, auch emotional. „Ich fühle die Ewigkeit, sie hat in mir begonnen. Wenn meine Seele Gott gehört, gehört sie bereits der Ewigkeit" (Marija Dugandžić). Ob sie Angst vor dem Tode habe, frage ich das junge Mädchen. Nein, sie habe davor keine Furcht. Diese überkomme sie nur bei dem Gedanken, von Gott getrennt zu werden. „Ich lebe für die Ewigkeit, glaube in der Ewigkeit zu leben", sagte ein anderes Mädchen mit dem gleichen Namen (Mirjana Dugandžić). Was oben sein wird, werde in einer gewissen Beziehung zu dem stehen, was hier geschieht. Darum sei der Wunsch, hier das zu leben, was Gott von ihr erwarte, ihre stärkste Triebkraft. „Ich fühle in der Seele, daß ich nicht so leben kann wie viele Menschen um mich herum." Diesseits sei eben keine Perspektive.

„Den Tod gibt es nicht. Was wir Tod nennen, ist eine Brücke, ist Eingang" (P.P.L.). „Ich lebe wie im Paradies. Es ist mir nicht mehr möglich, in rein irdischen Kategorien zu denken, ich kann es so nicht mehr bezeichnen. Meine Geisteswelt wird vom Himmel geprägt." Wie sich das denn praktisch auswirke? „Ich möchte alles sehen, wie Gott es sieht. Wichtig ist doch, diesen Augenblick zu leben, jetzt. Was einmal war, können wir nicht mehr ändern, aber was kommt, das haben wir in der Hand." Wenn man für Gott lebe, lebe man die Zukunft Gottes, die Ewigkeit Gottes. „Gott will uns das Glück schon auf dieser Erde schenken — auch im Kreuz", meint Dr. M. B., eine Italienerin. „Himmel und Hölle beginnen hier, im Menschen selber" (Dr. T. P.).

Vicka, der die Madonna einen Einblick in die Hölle gewährt hat, behauptet, die Verdammten hätten kein menschliches Gesicht mehr. Auf ganz einfache und plastische Weise wird die Frage nach ewiger Seligkeit und ewiger Verwerfung beantwortet. Hölle ist die endgültige Verneinung Gottes. Wer Gott verneint, ablehnt, verneint sich selbst, stellt der Mensch doch das Ebenbild Gottes dar. Gottes Bild in ihm löst sich auf, der Verlorene verliert sein menschliches Antlitz. Verneinung Gottes ist Selbstverneinung. Die Völker pflegen es in ihren Sprachregelungen zum Ausdruck zu bringen, wenn sie einen grausamen, unbarmherzigen Menschen als ‚Unmenschen', als ‚Bestie' bezeichnen. Entwürdigende Lebensverhältnisse werden als ‚unmenschlich' bezeichnet. Unmenschlich heißt, nicht im Sinne Gottes. Unmenschlich ist die Hölle. Sie kann auf Erden beginnen, wie ein Blick in die jüngste Geschichte der Menschheit zeigt.

In diesem Licht ist es wert, einmal das bekannte Gebet von Fatima zu betrachten, das die ‚weiße Dame' 1917 drei Kindern, über diese allen Christen, empfohlen hat. Man sollte sich nicht an der einfachen Form stören. Es wurde Kindern und einer schlichten Bevölkerung zu Beginn des zwanzigsten Jahrhunderts ans Herz gelegt. Auf die Kernaussage kommt es an. In dem kurzen Gebet heißt es: „O mein Jesus, verzeih uns unsere Sünden (Treuebruch gegenüber dem Schöpfer), bewahre uns vor dem Feuer der Hölle (davor, das ewige Ziel zu verfehlen), führe alle Seelen in den Himmel, (hilf) besonders jene, die deiner Barmherzigkeit am meisten bedürfen." Wichtig sind die Schlußworte. Der Barmherzigkeit, dem göttlichen Erbarmen zu empfehlen sind doch vor allem jene, die in der Gefahr stehen, sich für immer gegen Gott zu entscheiden (die Hölle). Für sie besonders wird um die Gnade der Umkehr gefleht. Mit anderen Worten, es ist eine Bitte, keiner möge verlorengehen, die Möglichkeit der Hölle soll von allen abgewendet, die Hölle für alle Menschen ‚aufgehoben' werden. Keine Leugnung der Hölle, aber eine Bitte um ihre Abwendung. Sie soll ausschließlich als Möglichkeit im Raum bleiben, nicht als tatsächliches ewiges Schicksal. Eine Bitte um das Heil für alle Menschen. Ein Heil, über das hier und heute zu entscheiden ist. Ewigkeit ist gegenwärtig, hat begonnen.

Auch Zukunft bekommt einen anderen Charakter. Zukunft ist anwesend in der Gegenwart. „Früher habe ich nur in der Zukunft gelebt, Zukunftspläne gemacht, ... wenn einmal dies, einmal das eintritt, wenn ich einmal dies oder das haben werde, das war mein Denken. Heute habe ich keine Zukunft, mache keine Pläne, erfülle meine Pflichten, weiß mich ganz und gar in der Hand Gottes. Aber dadurch lebe ich mehr in der Zukunft als jemals zuvor", gestand mir die weltgewandte, sprachbegabte Milona von Habsburg. „Gegenwart ist Wurzel der Zukunft" (Prof. Dr. L.Rupčić). „Die Früchte unseres Lebens, unserer Arbeit, unseres Denkens sind Zukunft, weil sie in sich den Samen der Zukunft haben, des — man bedenke es — vermehrten Lebens. Pflicht der heutigen Generation ist es, Früchte zu tragen, die Samenkörner für kommende Generationen. Wir haben kein Recht stehenzubleiben. Wir müssen wachsen."

„Wir haben keinen Grund, uns vor der Zukunft zu fürchten (Slavica V. aus dem Jelena-Gebetskreis). Die Zukunft der Welt hängt von unseren Gebeten ab. Die ‚Gospa' hat uns nie Angst eingeflößt. Sie hat unsere Augen für die Krisen der Welt geöffnet, immer aber zugleich Hoffnung gemacht." Ein orthodoxer Priester sieht es ähnlich: „Hier kann man sich einer neuen Zukunftsdimension bewußt werden. Jeder, der betet, bekommt etwas von der Ewigkeit mit, von der Welt von morgen, vom Reich, das kommt und das unter dem Leitmotiv stehen wird: Hier begegne ich meinem Bruder, ich bin sein Diener."

Das Ineinandergreifen von menschlichem und göttlichem Wirken garantiert Zukunft. „Wenn wir zu leben versuchen, was Gott uns sagt, ist das der wichtigste Beitrag für morgen, weil Gott immer große Pläne hat. Wenn wir uns heute für das Gute engagieren, helfen wir Gott, etwas Größeres zu tun. Gott will immer das Größere" (Slavko B.). Nicht auf das Reden komme es an. „Wenn wir zu viel über die Zukunft sinnieren, verlieren wir den Blick für die Herausforderungen der Gegenwart. Diese Zeit, jede Zeit ist die Fülle der Zeit. Jede Zeit ist Zeit der Gnade." Allerdings habe der Mensch es in der Hand, daraus auch eine Zeit der Ungnade zu machen, wie etwa bei den Kreuzzügen. Auf die Bereitschaft zu ständigem Neubeginn komme es an.

Tragik ist ein Teil des menschlichen Schicksals. Aber Verzweiflung ist nicht die Lösung Gottes. „In der Enttäuschung über sich selbst, aufgeben, über sich selbst den Stab brechen, das ist Stil der Hölle. Im Bewußtsein der eigenen Schwäche bereit sein, etwas zu tun, damit es besser wird, immer wieder, das ist marianisches Verhalten" — so Slavko Barbarić. Gott macht es dem Menschen nicht leicht, weil er es sich selbst nicht leicht macht. Die Welt dreht sich nicht im Kreise ohne Hoffnung, sondern schreitet voran, weil Gott Zukunftspläne hat. Göttliche Kultur ist dynamische Kultur. Medjugorje ist ein atemberaubender Impuls Gottes zu neuer kultureller Dynamik. Gott hat wieder einmal in die Geschichte eingegriffen, weil er sich selbst nicht untreu werden kann. Auf dem Podbrdo spüren viele Menschen den Atem der Ewigkeit, Gegenwart wird zur Zukunft, aus der die ‚Madonna' kam. Bedrückung verwandelt sich in Zuversicht, Trauer in Freude, weil der Mensch Bereitschaft zeigt, Partner Gottes zu werden.

In Erwartung des Heiligen Geistes

Wer in Medjugorje nach Unheilprophetie Ausschau hält, wird sehr bald enttäuscht. Nicht Katastrophen begleiten das Kommen der ‚Frau aus der Ewigkeit', sondern der Heilige Geist. Er folgt ihr auf dem Fuße. Viermal erinnert Lukas, der Arzt, in der Schrift daran.

Als Gabriel, der Erzengel, vor das Mädchen Mirjam trat, um ihr Jawort für die Menschwerdung Gottes zu erbitten, kündigt er die sofortigen Auswirkungen ihrer Zustimmung an: „Der Heilige Geist wird über dich kommen, und die Kraft des Höchsten wird dich überschatten" (Lk 1, 35). Nicht lange danach betrat Mirjam bei Jerusalem das Haus ihrer Verwandten Elisabeth. Und der Evangelist hebt hervor: „Da wurde Elisabeth vom Heiligen Geist erfüllt und rief mit lauter Stimme: Gesegnet bist du mehr als alle anderen Frauen" (Lk 1, 42). Nach der Geburt ihres Sohnes brachte sie das Kind in den Tempel, um es Gott zu weihen. Im Hause des Herrn trat ihr ein alter Mann namens Simeon in den Weg, geführt — wie es heißt — vom Geist, nahm das Kind in seine Arme und pries Gott mit den Worten: „Nun läßt du, Herr, deinen Knecht ... in Frieden scheiden, denn meine Augen haben das Heil gesehen, das du vor allen Völkern bereitet hast" (Lk 2, 30). Seine große Missionschronik, Apostelgeschichte genannt, beginnt derselbe Autor mit dem Bericht des Pfingstereignisses in Jerusalem, dem ein mehrtägiges Beten vorausgegangen war: „ Sie alle verharrten dort einmütig im Gebet, zusammen mit den Frauen und mit Maria, der Mutter Jesu (1, 14) ... Da kam plötzlich vom Himmel ein Brausen ... alle wurden mit dem Heiligen Geist erfüllt" (2, 4). Wo Mirjam — Maria —, da ist auch immer der Heilige Geist. Sie kündigt ihn an. Es ist heute nicht anders als damals.

In Medjugorje kam eines Tages die kleine Jelena zu ihren Seelsorgern und schlug vor, während einer Novene (neun Tage) das bekannte Gebet zum Heiligen Geist „Veni, Creator, Spiritus" zu beten, das dem Fuldaer Mönch Hrabanus Maurus (neuntes Jahrhundert) zugeschrieben wird. „Komm Heiliger Geist, der Leben schafft, erfülle uns mit deiner Kraft. Dein Schöpferwort rief uns zum Sein: nun hauch uns Gottes Odem ein." Nach dem Ausklingen der Novene ließ man es wieder bleiben. Daraufhin kam Jelena und empfahl, unter Berufung auf die ‚Madonna', das Gebet beizubehalten. Seither wird es täglich zur Einstimmung vor der Abendmesse gesungen. Auf diese Weise erinnert die ‚Gospa' täglich an den Heiligen Geist, macht sich über den Heiligen Geist verständlich. Medjugorje steht nicht nur im Zeichen der ‚Gospa', es steht mehr noch im Zeichen des Heiligen Geistes. Man spürt es auf Schritt und Tritt.

Der Heilige Geist bedeutet Vermählung des Göttlichen mit dem Menschlichen (Verkündigung in Nazareth), Durchblick (Elisabeth), Weitblick (Simeon) und Anfang bzw. Neuanfang (Pfingsten, Geburt der Kirche). Das alles ist bei der Betrachtung von Medjugorje zu beachten.

Nach dem Zusammenbruch materialistischer Wahnideen bietet der Himmel der Menschheit an der Schwelle zu einem neuen Jahrtausend demonstrativ erneut die Vermählung mit dem Heiligen Geist an. Nicht einem einzelnen Menschen, der ganzen Menschheit — dieser Generation. Ein unfaßbarer historischer Augenblick. Das Mädchen Mirjam hat seinerzeit zugestimmt. Wie wird sich die Menschheit entscheiden? Die ‚Gospa‘ macht auf die Bedeutung des Augenblicks aufmerksam. Mehrfach sagte sie: „... *in dieser Zeit der Gnade ...!*“ Wird dieser Generation eine besondere Gnade angeboten? Es sieht so aus. Zwar wird die ‚Zeit der Kirche‘ allgemein als ‚Zeit der Gnade‘ bezeichnet. Das schließt eine besondere Initiative nicht aus. Wer kann sich anmaßen, Gott Grenzen zu setzen?

Medjugorje vermittelt vielen Durchblick durch das Dickicht aller Diesseitskulturen, in denen sich der Mensch zu verfangen droht, durch das Dickicht einer riesigen Informationsschwemme, in der jede klare Sicht verlorengehen kann, eröffnet vielen Weitblick, den sie früher nicht besaßen, den Blick für die Dimension Gottes in unserer Zeit. Und es ist an der Schwelle zu einem neuen Jahrtausend Neuanfang. Die Kirche ist ‚ein besonderes Instrument des Heiligen Geistes‘ (Dr. I.D.), sie muß als solches gegenüber der Menschheit, die vor einem neuen Abschnitt ihrer Geschichte steht, zum Tragen kommen. „Erneuerung geschieht durch die Kraft des Heiligen Geistes, alles andere ist Scheinerneuerung, menschliche Erneuerung.“

Am 25. März 1987 kündigte Papst Johannes Paul II. mit seinem Rundschreiben ‚Redemptoris mater‘ — ‚Mutter des Erlösers‘ ein »Marianisches Jahr« an. Nur ein Jahr vorher hatte er auf den Heiligen Geist aufmerksam gemacht: ‚Dominum et vivificantem‘. Das »Marianische Jahr«, das ist bezeichnend, sollte am Pfingsttag 1987 beginnen, nicht an einem Marientag, sondern am Tag des Heiligen Geistes. Der Papst wollte optisch einen ganz engen Zusammenhang herstellen. Das »Marianische Jahr« wurde Vorbereitung marianischer Zeiten. „Hier in Medjugorje werden marianische Zeiten gefeiert‘ (P. Slavko Barbarić). Marianische Zeiten läuten Zeiten des Heiligen Geistes ein. Sie stehen für die ‚große Wende‘.

Auf diese geht Papst Johannes Paul II. am Schluß seines Rundschreibens ein, auf die Wahrheit von der großen Wende, „die dem Menschen vom Geheimnis der Inkarnation bestimmt ist. Wende gehört zu seiner Geschichte, von jenem Anfang an, der uns in den ersten Kapiteln der

Genesis offenbart ist, bis zum letzten Ende, im Hinblick auf das Weltende nämlich, von dem uns Jesus ,weder Tag noch die Stunde' (Mt 25, 13) offenbart hat." Und etwas weiter heißt es: „Die Menschheit hat wunderbare Entdeckungen gemacht und aufsehenerregende Ergebnisse im Bereich von Wissenschaft und Technik erzielt, sie hat große Taten auf dem Weg des Fortschritts und der Zivilisation vollbracht, und in der jüngsten Zeit, so könnte man sagen, ist es ihr sogar gelungen, den Lauf der Geschichte zu beschleunigen; aber die grundlegende Wende, jene, die man ,originell' nennen kann, begleitet den Weg des Menschen ständig, und durch alle geschichtlichen Ereignisse hindurch begleitet sie alle und jeden. Es ist die Wende vom ,Fallen' zum ,Auferstehen', vom Tod zum Leben. Sie ist auch eine unaufhörliche Herausforderung an das menschliche Gewissen; eine Herausforderung an das ganze geschichtliche Bewußtsein des Menschen."

In diese Herausforderung — so sieht es aus — ordnen sich die Ereignisse von Medjugorje ein. Es ist der Heilige Geist, von dem die Kraft kommt, sich der Geschichte zu stellen. Er schenkt auch das Licht, sie zu verstehen.

* * *

XII.

HÖCHSTE THEOLOGIE

Ein warmer Frühsommer hielt Einzug ins Land. Zehn Tage verbrachte ich in Medjugorje, um zum letzten Mal alles zu überdenken. Dann sollte das Manuskript in Druck gehen. Zwei Jahre hatte mich das Thema gefesselt, war ich voll in den Untersuchungen aufgegangen, hatte Hintergründe studiert, historische Zusammenhänge ausgelotet. Noch einmal wollte ich die wichtigsten Personen sprechen: Pater Jozo Zovko, den vom Gebet trunkenen, begnadeten Priester. Jelena, die als kleines Kind ein ‚Zeitalter der Mystik' einläuten sollte. Und Marija Pavlović, die immer Zeit gefunden hatte, wenn sie darum gebeten wurde, stets sichtlich gespannt auf die Themen, die mit ihr erörtert werden sollten. Man sah ihr die Freude an ihnen an. Schließlich auch Ivan Dragičević, den zurückhaltend und spröde wirkenden und doch sichtlich reifenden jungen Mann.

„Wenn du hinter das Geheimnis von Medjugorje kommen willst, mußt du alles geben", sagte Zovko lächelnd. Er wußte um den Ernst, mit dem ich an die Arbeit gegangen war. „Auch du bist hier in Medjugorje ein Seher geworden!" Verstört runzelte ich die Stirn. Zovko lächelte verschmitzt. „Doch, es ist so. Du hast hier die betende Kirche gesehen. Du bist ein Seher. Wer in die betende Kirche eingeht, für den stürzen alle Idole und Götzen der Welt. Glauben kann man nur, wenn alle Angst von einem gewichen ist".

* * *

„Also dann, ein letztes Mal." Lächelnd nahm Marija Pavlović mir gegenüber Platz. Um das ‚Mysterium des Kreuzes' ging es, in dem ich die Urbotschaft sehen würde. Ob sie das so absegnen könne, fragte ich. „Absolut" war die Antwort. „Bereits am dritten Tag hat die ‚Madonna' uns das Kreuz gezeigt. Um dieses Geheimnis geht es. Darauf ist sie immer wieder zurückgekommen: ‚Betet vor dem Kreuz! Besucht den Križevac, den Kreuzberg! Der Križevac ist ein Geschenk.' Unter dem

Kreuz lernen wir, im Leiden ein Geschenk Gottes zu sehen. Wer sich dem Kreuz nähert, nähert sich Gott, er findet den Frieden."

„Und die großen Botschaften — Freiheit, Leben, Liebe?" — „Richtig. Immer häufiger kam sie im Laufe der Zeit auf sie zu sprechen. Die Sorge der ‚Gospa‘ ist es, der Mensch könnte sich mit der ihm geschenkten Freiheit nicht für Gott entscheiden. Darum ermuntert sie zum Gebet. Durch das Gebet wird der Mensch befähigt, sein Leben so zu ändern, daß er sich jederzeit und gegenüber allen Problemen im Sinne Gottes, für Gott entscheiden kann.

Was das Leben angeht, so sind ihre Botschaften voller Anstöße, dem Leben mit Ehrfurcht zu begegnen. Mehrfach hat sie vom hohen Wert des Lebens gesprochen. Es ist immer mehr bedroht — zum Beispiel durch Abortus (Abtreibung), Drogen, Alkohol. Mit unserem Leben sollen wir Zeugnis ablegen für das Leben selber, mit unserem Leben Leben bewahren."

„Unser Bild von Gott . . .", warf ich ein, aber sie hatte die Frage längst erahnt und griff sie auf: „. . . ist nicht ideal. Allein ihre lange Anwesenheit deutet darauf hin, daß sie einen nachhaltigen Impuls geben will, zu lernen, die Liebe zu leben. Wir sollen es bewußt so sehen. ‚Ich führe euch durch die Schule des Gebetes, denn ohne Gebet könnt ihr die Liebe nicht verstehen‘. In Freiheit sollen wir uns für die Liebe entscheiden. Auf daß wir Gott als Liebe begreifen, deshalb ist sie so lange unter uns."

Jedesmal hat mich dieses junge Mädchen, inzwischen ist sie eine junge Frau, mit ihrer klaren Sprache überrascht. „Wir denken kompliziert", hat sie einmal gemeint, „aber die ‚Gospa‘ lehrt uns das Einfache. Das Einfache ist höchste Theologie." Marija Pavlović war demnach eine gute Schülerin der ‚Madonna‘, in jeder Hinsicht. Das endgültige Schicksal des Menschen entscheidet sich erst im Tode, auch das dieser jungen Kroatin. Man verspürt das Verlangen, darum zu beten, das Madonnenhafte ihres Wesens möge dann seine letzte Bestätigung erfahren.

* * *

Am Abend vor der Abreise fragte mich der Pfarrer, Dr. Leonard Oreć, ob wir Ivan Dragičević, den Seher, nach Österreich mitnehmen könnten, er wollte sich für ein paar Tage zurückziehen. Nichts lieber als das. Ein weiterer, ganzer Tag, der für Fragen und Beobachtungen zur Verfügung stand. Zehn Stunden saß er neben mir im Wagen und zehn Stunden hatte ich Gelegenheit, die ungewöhnliche körperliche und seelische Selbstdisziplin dieses jungen Mannes zu sehen, die ihm dennoch nichts von seiner Natürlichkeit nahm.

Bei den Plitwitzer Seen hielten wir vor einem Bauernhof. Selbstgemachter, heimischer Käse wurde angeboten. Wir pflegten auf der Durchfahrt immer einige Stücke mitzunehmen. Die Bäuerin war freundlich, begann mit einem kleinen Schwätzchen. Wir kämen sicher aus dem Badeurlaub von der Adria, meinte sie. Nein, nicht vom Meer, sondern aus Medjugorje, korrigierten wir, was sie wohlwollend aufnahm. Ob sie denn auch bete, fragte ich gelöst, mehr um das Gespräch in Gang zu halten, denn aus Neugier. Sie antwortete mit einem breiten, zustimmenden Lächeln. In diesem Augenblick sah ich, wie Ivan Dragičević, der im Auto geblieben war, die Hände über dem Kopf zusammenschlug. Irgend etwas mußte ihm nicht gefallen haben. Wieder im Wagen, wollte ich die Gründe für seinen offensichtlichen Unmut erfahren. Er machte keinen Hehl daraus.

„Wenn wir mit anderen Menschen über das Gebet sprechen", sagte er, „sollte das niemals den Charakter einer Nötigung haben, auch nicht einer subtilen. Der Angesprochene darf sich vor allem durch eine solche Aufforderung in seiner Persönlichkeit nie gedemütigt fühlen, das hätte hier der Fall sein können." Ich reagierte tief betroffen, denn keinen Augenblick war mir der Gedanke gekommen, die sympathische Landfrau hätte meine Bemerkung als Taktlosigkeit oder Kränkung werten können. Ivan sah das anders. Und ich staunte über die unglaubliche Sensibilität dieses an sich noch sehr jungen Menschen, über seine Feinfühligkeit dort, wo es um das Seelenleben des Menschen geht. Das war die Schule Gottes, aus der er kam, jenes Gottes, der sich tief vor der dem Menschen geschenkten Freiheit verbeugt, es war eine ganze Theologie, die er mit zwei Sätzen vermittelt hatte. Noch Stunden, ja Tage mußte ich darüber nachdenken und war ihm dankbar für den Hinweis. Als Befreiung soll der Mensch das Gebet empfinden, als Befreiung seiner selbst, jede Verkündigung. Schwer und oft haben Christen und Kirche gegen diese Verhaltensregel verstoßen, nach außen und nach innen. Sie liegt auf der Linie jenes großen Mysteriums, das sich in Medjugorje als Liebe bis zur Selbstaufopferung in Erinnerung gebracht hat.

* * *

Literaturnachweis

Aradi Z.: Wunder, Visionen und Magie, Salzburg, 1959
Balthasar H.U.v.: Maria für heute, Freiburg i.br., 1987
Barbarić S.: Molite srcem, Medjugorje, 1990
Barbarić S.: Razgovori, Duvno, 1990
Bianchi L.: Fatima — Medjugorje, Hauteville, 1987
Böhme W./Sudbrack J.: Der Christ von morgen — ein Mystiker? Würzburg, 1989
Boldt J.: Johannes vom Kreuz, Olten, 1980
Bubalo J.: Ich schaute die Gottesmutter, Jestetten, 1986
Craig M.: Das Geheimnis um die Madonna von Medjugorje, Graz, 1989
Deisler A.: Dann wirst du Gott erkennen, Freiburg i.br., 1987
Dionysius Areopagita: Ich schaute Gott im Schweigen, Freiburg i.br., 1985
Doni R.: Medjugorje, Milano, 1985
Drewermann E.: Tiefenpsychologie und Exegese, Olten, 1984
Forderer M.: Königin ohne Tod, Stein a. Rh., 1988
Frigerio L./Bianchi L./Mattalia G.: Dossier scientifico di Medjugorje, Milano, 1986
Fuchs G.: Die dunkle Nacht der Sinne, Düsseldorf, 1989
Girard A. und G./Bubalo J.: Medjugorje — Ein gesegnetes Land? Jestetten, 1988
Görres A./Kasper W.: Tiefenpsychologische Deutung des Glaubens? 1988
Grothues D.: Kehren die Propheten wieder? Freiburg i.Br., 1988
Groer H.H.: Die Rufe von Loreto, Wien, 1987
Günther B.: Wahre und falsche Mystik, Jestetten, 1976
Gronau E.: Hildegard von Bingen, Stein a.Rh., 1985
Hildegard v. Bingen: Wisse die Wege, Salzburg, 1987
Huber G.: Johannes Paul I., Stein a.Rh., 1979
Hummer F./Jungwirth Chr.: Medjugorje, Styria, 1986
Johannes v. Kreuz: Sämtliche Werke, Einsiedeln, 1978
Johannes Paul II.: Dominum et vivificantem, Rom, 1986
Johannes Paul II.: Redemptoris mater, Rom, 1987
Johannes Paul II.: Redemptoris custos, Rom, 1989
Kaltenbrunner G.K.: Was sagen die Propheten? München, 1982
Kentenich J.: Die Niedrigen erhöht er, Vallendar, 1977
Knotzinger K.: Antwort auf Medjugorje, Graz, 1987
Kustić Z.: Mali kljuc biblijne, Zagreb, 1986
Labo S.: Das Attentat auf den Papst, Rom, 1984
Larrañaga J.: El silencio de Maria, Madrid, 1978
Laurentin R./Rupčić L.: Das Geschehen von Medjugorje, Graz, 1985
Laurentin R.: Medjugorje — Recit, Paris, 1986
Laurentin R./ Joyeux H.: Medizinische Untersuchungen in Medjugorje, Graz, 1986
Laurentin R.: Apparitions de Marie a Medjugorje, Paris, 1987

Lejeune R.: Fasten, Hauteville, 1988

Ljubić M.: Erscheinungen der Gottesmutter in Medjugorje, Jestetten, 1985

Llull R.: Das Buch vom Freunde und vom Geliebten, Zürich, 1988

Lohfink N.: Kirchenträume, Freiburg i.Br., 1982

Lorenz E.: Die leuchtende Wolke (SDR), Stuttgart, 1989

Martini C.M.: Seht die Frau, Freiburg i.Br., 1987

Monnerjahn E.: Pater Josef Kentenich, Vallendar, 1979

Müller J.: Aufruf Mariens in Medjugorje, Jestetten, 1989

Obereder I.: Medjugorje, Linz, 1987

Pervan T.: Queen of peace, Steubenville USA, 1986

Ratzinger J.: Zur Lage des Glaubens, München, 1985

Ratzinger J.: Instruktion über einige Aspekte der ,Theologie der Befreiung', 1984

Rastrelli M.: La Madonna di Medjugorje, Napoli, 1987

Reinisch L.: Das Spiel mit der Apokalypse, Freiburg i.Br., 1984

Rovira G.: Der Widerschein des Ewigen Lichtes, Kevelaer, 1984

Rupčić L.: Erscheinungen unserer Lieben Frau zu Medjugorje, Jestetten, 1985

Rupčić L.: Medjugorje in der Heilsgeschichte, Jestetten, 1989

Sammelband: Medjugorje — eine mystagogische Herausforderung? Siegen, 1990

Schlichtung W.: Maria, Wuppertal, 1989

Schnackenburg R.: Ihr werdet mich sehen, Freiburg i.Br., 1985

Schuhmacher J./Rovira G./ Stöhr J.: Maria im Geheimnis Christi und der Kirche, Würzburg, 1987

Sudbrack J.: Mystik, Mainz, 1988

Urbina F.: Die dunkle Nacht — Weg in die Freiheit, Salzburg, 1986

Zimmermann P.: Medjugorje, Hauteville, 1989

Zulehner P.M.: Ungehaltene Hirtenreden, Freiburg i.Br., 1988